U0453056

本书受以下项目及经费资助：

2022年度中央高校基本科研业务费政策研究类项目-哲学社科（优秀成果出版计划）-"生育意愿与生育行为偏离的价值根源及其政策应对研究"（ZYGX2022FRJH009）

2022年电子科技大学科研启动基金项目（Y030222059002015）

2018年国家社科基金项目"生育意愿与生育行为偏离的价值根源及其政策应对研究"（18CSH033）

生育意愿与行为偏离成因探究

张冲 著

中国社会科学出版社

图书在版编目（CIP）数据

生育意愿与行为偏离成因探究／张冲著．—北京：中国社会科学出版社，2024.7
ISBN 978-7-5227-3565-8

Ⅰ.①生… Ⅱ.①张… Ⅲ.①生育—社会问题—研究—中国 Ⅳ.①C924.24

中国国家版本馆CIP数据核字（2024）第098560号

出 版 人	赵剑英
责任编辑	李凯凯
责任校对	胡新芳
责任印制	王　超

出　　版	中国社会科学出版社
社　　址	北京鼓楼西大街甲158号
邮　　编	100720
网　　址	http://www.csspw.cn
发 行 部	010-84083685
门 市 部	010-84029450
经　　销	新华书店及其他书店
印　　刷	北京君升印刷有限公司
装　　订	廊坊市广阳区广增装订厂
版　　次	2024年7月第1版
印　　次	2024年7月第1次印刷
开　　本	710×1000　1/16
印　　张	16.25
插　　页	2
字　　数	254千字
定　　价	85.00元

凡购买中国社会科学出版社图书，如有质量问题请与本社营销中心联系调换
电话：010-84083683
版权所有　侵权必究

序　言

生育意愿与生育行为的偏离及其成因探究，是当代社会学、人口学和经济学领域的热门研究课题。随着社会经济发展和生活水平的提高，人们对生育的观念和态度也发生了明显的变化，许多国家和地区都出现了生育率下降的趋势。尤其是在发达国家，人口老龄化和低生育率已成为一个严重的社会问题。

在我国，过去几十年一直面临着人口过多的问题，实施计划生育政策、控制人口增长成为基本国策。然而，在工业化、城市化和现代化的加速驱动下，我国于2000年前后完成了人口形势转变，并逐渐进入到长时期的世界低生育水平国家行列，致使我国人口与可持续发展受到多方面的深刻影响和制约。因此，调整生育政策成为一种新的适应性选择。虽然如此，生育意愿与生育行为并不适配，生育新政实施效果并不及预期。

青年学者张冲博士即将付梓的《生育意愿与行为偏离成因探究》一书，即向我们清晰地再现了这样一个深刻的社会现象：尽管我国政府自2013年以来陆续放宽了生育政策，从"单独二孩"到"全面三孩"，但出生人口数并未随之显著增加，反而呈现持续下降的趋势。这一现象，无疑引发了社会、学界、政府广泛的关注和讨论，因为它不仅关系到人口结构的未来走向，更触及经济发展、社会稳定和文化传承的深层次问题。

本书的作者，通过对大量实证数据的深入分析，大胆地探索了生育意愿与生育行为之间偏离的根源。这不仅是一个学术问题，更是一个关乎国家未来的现实问题。作者不仅关注了生育数量的偏离，还细致地分析了性别偏离、生育时间和生育间隔的偏离。而这种全方位的研究视角，在以往的同类研究中其实并不多见。

  书中的研究方法同样值得称道。作者采用了定量和定性相结合的研究方法，既利用了中国综合社会调查（CGSS）的数据和课题组的大样本调查数据进行量化研究，也通过访谈等定性研究手段，使得研究结果更为丰富和立体。这种混合方法的研究，为我们理解生育意愿与生育行为偏离成因提供了更为坚实的方法论基础。

  本书的研究成果具有重要的现实意义。作者不仅揭示了影响生育意愿与行为偏离的多种因素，如居住地、年龄、受教育程度、家庭结构等，而且深入探讨了生育价值观念对生育意愿和生育行为偏离的影响。这些发现对于我们理解今天低生育行为背后的复杂动因具有重要价值。更为难能可贵的是，作者在研究的基础上，提出了一系列促进生育意愿转化为生育行为的政策建议。这些建议涉及婚育文化建设、生育支持体系构建以及降低养育成本等多个方面，旨在为政策制定者提供科学的决策参考，以期实现人口的长期均衡发展。

  作为一名长期关注人口问题的学者以及本书作者的博士生导师，我对本书的出版感到由衷的欣喜。通过理论创新和政策引导，它不仅为我们提供了新的研究视角和方法，更为我们解决实际问题提供了有力的工具。我相信，这本书将成为人口学研究领域的一部重要著作，也将对相关政策的制定和实施产生积极的影响。

  在此，我向本书的作者表示最深的敬意，并感谢他为这一重要议题所做的贡献。同时，我也期待本书能够激发更多的讨论和思考，为我们共同面临的低生育问题寻找到更多的解决之道。

  是为序。

王学义

2024 年 4 月 11 日于光华园

前　言

2013年以来，"单独二孩""全面二孩""全面三孩"政策相继实施，但出生人口数并未明显增加，仅在2014年、2016年和2017年三年有小幅回升。2017年后，出生人口数持续减少，2022年更是减少至956万人，1949年以来首次跌至1000万人以下。2022年，中国人口数量自1949年以来首次出现负增长，而且这种负增长伴随出生人口的不断减少，似乎难以逆转。为什么生育政策的重大调整也难以改变中国人口的低生育现状？本书认为需要从根源上寻找。生育率是微观生育行为的宏观统计，生育行为的下降是因为生育意愿下降吗？大家都不想生孩子了吗？从很多数据来看，中国人口的生育意愿并没有持续下降，依然接近更替生育水平，且远高于实际生育行为。那是什么根源制约了生育意愿转化为生育行为呢？

现有关于生育意愿与生育行为偏离的探讨主要集中在现状、影响因素和对策上，鲜有深入挖掘偏离背后的根源。本书基于生育的相关理论，运用定量和定性相结合的方法，从生育价值的视角探讨生育意愿与生育行为偏离的根源。不仅研究了数量偏离，还分析了性别偏离、生育时间和生育时间间隔偏离。相比以往研究，本书在研究视角、对象、内容和方法等方面都有所创新。厘清生育意愿和生育行为偏离背后的价值根源及其变动趋势，有利于促进生育政策和相关经济社会政策配套衔接，努力推动解决群众在生育养育方面的实际困难和后顾之忧，促进人口长期均衡发展。本书主要包含以下内容。

首先，基于中国大样本调查数据，分析生育意愿与生育行为偏离的状况及趋势。20世纪90年代是生育意愿与生育行为数量偏离的分水岭，在此之前，中国居民意愿生育数均值小于实际生育数均值，在此之后，意愿生育数均值大于实际生育数均值。中国居民当前的意愿生育数接近更替生育水平，但是实际生育数量持续下降，数量偏离趋势进一步加剧，意愿生育数量大于实际生育数量的现象更加普遍。从生育意愿与生育行为的性别偏离状况来看，意愿生育性别完全偏离实际的比重最低，但是有逐年上升的趋势。意愿生育性别部分偏离实际的比重相对稳定。

其次，基于中国综合社会调查（CGSS）2010—2021年的七次调查数据，运用多元Logit和二元Logit模型分别研究生育意愿与生育行为数量偏离和性别偏离的影响因素。基于理论和文献研究，选择了人口学基本特征、社会经济状况、家庭结构、价值观念、区域等方面的因素作为自变量进行分析。研究结果显示：居住地、年龄、初婚年龄、受教育程度、工作类型、子女性别结构、当前阶层认同、养老责任认同、重男轻女观念、生育自由认同、区域等变量对生育意愿与生育行为的数量偏离有显著影响。居住地、年龄、初婚年龄、工作类型、子女性别结构、当前阶层认同、养老责任认同、重男轻女观念、生育自由认同等变量对生育意愿与生育行为的性别偏离有显著影响。总体来看，涉及价值观念的变量，养老责任认同、重男轻女观念、生育自由认同对生育意愿与生育行为的数量偏离和性别偏离均有显著影响。养老责任认同分摊、重男轻女观念强、生育自由认同度高这三类人群更难将生育意愿转化为生育行为。

再次，在CGSS数据分析基础上，基于课题组调查数据，依然运用多元Logit和二元Logit模型研究生育价值对生育意愿与生育行为数量偏离和性别偏离的影响。同时，为了考察研究结果的稳健性，对生育价值还运用主成分分析法（PCA）进行处理和回归，并将回归结果与直接赋分法的回归结果进行比较。研究结果显示：生育价值对生育意愿与生育行为的数量偏离和性别偏离均有显著影响。具体来看，生育价值中的直接成本、机会成本和身心成本对"意愿生育数量大于实际生育数量"均有显著的正向影响，即认为生育成本越高的居民，意愿生育数大于实际生育数的可能性越大；物质效用和精神效用对"意愿生育数量大于实际生育数量"均有显著的负向影响，即认为生育效用越高的居民，意愿生育数大于实际生育数的可能性越小。对生育价值主成分分析后的结论也完全一致，进一步证实了生育价值对数量偏离影响的稳健性。生育价值中的直接成本、身心成本对性别偏离均有显著的正向影响，即认为生育的直接成本或身心成本越高的居民，意愿生育性别与实际生育性别偏离的可能性越大；物质效用和精神效用对性别偏离均有显著的负向影响，即认为生育效用越高的居民，意愿生育性别与实际生育性别偏离的可能性越小。生育价值主成分分析后的结论进一步证实了生育价值对性别偏离影响的稳健性。

复次，通过分析 60 位受访对象的访谈资料，也发现生育意愿与生育行为的数量偏离主要表现为意愿生育数量大于实际生育数量，这点和课题组调查数据一致。分析数量偏离的价值根源，主要是因为考虑到生育的直接成本、机会成本和身心成本，直接成本方面主要表现在经济压力大，养育孩子的教育、住房等费用高；机会成本方面主要表现在生育孩子可能影响个人事业发展，如工作晋升、收入待遇等方面；身心成本则主要表现在养育孩子太费心，没有足够的时间和精力带娃。生育意愿与生育行为的性别偏离，即意愿生育性别与实际生育性别不完全一致，主要表现在很多夫妻意愿生育有男有女，结果只生育了一个男孩或是一个女孩，这点和意愿生育数量大于实际生育数量有一些共同之处，其价值根源也基本一致。但是也有少数是生育 2 个及以上男孩或是 2 个及以上女孩，意味着数量不一定偏离，而性别偏离，因为子女性别本身是很难人为选择的。生育的时间偏离主要表现在意愿生育时间早于实际生育时间，其价值根源也是因为考虑到生育的直接成本和机会成本。直接成本主要表现在经济压力大，被迫推迟实际生育孩子的时间；机会成本主要表现在工作耽误，怕影响个人事业发展。生育的时间间隔偏离主要表现在意愿生育时间间隔小于实际生育时间间隔，其价值根源也多是直接成本中的经济压力和机会成本中的工作耽误。

最后，在借鉴北美、亚洲、欧洲等国家促进生育的国际经验基础上，提出保障生育意愿转化为生育行为的政策建议。主要从三方面思考：其一，加强新型婚育文化建设，助推三孩政策有效实施。加强人口文化宣传教育，转变人口是负担的观念；树立科学的婚育观，提升青年婚育积极性。其二，加快构建积极生育支持体系，营造良好生育环境。提高孕前优生服务水平，做好生育障碍和出生缺陷防治工作；健全生育休假制度，促进两性共担养育责任；提高生育经济支持，释放育龄人群生育意愿；加强托育服务体系建设，减轻家庭照料负担；保障女性就业权益，降低生育机会成本。其三，降低养育直接成本，减轻家庭生育负担。完善住房保障体系，解决家庭住房问题；优化教育资源配置，推动教育资源均等化；完善医疗资源配置，做好相关医疗卫生保障。

目　　录

第一章　引论 …………………………………………………… (1)
　第一节　研究背景与研究意义 …………………………………… (1)
　　一　研究背景 …………………………………………………… (1)
　　二　研究意义 …………………………………………………… (3)
　第二节　理论基础与内容框架 …………………………………… (4)
　　一　核心概念界定 ……………………………………………… (4)
　　二　相关理论解释 ……………………………………………… (9)
　　三　研究思路与内容 …………………………………………… (14)
　第三节　研究方法与数据来源 …………………………………… (17)
　　一　研究方法 …………………………………………………… (17)
　　二　数据来源 …………………………………………………… (19)

第二章　文献回顾 ……………………………………………… (21)
　第一节　生育意愿与生育行为偏离的研究进展 ………………… (22)
　　一　生育意愿与生育行为的理论及概念 ……………………… (22)
　　二　生育意愿与生育行为偏离的现状 ………………………… (23)
　　三　生育意愿与生育行为偏离的影响因素 …………………… (24)
　　四　生育意愿与生育行为偏离的对策 ………………………… (28)
　　五　简要述评 …………………………………………………… (29)
　第二节　生育价值的相关研究 …………………………………… (30)
　　一　生育价值的概念 …………………………………………… (30)
　　二　生育价值的测量 …………………………………………… (31)

三　生育价值的影响因素 …………………………………………… (32)
　　四　简要述评 ………………………………………………………… (34)
　第三节　本章小结 ……………………………………………………… (34)

第三章　中国人口生育政策的发展历程与生育趋势分析 ………… (36)
　第一节　中国人口生育政策发展历程 ………………………………… (36)
　　一　1949—1979年中国人口生育政策 ……………………………… (36)
　　二　1980—2013年中国人口生育政策 ……………………………… (39)
　　三　2013年至今中国人口生育政策 ………………………………… (40)
　第二节　中国人口生育状况分析 ……………………………………… (42)
　　一　出生人口数量 …………………………………………………… (42)
　　二　人口出生率 ……………………………………………………… (44)
　　三　年龄别生育率 …………………………………………………… (46)
　　四　总和生育率 ……………………………………………………… (47)
　　五　人口年龄结构金字塔 …………………………………………… (49)
　第三节　中国人口生育趋势预测 ……………………………………… (50)
　　一　人口预测方法 …………………………………………………… (50)
　　二　人口预测结果 …………………………………………………… (52)
　第四节　本章小结 ……………………………………………………… (59)

第四章　生育意愿与生育行为的偏离状况及趋势分析 ……………… (60)
　第一节　数据来源和具体研究方法 …………………………………… (60)
　　一　数据来源 ………………………………………………………… (60)
　　二　具体研究方法 …………………………………………………… (60)
　第二节　生育意愿与生育行为的数量偏离状况及趋势 ……………… (61)
　　一　生育意愿与生育行为的数量偏离总体状况及趋势 …………… (61)
　　二　分年龄段的数量偏离状况及趋势 ……………………………… (64)
　　三　分性别和年龄段的数量偏离状况及趋势 ……………………… (69)
　　四　分城乡和年龄段的数量偏离状况及趋势 ……………………… (71)
　　五　分区域和年龄段的数量偏离状况及趋势 ……………………… (74)

第三节　生育意愿与生育行为的性别偏离状况及趋势 …………… (79)
　　　一　生育意愿与生育行为的性别偏离总体状况及趋势 ………… (79)
　　　二　分年龄段的性别偏离状况及趋势 …………………………… (81)
　　　三　分性别和年龄段的性别偏离状况及趋势 …………………… (86)
　　　四　分城乡和年龄段性别偏离状况及趋势 ……………………… (90)
　　　五　分区域和年龄段的性别偏离状况及趋势 …………………… (95)
　　第四节　本章小结 ………………………………………………… (100)

第五章　生育意愿与生育行为偏离的影响因素分析 …………… (102)
　　第一节　数据、变量和方法 ……………………………………… (102)
　　　一　数据来源 ……………………………………………………… (102)
　　　二　变量设置 ……………………………………………………… (102)
　　　三　具体研究方法 ………………………………………………… (107)
　　第二节　变量赋值与描述统计 …………………………………… (109)
　　　一　变量赋值 ……………………………………………………… (109)
　　　二　变量描述性统计 ……………………………………………… (111)
　　第三节　实证分析结果 …………………………………………… (114)
　　　一　生育意愿与生育行为数量偏离的多元 Logit 回归分析 …… (114)
　　　二　生育意愿与生育行为性别偏离的二元 Logit 回归分析 …… (123)
　　第四节　本章小结 ………………………………………………… (129)

第六章　生育意愿与生育行为偏离的价值根源量化分析 ……… (131)
　　第一节　研究设计 ………………………………………………… (131)
　　　一　研究假设 ……………………………………………………… (131)
　　　二　问卷设计 ……………………………………………………… (132)
　　　三　问卷调查 ……………………………………………………… (133)
　　　四　样本信息 ……………………………………………………… (133)
　　　五　具体分析方法 ………………………………………………… (135)
　　　六　变量设置 ……………………………………………………… (137)
　　第二节　生育意愿与生育行为的偏离现状分析 ………………… (139)

一　生育意愿与生育行为的数量偏离现状 …………… (139)
　　二　生育意愿与生育行为的性别偏离现状 …………… (142)
第三节　生育价值现状分析 ……………………………… (145)
　　一　生育价值的总体现状 ……………………………… (145)
　　二　分性别的生育价值现状 …………………………… (146)
　　三　分城乡的生育价值现状 …………………………… (147)
　　四　分年龄段的生育价值现状 ………………………… (147)
第四节　生育价值对生育意愿与生育行为偏离的影响 …… (148)
　　一　生育价值对生育意愿与生育行为数量偏离的
　　　　影响分析 …………………………………………… (148)
　　二　生育价值对生育意愿与生育行为性别偏离的
　　　　影响分析 …………………………………………… (154)
第五节　本章小结 ………………………………………… (158)

第七章　生育意愿与生育行为偏离的价值根源定性分析 …… (160)
第一节　定性分析的研究设计 …………………………… (160)
　　一　研究方法的选择 …………………………………… (160)
　　二　访谈提纲的设计 …………………………………… (160)
　　三　访谈资料的收集 …………………………………… (161)
　　四　访谈资料的整理 …………………………………… (161)
　　五　访谈资料的基本信息 ……………………………… (161)
第二节　生育意愿与生育行为偏离的原因分析 ………… (163)
　　一　生育意愿与生育行为数量偏离的原因分析 ……… (163)
　　二　生育意愿与生育行为性别偏离的原因分析 ……… (170)
　　三　意愿生育时间与实际生育时间偏离的原因分析 … (171)
　　四　意愿生育时间间隔与实际生育间隔偏离的原因分析 … (174)
第三节　生育意愿与生育行为偏离的价值根源 ………… (176)
　　一　生育意愿与生育行为数量偏离的价值根源 ……… (176)
　　二　生育意愿与生育行为性别偏离的价值根源 ……… (177)
　　三　意愿生育时间与实际生育时间偏离的价值根源 … (177)

四　意愿生育时间间隔与实际生育间隔偏离的价值根源 …… (177)
　第四节　本章小结 …………………………………………… (178)

第八章　促进生育的国际经验借鉴 ……………………………… (179)
　第一节　北美国家 …………………………………………… (179)
　　一　美国：提供良好的社会福利，保障妇幼健康发展 …… (179)
　　二　加拿大：完善育儿社会支持体系，减轻家庭养育
　　　　负担 …………………………………………………… (183)
　第二节　亚洲国家 …………………………………………… (185)
　　一　日本：建立生育保障制度，消除女性生育障碍 ……… (185)
　　二　韩国：健全生育保障体系，降低家庭生育成本 ……… (188)
　　三　新加坡：制定家庭友好型生育支持政策，减轻家庭
　　　　生育顾虑 ……………………………………………… (190)
　第三节　欧洲国家 …………………………………………… (192)
　　一　瑞典：建立完善的生育支持体系，有效降低家庭
　　　　生养成本 ……………………………………………… (192)
　　二　俄罗斯：完善生育保障制度，提升国民生育意愿 …… (194)
　　三　英国：实施多元经济补贴政策，构建完善的生育
　　　　支持体系 ……………………………………………… (195)
　　四　法国：推行鼓励生育的综合性政策，建立生育
　　　　友好型社会环境 ……………………………………… (198)
　　五　德国：完善生育福利制度，减轻女性生育顾虑 ……… (199)
　第四节　本章小结 …………………………………………… (201)

第九章　保障生育意愿转化为生育行为的政策建议 …………… (202)
　第一节　加强新型婚育文化建设，助推三孩政策有效实施 … (202)
　　一　加强人口文化宣传教育，转变人口是负担的观念 …… (203)
　　二　树立科学的婚育观，提升青年婚育积极性 …………… (204)
　第二节　加快构建积极生育支持体系，营造良好生育环境 … (207)

一 提高孕前优生服务水平，做好生育障碍和出生缺陷
　　防治工作 …………………………………………………（207）
二 健全生育休假制度，促进两性共担养育责任 …………（209）
三 提高生育经济支持，释放育龄人群生育意愿 …………（211）
四 加强托育服务体系建设，减轻家庭照料负担 …………（213）
五 保障女性就业权益，降低生育机会成本 ………………（214）
第三节 降低养育直接成本，减轻家庭生育负担 ……………（216）
一 完善住房保障体系，解决家庭住房问题 ………………（216）
二 优化教育资源配置，推动教育资源均等化 ……………（218）
三 完善医疗资源配置，做好相关医疗卫生保障 …………（220）

参考文献 ………………………………………………………（222）

附录1 调查问卷 ……………………………………………（239）

附录2 访谈提纲 ……………………………………………（246）

第 一 章

引　论

第一节　研究背景与研究意义

一　研究背景

诺尔曼·雷迪尔说:"没有比当父母关系个人一生未来的大事,没有比适当生育为社会生存更基本的行为模式。"① 生育不仅是个人的终身大事,也事关家庭,乃至整个社会的繁衍生息。在传统的中国社会文化中,生育作为血缘关系的传承,完美地诠释了家族主义价值体系中的延续、扩大与完整家族及其功能的特点。19世纪,马克思、恩格斯提出两种生产理论:人类自身生产和物质资料生产。没有人类自身生产即没有物质资料生产;没有物质资料生产,人类自身生产也难以继续。因此,生育,即人口生产得以实现和发展的物质条件就是人类必须通过物质资料生产,来维持自身的生存和繁育。但是,人类自身生产反过来对物质资料生产也具有一定的制约作用。

20世纪70年代末80年代初,快速增长的人口形势制约了国民经济的发展,反过来物质资料的生产又严重影响到人们生活水平的提升。1980年中国人口已近10亿,占世界总人口的22.7%。从1953—1979年的消费总额来看,由于人口增长了66%,使得人均消费总额只增长1.3倍;同期劳动力增长明显,待业青年剧增。面对如此严峻的人口增长形势,党和国家乃至全社会都提出和拥护计划生育政策的实施。1980年9

---

① [美] M. 薄兹、[英] P. 施尔曼:《社会与生育》,张世文译,天津人民出版社1991年版,第430页。

月25日，中共中央发表了《关于控制我国人口增长问题致全体共产党员共青团员的公开信》，标志着中国以"一对夫妇只生育1个孩子"为中心内容的计划生育政策正式出台实施。①

计划生育政策实施以来，生育率不断下降，1980—2010年，人口出生率从18.21‰下降为11.90‰；总和生育率（TFR）从1982年第三次人口普查的2.61下降到2010年第六次人口普查的1.08。计划生育政策为中国少生3亿多人，为世界人口发展和减贫做出了重大贡献。但是也造成中国人口老龄化的早日到来、人口红利快速滑坡，以及由此带来的一系列问题。随着持续低生育相应的问题不断暴露，党和国家再次及时调整了人口政策。这也是基于马克思两种生产理论思想的启示，人口生产与物质资料生产相协调、相适应的客观要求。2013年11月，《中共中央关于全面深化改革若干重大问题的决定》提出"启动实施一方是独生子女的夫妇可生育两个孩子的政策"②。2015年10月29日，党的十八届五中全会决定：坚持计划生育的基本国策，完善人口发展战略，全面实施一对夫妇可生育两个孩子政策，积极开展应对人口老龄化行动。2021年5月31日，中共中央政治局召开会议，审议《关于优化生育政策促进人口长期均衡发展的决定》并指出，为进一步优化生育政策，实施一对夫妻可以生育三个子女政策及配套支持措施。"单独二孩""全面二孩""全面三孩"政策实施后，中国出生人口并未像诸多专家学者预测的那样变动，而且与预测数据相差较远，多数预测都是基于中国人口年龄结构现状和生育意愿进行推断，为什么生育意愿远高于实际的生育水平？是否生育意愿与生育水平的偏离已经是常态？

综观世界，生育意愿与生育行为的偏离同时发生在发达国家和发展中国家。1989年在欧洲12个国家的调查表明，意愿生育水平远高于实际生育水平（Bongaarts，2001；Hagewen和Morgan，2005），而发展中国家由于大量的"非意愿生育"而呈现出与发达国家相反的规律，中国却是

---

① 《中共中央关于控制我国人口增长问题致全体共产党员共青团员的公开信》（1980年9月25日），https://baike.baidu.com/item/9.25% E5% 85% AC% E5% BC% 80% E4% BF% A1/8632026?fr=ge_ala，2023年5月29日。

② 《中共中央关于全面深化改革若干重大问题的决定（2013年11月12日）》，https://www.gov.cn/zhengce/2013-11/15/content_5407874.htm，2013年11月15日。

一个特例（杨菊华，2008）。20世纪90年代以前中国的生育意愿低于生育行为，之后生育意愿高于生育行为，2000年至今稳定在较低水平（侯佳伟等，2014；张银锋、侯佳伟，2016）。1985年第一期深入生育力调查、1990年当代中国妇女地位调查、2002年全国城乡居民生育意愿调查、2007年全国居民生育意愿社情民意调查、2013年全国生育意愿调查数据显示，中国居民的意愿生育子女数分别为2.40、2.23、2.04、1.89、1.93（庄亚儿等，2014）。而国家统计调查数据显示，1987年、1990年、2000年、2010年、2015年、2020年总和生育率分别为2.37、2.30、1.22、1.18、1.05、1.30。尽管2016年"全面二孩"政策已经实施，但新增人口数并不明显。"全面二孩"政策也很难改变中国低生育水平的现状（陈友华，2016；王金营、戈艳霞，2016）。2021年"全面三孩"政策实施，但是总和生育率依然没有回升，反而继续下跌，通过2021—2022年出生人口数反推这两年总和生育率约为1.05。而中国综合社会调查（CGSS）2021年数据显示，中国居民意愿生育子女数为2.05。可见，中国生育意愿与生育行为数量的偏离趋势越发明显（王军、王广州，2016；乐菡、杨昕，2023）。

既然生育意愿与生育行为的偏离已经是常态，且愈演愈烈，那么偏离背后的根源又是什么？如果不能解决偏离的根源，也就难以解决持续的低生育问题。因此，本研究将重点研究生育意愿与生育行为偏离的价值根源，并提出应对政策。

二　研究意义

（一）理论意义

其一，生育意愿和生育行为偏离是中国当前处于低生育水平下急需解决的关键性问题，可以从理论和实证两方面丰富生育领域的研究。一方面，当前研究生育意愿和生育行为的文献大都基于数据进行统计分析，缺少理论支撑；另一方面当前的实证或者预测分析都缺少科学的论证，导致对生育政策调整后的预判出入较大。因此，加强该领域理论和实证的科学研究迫在眉睫。

其二，以往对二者偏离因素的研究，更多是从外在条件进行论证，比如年龄、受教育程度、婚姻质量、政策等，本书将根据成本效用理论，从生育价值的视角论证其偏离的根源，并基于人口均衡发展理论提出应对政策。从外在因素深化到内在价值根源，从内在价值根源再到政策应对，对生育意愿与生育行为偏离的研究也更加系统化。

其三，以往对二者偏离研究，大多数仅分析了数量的差异，少有涉及性别、时间和时间间隔，本课题将全面研究以上维度的偏离。课题组既进行了大样本问卷调查数据量化分析，也进行了访谈资料的定性总结，使研究结果更加丰富、更加深入。

（二）现实意义

其一，在"全面二孩"政策背景下，研究生育意愿如何转化为生育行为，具有较强的现实意义，有助于更加客观和理性地认识中国当前持续的低生育水平，并有助于预判未来的人口走势。以往的人口预测，存在诸多误判现象，究其根源主要是采用生育意愿进行预测，但是意愿往往并不能转化为行为。因此，未来的人口预测要在生育意愿的基础上考虑诸多影响意愿转化为行为的因素，才能保证预测更加具有科学性。

其二，分析生育意愿转化为生育行为的影响因素，弄清楚生育意愿和生育行为偏离背后的价值根源及其变动趋势，有利于促进生育政策和相关经济社会政策配套衔接，努力推动解决群众在生育养育方面的实际困难和后顾之忧，促进人口长期均衡发展。因此，本研究之终极目标是要从根源上解决持续的低生育问题，引导人口生产向健康的方向发展，保证人类自身生产的健康繁衍和延续，促进人类自身生产和物质资料生产的协调均衡发展。

第二节 理论基础与内容框架

一 核心概念界定

（一）生育

生育，即繁衍后代，是指孩子出生和养育的过程，是人口生产和再生产的基础，是人类更新换代的前提条件，是人类生命得以延续的根基。生育的概念有狭义和广义之分。狭义的生育仅指短暂的分娩过程。广义的生育除了分娩，还包括分娩前的择偶、结婚、怀孕和分娩后的抚养、教育孩子的整个过程。本研究的生育不包括分娩前的择偶和结婚，仅考虑广义生育中的怀孕、分娩以及分娩后对孩子的抚养与教育过程。

（二）生育意愿

生育意愿源于英文 fertility desire，反映了人们认为什么样是最好的、最理想的生育状况，即生几个孩子、生几个儿子和几个女儿、什么时候生最好，等等。生育意愿是生育行为的态度和看法，是生育文化和生育价值观的集中体现（风笑天、张青松，2002），它包括理想或期望生育的子女数量、性别、生育时间和时间间隔（Miller，1995；Morgan 和 Rackin，2010；顾宝昌等，2011），生育意愿会随着社会、经济、文化、政策的改变而发生变化。生育意愿与实际生育行为存在着偏差，但是当前它依然是衡量社会生育水平、了解人们生育观念、行为和选择的重要指标。本研究用理想生育水平来测度生育意愿，重点研究意愿生育数量和性别，同时对意愿生育时间和生育时间间隔也进行了访谈和定性研究。

（三）生育行为

生育行为是一种在生育动机支配下有意识有目的生产和再生产他人生命的活动。一般来说生育意愿会影响生育行为，但是生育行为也可能偏离生育意愿。生育行为是生育文化和生育价值的直接外在表现形式，它在一定程度上受到主体及家庭生育意愿的影响，受到社会政策及经济、科技发展水平的制约。生育行为大体上有早生、多生、密育，晚生、少生、稀育，婚生、非婚生，以及超生和计划生育等模式。本研究借鉴顾宝昌（1992）的概念定义，将生育行为界定为实际生育子女的数量、性别、时间和间隔。国家宏观统计对于生育行为的测度主要体现在数量和性别上。比如：出生人口数、生育率（粗出生率、一般生育率、年龄别生育率、总和生育率、终身生育率等）是对生育行为中数量的宏观测度；出生人口性别比则是对生育行为中性别的宏观测度。微观研究中，则可以将每个家庭或是每个被研究者实际生育子女的数量、性别，以及生育孩子的时间和时间间隔进行具体的统计。

（四）生育意愿与生育行为偏离

1. 数量偏离

在理论上可以将生育意愿与生育行为的数量关系分成四类（顾宝昌等，2011）。

其一，"等同论"，生育行为＝生育意愿。该观点认为有什么样的生育意愿就会形成什么样的生育行为,即促成什么样的生育水平。赞成这一观点的学者往往基于生育意愿对未来的人口发展趋势进行预测。

其二,"无关论",生育行为≠生育意愿。该观点认为生育意愿并不反映人们实际上的生育行为。人们表达的生育意愿只是顺应国家的生育政策而已,并不一定是真实的反映。如果没有政策的制约,人们的生育行为就可能完全不一样。因此,很多基于生育意愿进行的人口预测往往不尽如人意。

其三,"大于论",生育行为>生育意愿。该观点认为生育行为总是大于生育意愿,因为生育意愿往往比较客观理性,且相对保守。但是现实中很多生育行为却可能是非意愿性的。

其四,"小于论",生育行为<生育意愿。该观点认为生育行为总是小于生育意愿,因为生育行为会受到诸多现实条件的制约,不可能意愿都能实现。

从生育意愿与生育行为数量关系的现实契合程度可以归为以下三种结果,见图1-1。

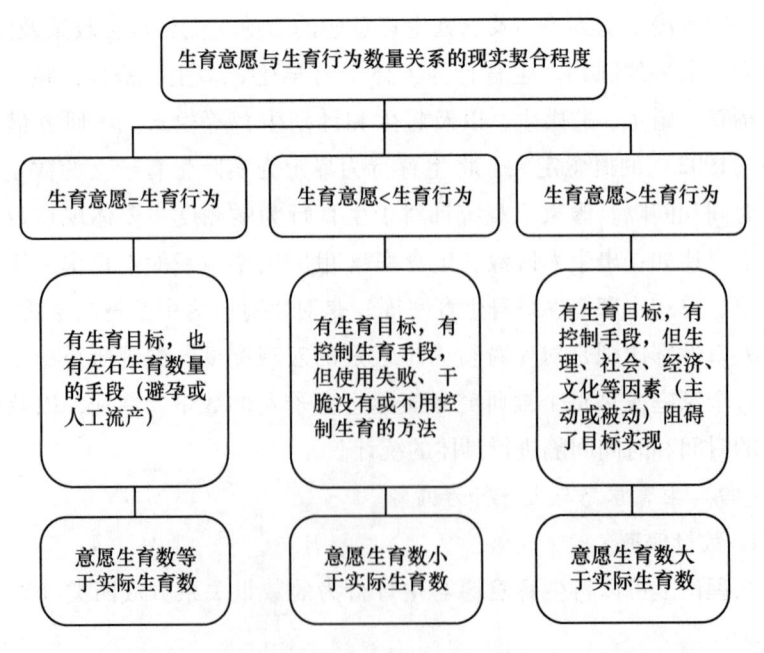

图1-1 生育意愿与生育行为数量关系的现实契合程度

因此，生育意愿与生育行为的数量偏离，是指生育意愿小于生育行为或生育意愿大于生育行为，即意愿生育数量小于实际生育数量或意愿生育数量大于实际生育数量。随着总和生育率的不断下降，意愿生育数量大于实际生育数量的现象越来越普遍。

2. 性别偏离

生育意愿与生育行为在性别上的关系，主要是指意愿生育性别是否和实际生育性别一致。总体可以归纳为两大类。

其一，意愿生育性别等于实际生育性别。这种情况又可以分为 4 种情况：意愿不要子女，实际也没有生育子女；意愿只要男孩，实际也只生育了男孩；意愿只要女孩，实际也只生育了女孩；意愿有男有女，实际生育也有男有女。

其二，意愿生育性别不等于实际生育性别。这种情况又可以分为 12 种情况：意愿没有子女，实际只生育男孩；意愿没有子女，实际只生育女孩；意愿没有子女，实际生育有男有女；意愿只要男孩，实际没有生育子女；意愿只要男孩，实际只生育女孩；意愿只要男孩，实际生育有男有女；意愿只要女孩，实际没有生育子女；意愿只要女孩，实际只生育男孩；意愿只要女孩，实际生育有男有女；意愿有男有女，实际没有生育子女；意愿有男有女，实际只生育男孩；意愿有男有女，实际只生育女孩。

因此，生育意愿与生育行为的性别偏离，是指意愿生育性别不等于实际生育性别，这里包含两个方面：意愿生育性别部分偏离实际生育性别和意愿生育性别完全偏离实际生育性别。前者如意愿有男有女，实际只生育了男孩或是女孩；后者如意愿生育男孩，实际只生育了女孩。

3. 时间偏离

生育意愿与生育行为在时间上的关系，主要是指意愿生育时间是否和实际生育时间一致。总体上可以分为三类。

其一，意愿生育时间等于实际生育时间。比如一个育龄妇女计划 25 岁生育，刚好就在 25 岁生育了。

其二，意愿生育时间早于实际生育时间。比如一个育龄妇女计划 25 岁生育，结果在 25 岁之后才生育。

其三，意愿生育时间晚于实际生育时间。比如一个育龄妇女计划 25

岁生育，结果在 25 岁之前就生育了。

因此，生育意愿与生育行为的时间偏离，是指意愿生育时间和实际生育时间不一致，或早于实际生育时间或晚于实际生育时间。

4. 时间间隔偏离

生育时间间隔，指妇女分娩与下一次怀孕之间的间隔。生育意愿与生育行为在时间间隔上的关系，主要是指意愿生育时间间隔是否和实际生育时间间隔一致。总体上可以分为三类。

其一，意愿生育时间间隔等于实际生育时间间隔。比如一个育龄妇女计划生育二孩与一胎的时间间隔是 3 年，结果实际生育时间间隔刚好也是 3 年。

其二，意愿生育时间间隔小于实际生育时间间隔。比如一个育龄妇女计划生育二孩与一胎的时间间隔是 3 年，结果实际生育时间间隔大于 3 年。

其三，意愿生育时间间隔大于实际生育时间间隔。比如一个育龄妇女计划生育二孩与一胎的时间间隔是 3 年，结果实际生育时间间隔不到 3 年。

因此，生育意愿与生育行为的时间间隔偏离，是指意愿生育时间间隔和实际生育时间间隔不一致，或小于实际生育时间间隔或大于实际生育时间间隔。

（五）生育价值

目前国内外鲜有学者对生育价值进行详细的定义。很多学者把生育价值视同生育价值观，认为是人们对生育问题的基本看法和态度，是决定育龄妇女生育意愿和生育行为的主观潜在因素。本书认为广义的生育价值可以这么理解，但是狭义的生育价值主要是指个人受心理、社会、文化、生物、经济因素的影响，改变其评断生儿育女的价值标准。狭义的生育价值只是属于生育价值观的一部分。基于此，对生育价值的测量根据成本效用理论，参考国内外生育价值观、生育态度等相关理论研究和指标设计，从效用（正价值）和成本（负价值）两个层面对其进行量化。效用分为：物质效用（经济收入、帮着做家务、养老等），精神效用（亲情、维持家庭地位、传宗接代、乐趣等）；成本分为：直接成本（孕育费、抚养费、医疗费、教育费、婚姻费、住房费等），机会成本（抚育和教育孩子损失的工资、效率、受教育机会、晋升机会、消费水平下降等),身心成本(对孩子成长中的担心以及面临的各种压力等)。

二 相关理论解释

(一) 两种生产理论

两种生产理论起源于马克思、恩格斯对摩尔根等人提供的早期人类社会材料的一种新的阐释。最早出现在 1884 年《家庭、私有制和国家的起源》第一版序言中,恩格斯指出:"根据唯物主义观点,历史中的决定性因素,归根结蒂是直接生活的生产和再生产。但是,生产本身又有两种。一方面是生活资料即食物、衣服、住房以及为此所必需的工具的生产;另一方面是人类自身的生产,即种的繁衍。"① 两种生产理论是整个马克思主义人口理论体系的基石,二者存在对立统一的关系,相互依赖又相互制约。

两种生产相互依存。一方面,没有物质资料的生产,也就没有人口的生产。人类要想延续生存,必须依靠吃、穿、住等物质资料的生产。另一方面,没有人口的生产,也不会有物质资料的生产。人的存在是物质资料生产的前提,人是生产过程的主体,没有人,生产资料无法使用。所以,没有人口生产,物质资料生产也不可能维持。

两种生产相互制约。人口生产一旦超过物质资料生产,就会导致人口压迫生产力,即人口同生活资料再生产条件相比,人口的发展超过了生产力的发展。人们为使原有的生产方式继续存在下去,就不得不强迫移民,或是出现饥饿、战乱等使得人口减少,这种人口过剩是生产力发展不足的结果。所以几千年来,不管是世界还是中国,人口增长都不明显。20 世纪,中国人口增长明显,使得人均物质资料增长缓慢。国家采取的计划生育政策,人为控制了人口的增长。人口出生率持续下降,到今天甚至远低于生育更替水平,长此以往,又会导致人口尤其是劳动力的不足,影响物质资料的再生产。因此,为了促进二者的均衡发展,国家又及时调整了生育政策,"单独二孩""全面二孩""全面三孩"政策相继实施。人口的生育意愿和生育行为都会受到政策和现实物质资料生

---

① 《马克思恩格斯文集》第 4 卷,人民出版社 2009 年版,第 15—16 页。

产的影响，尤其是生育行为表现更加明显。在 20 世纪，生育政策的影响超过了物质资料生产，直接导致人口出生率的快速下降；而今天生育政策的影响落后于物质资料生产，因而即使政策调整，也并未推动出生人口的持续增加。

因此，马克思、恩格斯的两种生产理论不仅可以指导过去的计划生育政策，也依然适用于今天。尤其是政策因素越来越弱化的今天，物质资料生产影响人口生产更加明显，所以研究生育意愿与生育行为偏离的价值根源，离不开两种生产理论的指导和解释。

(二) 孩子的成本效用理论

孩子的成本效用理论由美国著名的人口经济学家莱宾斯坦于 1957 年提出，其运用西方微观经济学成本效用来分析研究家庭生育决策。该理论把孩子看成是消费品。从怀孕开始到抚养孩子成人，父母需要付出大量的费用和精力，而父母所有的付出就构成了养育孩子的成本。成本包括直接和间接两个方面，直接成本，即显性的成本，包括抚养费用、教育费用、医疗费用和其他支出等；间接成本，即隐性的成本，又称为"机会成本"，包括父母为抚养孩子所损失的时间、工作机会，以及因此损失的收入。既然父母生育孩子花费了成本，那就要从孩子身上获得效用和收益。孩子的效用大体分为：消费效用、劳动—经济效用、保险效用、经济风险效用、长期维持家庭地位的效用、对扩展型家庭做贡献的效用。总结起来，主要是物质和精神两个方面的效用。莱宾斯坦用成本效用理论分析了发展中国家在经济发展过程中家庭收入变动对孩子成本和效用产生的影响。分析的结果表明，无论是直接成本还是间接成本都随人均收入增加而上升，孩子的边际效用则随人均收入的提高而递减。因此，他认为，随着经济社会的发展，家庭收入提高，期望孩子数量也会减少。因而，经济发展会导致意愿生育率降低，即生育意愿下降。

贝克尔对成本效用理论进行了补充和完善。他将消费者需求理论引入家庭经济行为的分析，认为孩子的数量和质量都存在成本和效用，而且孩子的数量和质量之间存在着相互替代的关系，提出了孩子数量与质量互相替代模型（Quality-Quantity 模型）。关于生育孩子的成本问题，贝克尔引入了"影子价格"概念，每个家庭在资源有限的情况下，按照家庭追求效用最大化原则，证明了孩子的质量和数量通过影子价格发生作用而构成相互替代关系。在家庭收入较低时，父母会更加偏好孩子数量。比如在中国传统农业社会，由于养育成本较低，家庭喜欢多子多福。随着家庭收入的提高，养育成本上升，父母会更加偏好孩子质量。比如现代社会，尤其是在生育孩子成本较高的城市，父母更加重视孩子的质量，轻视数量，所以生育率较低。贝克尔认为发达国家生育率下降，一方面是随着经济增长，对孩子的质量和数量通过影子价格发生作用而构成最好的相互替代关系；另一方面是经济发展程度高，已婚妇女的时间价值（机会成本）也更高，从而使其偏好孩子数量减少而质量提高。

因此，运用成本效用理论来解释中国的生育意愿与生育行为具有重要的理论指导和现实意义。随着中国经济社会的发展，妇女劳动参与率提高，生育的直接成本和间接成本都在提升，因此导致生育行为下降，生育意愿难以转化为实际生育行为。尤其是近20年来中国的总和生育率一直处于极低水平（2000年1.22，2010年1.18，2015年1.05，2020年1.30），更加可以用成本效用理论来解释。

（三）生育供给需求理论

生育供给需求理论是由美国人口经济学家伊斯特林提出，也是运用西方微观经济学供求关系来研究生育率变化的一种理论，这是对莱宾斯坦和贝克尔的成本效用理论的补充。他认为影响生育率的因素可以分为三个方面，即生育的供给（Cn）、生育的需求（Cd）和生育控制成本（Rc），为此设计了"生育率决定的供给需求模型的理论框架"，见图1-2。生育的供给，即孩子的供给，是指一对夫妇在没有试图限制家庭规模，没有采取避孕措施的情况下，拥有的存活孩子的数量。孩子的供给反映了自然生育率。生育的需求，即孩子的需求，是指在不考虑生育成本费用的情况下，父母期望的孩子数量。生育控制成本，是指一对夫妇采取各种节制生育措施来限制生育所付出的代价和费用，包括经济成本和心理成本。经济成本指夫妇学习和使用避孕技术所花费的时间与支付的货币，如从市场上获得有避孕技术的信息或者购买避孕药具时夫妇所花费的时间和支付货币、实施人工流产等手术所花费的时间和货币等等。心理成本是指采取节育措施的夫妇主观上所付出的精神代价，如采取节育措施给夫妇在精神上带来的不方便和不愉快，人工流产给夫妇尤其给妻子带来的痛苦等等。

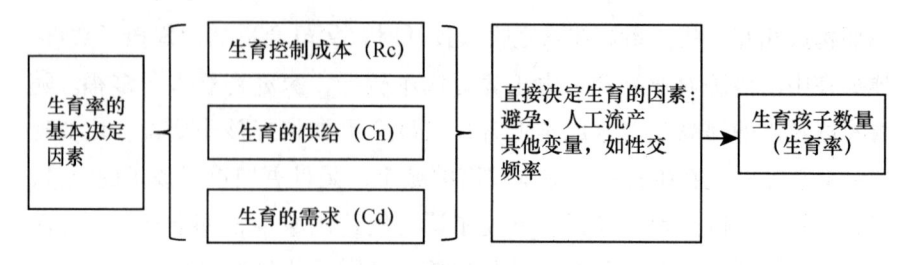

```
生育率的          ┌─ 生育控制成本（Rc）─┐
基本决定    ─────┼─ 生育的供给（Cn）──┤──→ 直接决定生育的因素：──→ 生育孩子数量
因素             └─ 生育的需求（Cd）──┘    避孕、人工流产           （生育率）
                                          其他变量，如性交
                                          频率
```

图 1-2　生育率决定的供给需求模型的理论框架

以上三个因素之间的关系：当 Cd 大于 Cn，即人们对存活子女数的需求大于供给时，人们没有节育动机，比如传统社会就是这样，几乎没有生育控制。而相反，如果小于时，人们则有生育控制动机，这种动机的大小取决于 Cd 与 Cn 之间的差距。生育控制动机之下便有生育控制成本，随着 Cd 与 Cn 之间差距的扩大，控制成本上升，生育率也会不断下降。

伊斯特林认为，随着经济社会的发展，生育的供给、需求、控制成本对生育率的影响，会受到一系列中介因素的影响，比如公共卫生和医疗技术的进步、教育进步、人口城市化水平的提升、大批新商品的产生、家庭计划方案的实施。正是这些方面的变化，促使生育率下降。比如随着公共卫生和医疗技术的进步，死亡率大大降低，生育供给水平上升，以往的补偿性（因为医疗技术落后，婴幼儿死亡风险高）生育大大下降；教育进步和人口城市化水平提升，使得生育观念、养育成本等发生变化，有利于降低生育率。大批新商品的出现，比如电视、手机等以及各种新兴的娱乐器具和娱乐场所，有助于抑制对孩子的需求，也可能起到降低生育率的作用。政府和民间组织在推行家庭计划政策时，广泛宣传节育的好处和小家庭的优越性，也会影响生育观念的变化。

因此，现代社会，随着医疗技术的进步，生育供给相对稳定；生育需求将会随着经济社会发展、教育进步、城市化、新商品的产生、家庭计划等不断下降，导致生育率不断下降，即生育行为下降。但是，伊斯特林的生育供求理论，缺少了一个环节，就是如何影响生育意愿。生育意愿可以看成生育的需求，生育意愿会影响生育行为（生育率），伊斯特林的生育供求理论也没有详细论述生育意愿如何影响生育行为。总体来看，伊斯特林的供给需求理论也是基于微观经济学的分析，将孩子视同市场上的商品，父母是消费者，消费者的行为（生育）受到供给和需求的影响，这点和成本效用理论异曲同工，只是侧重点不同。

（四）人口均衡发展理论

人口均衡发展理论起源于西方的适度人口理论，如柏拉图、亚里士多德等思想家，很早就提出了人口增长不利于维护古希腊城邦国家的稳定、要依靠国家力量限制人口规模、使人口适度发展的思想。17世纪末18世纪初，伴随着人口问题的日益凸显，许多思想家又一次从理论层面对人口均衡这一观点进行了强调，形成了人口均衡思想的思潮。比如英国牧师威廉·德汉姆就认为，人口数量与自然资源必须保持平衡。大卫·李嘉图也认为生产力大于人口增长的情况不会长期持续，人口对生活资料的压力将会导致贫困和人口过剩。马尔萨斯提出的两个级数理论，人口按照几何级数增长，物质资料按照算术级数增长，都是根据农业社会与工业社会初期的人口现象而得来的。他忽视了人口生产与物质资料生产的相互制约，而随之提出备受批评的"两种抑制"。此后，以坎南、威克塞尔等人为代表的"适度人口论"，认为人口过多或过少都不利于国家或地区的发展，二者之间必有一个最合适的人口数量。后来索维注意到技术等经济增长因素对人口容量的影响，又提出"动态适度人口论"。不管是"适度人口论"还是"动态适度人口论"，都论述了人口均衡的必要性和可行性，而且论述了人口均衡是建立在物质资料生产的前提下的，不是孤立的。其后，以《世界的饥饿》《生存之路》《世界人口的危机》《寂静的春天》为代表的一部分著作的出版，推动着人口可持续发展研究的兴起和兴盛。人口可持续发展的提出为人口均衡发展理论的形成奠定了重要基础。中国从20世纪80年代初开始的计划生育政策正是为了实现人口的均衡发展。经济社会的发展、人口问题性质的转型，也为人口均衡发展理念提供了社会基础。2010年，人口均衡发展作为当年中国人口学年会的主题正式提出，一经提出就引发了学界广泛而热烈的讨论，出现了丰富的理论成果，使得人口均衡发展理论在短时间内出现了极大的进步。

人口均衡是指人口的发展与经济社会发展水平相协调、与资源环境承载能力相适应，并且人口总量适度、人口素质全面提升、人口结构优化、人口分布合理及人口系统内部各个要素之间协调平衡发展。人口系统内部各个要素之间协调平衡，就要求做到人口的规模适当，结构优化，分布相对合理。尤其是规模适当，人口数量变动既是人口再生产的必然结果，又是人口再生产的基础和起点，对人口规模、分布、质量有重要的制约作用，进而对社会经济的发展产生重要的影响。同时，社会经济的发展也通过一系列中间环节对人口的数量起制约作用。比如，当前中国面临的人口老龄化、少子化问题不仅直接改变着中国人口的数量和结构，也在更深层次上影响着中国经济社会的发展。

今天生育意愿和生育行为的偏离，也是人口不均衡的体现。因此，用人口均衡发展理论来指导生育意愿与生育行为的偏离有着重要的理论价值，对推动生育意愿转化为生育行为也有着重要的现实意义。

三　研究思路与内容

（一）研究思路

基于中国生育意愿与生育行为的长期偏离状况，从生育价值的视角对其进行研究，并提出应对策略。具体思路是：首先，采用文献研究法对国内外生育意愿与生育行为的关系进行理论和经验梳理；并梳理中国人口生育政策和分析生育行为现状趋势。其次，基于中国大样本调查数据，分析生育意愿与生育行为偏离的现状趋势和影响因素。再次，基于以往研究和调查，设计本课题的调查问卷和访谈提纲，重点引入生育价值的问卷和访谈。最后，基于本课题的调查数据和访谈资料，重点分析生育意愿与生育行为偏离的价值根源，并在借鉴国际经验的基础上提出应对政策。研究思路框架见图1-3。

（二）研究内容

本研究一共分为九章，逻辑结构的基本考虑是：第一章主要交代研究缘起、相关概念及理论、研究布局、研究方法等。第二章通过文献回顾，了解国内外同类研究的现状，夯实本研究的理论基础。第三章主要呈现新中国成立以来的生育政策发展历程，并基于宏观数据分析生育现状及趋势。第四章基于微观数据分析生育意愿与生育行为的偏离状况及趋势。第五章基于全国大样本调查数据，分析生育意愿与生育行为偏离的影响因素。第六、第七章基于课题组调查数据和访谈资料，运用定量分析、定性分析探讨生育意愿与生育行为偏离的价值根源。第八、第九

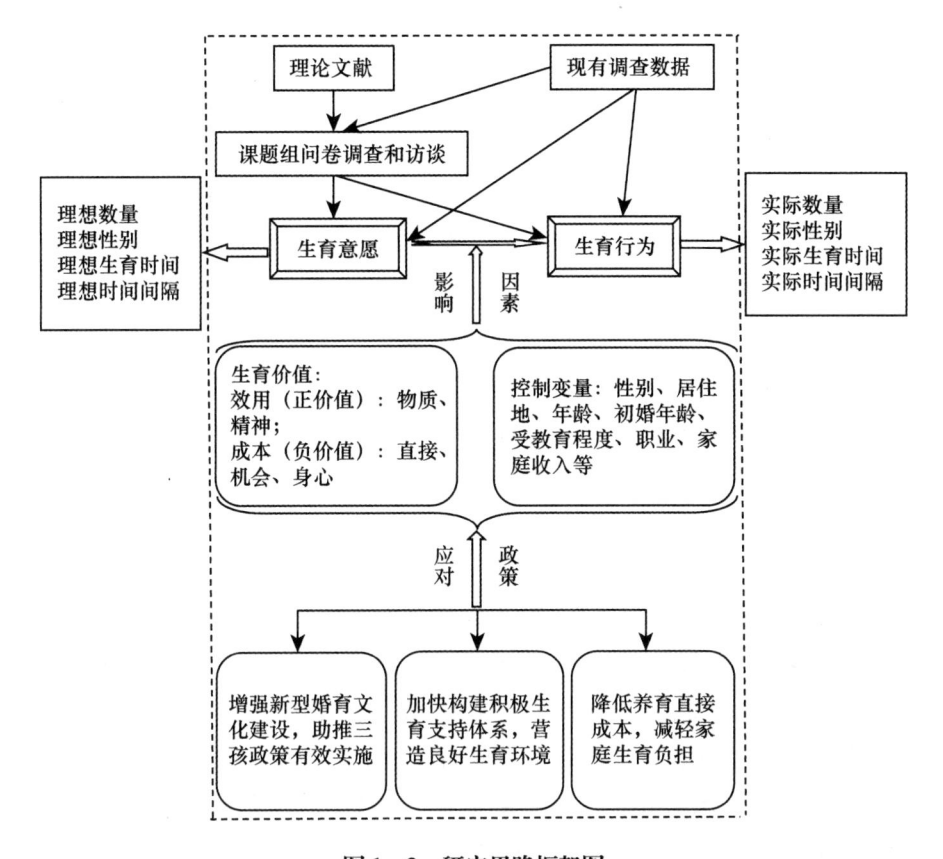

图 1-3 研究思路框架图

章借鉴国际上鼓励生育政策的经验，提出应对当前中国生育意愿与生育行为偏离的政策建议。具体而言，第一章到第九章的研究内容如下。

第一章：引论。简要交代研究背景与研究目的、意义；对生育、生育意愿、生育行为、生育意愿与生育行为的偏离、生育价值这五个概念进行界定；从两种生产理论、孩子的成本效用理论、生育供给需求理论、人口均衡发展理论对生育意愿与生育行为进行理论阐释；明确研究思路与内容，介绍研究方法与数据。

第二章：文献回顾。主要从两大方面展开，一是生育意愿与生育行为偏离的研究进展；二是生育价值的相关研究。前者主要从生育意愿与生育行为的理论及概念、偏离现状、影响因素及对策建议四个部分进行梳理；后者主要从生育价值的概念、测量及影响因素三个部分进行回顾。

第三章：中国人口生育政策的发展历程与生育趋势分析。主要涵盖三个部分的内容：一是中国人口生育政策发展历程，回顾了新中国成立以来几个阶段的生育政策变迁；二是中国人口生育状况分析，基于出生人口数、人口出生率、年龄别生育率、总和生育率等指标，分析了新中国成立以来中国的生育历史及现状；三是中国人口生育趋势预测，基于人口预测模型和国际人口预测软件，通过参数设置，预测2024—2050年中国人口生育趋势。

第四章：生育意愿与生育行为的偏离状况及趋势分析。基于文献、历次人口普查和抽样调查数据以及CGSS数据对生育意愿与生育行为的数量、性别偏离状况及趋势进行分析。分年龄段、性别、城乡、区域等因素考察生育意愿与生育行为的偏离差异。

第五章：生育意愿与生育行为偏离的影响因素分析——基于全国性大样本调查数据。基于CGSS 2010—2021年七次调查数据，运用多元Logit和二元Logit模型分别研究生育意愿与生育行为数量偏离和性别偏离的影响因素。基于理论和文献选择了人口学基本特征、社会经济状况、家庭结构、价值观念、区域等方面的因素作为自变量进行分析。

第六章：生育意愿与生育行为偏离的价值根源量化分析——基于课题组调查数据。课题组从研究假设着手，在借鉴以往文献的基础上，设计了生育意愿与生育行为的调查问卷，并进行调查和数据回收。基于该调查数据，运用多元Logit和二元Logit模型分别研究了生育价值对生育意愿与生育行为数量偏离和性别偏离的影响。同时，为了考察研究结果的稳健性，对生育价值还运用主成分分析法（PCA）进行处理和回归，并将回归结果与直接赋分法的回归结果进行比较。

第七章：生育意愿与生育行为偏离的价值根源定性分析——基于课题组访谈资料。基于以往文献，设计了生育意愿与生育行为偏离的访谈提纲。基于访谈资料，对生育意愿与生育行为数量偏离、性别偏离、生育时间偏离以及生育时间间隔偏离的原因进行分析。进一步从生育价值方面深入阐释以上偏离根源。

第八章：促进生育的国际经验借鉴。梳理总结了北美洲（美国、加拿大）、亚洲（日本、韩国、新加坡）、欧洲（瑞典、俄罗斯、英国、法国、德国）十国鼓励生育的政策，这些区域的大多数国家都在经历着和中国类似的持续低生育问题，从而为中国制定相应的政策建议提供借鉴和参考。

第九章：保障生育意愿转化为生育行为的政策建议。主要从三方面着手，其一，加强新型婚育文化建设，助推三孩政策有效实施；其二，加快构建积极生育支持体系，营造良好生育环境；其三，降低养育直接成本，减轻家庭生育负担。

第三节 研究方法与数据来源

一 研究方法

（一）资料收集的方法

1. 文献收集法

文献收集法是指收集、分析、研究统计资料和报道资料，是获得情报信息的一种方法。本研究在写作之前，收集了大量的相关文献，著作100余部，期刊论文600余篇，学位论文100余篇，报刊论文200余篇，并对以上文献认真筛选、阅读和梳理。数据方面，收集了各类统计年鉴数据，全国性大样本调查数据，如CGSS等。

2. 问卷调查法

在参考以往研究和问卷的基础上，设计了生育意愿与生育行为的调查问卷，由于受新冠疫情的影响，本研究的问卷调查是非随机抽样调查，既有线下调查，也有线上调查。共发放问卷2400份，有效回收2228份，有效率92.83%。调查对象均为已经结过婚的男女。问卷调查样本来自全国各地，东、中、西部皆有覆盖。

3. 访谈法

参考以往研究和访谈提纲，设计了生育意愿与生育行为偏离的半结构式访谈提纲，既有封闭式问题，也有开放式问题。访谈对象主要针对已经完成生育且出现生育意愿与生育行为偏离的人群，有的是数量偏离，有的是性别偏离，还有的是生育时间或时间间隔偏离，有的偏离类型只有一项，有的两项或以上。访谈时，针对开放式问题，尽量让受访对象多回答，可以全面深入了解出现偏离的原因及根源。考虑到疫情的影响，采用线上线下相结合的访谈方式，访谈总数60份。访谈对象来自全国各地，东、中、西部皆有覆盖。

(二) 资料分析的方法

1. 文献分析法

文献分析法是指通过对收集到的某方面的文献资料进行研究，以探明研究对象的性质和状况，并从中引出自己观点的分析方法。本研究在第二章文献综述，第三章第一节人口政策，以及第八章促进生育的国际经验借鉴等部分均有涉及文献分析和文献总结。第二章对生育意愿与生育行为的偏离、生育价值进行文献综述，指出目前的研究水平、动态、应当解决的问题和未来的发展方向，为本书提供研究基础或条件。第三章第一节中国人口生育政策发展历程，也是基于历史政策进行归纳总结。第八章对十个国家促进生育的政策进行文献分析和总结，以为中国制定相关政策建议提供参考和借鉴。

2. 描述性研究法

描述性研究法是一种简单的研究方法，是指利用已有的数据资料，按不同地区、不同时间及不同人群的特征进行分组描述统计分析。第三章第二节中国人口生育状况分析、第三节中国人口生育趋势预测，第四章生育意愿与生育行为的偏离状况及趋势分析等部分均用了描述性研究方法，基于已有数据或预测数据进行了客观陈述和分析。

3. 人口预测法

人口预测法是以当前人口状况为基础、以预测参数为条件而建立的用于测算未来人口的综合体系与数量方法。在第三章第三节中国人口生育趋势预测中，基于人口预测模型，运用国际人口预测软件对未来中国出生人口变化趋势进行预测。

4. 比较研究方法

比较研究法就是对物与物之间和人与人之间的相似性或相异程度进行研究与判断的方法。在第四章分析生育意愿与生育行为的偏离状况及趋势中，既有纵向分析，也有横向分析。纵向分析主要体现在对20世纪80年代以来的生育意愿与生育行为偏离进行梳理，横向分析主要体现在不同年龄段、城乡、区域等的差异。从而探寻生育意愿与生育行为的偏离呈现一种什么规律和什么特征的变化。第六章生育意愿与生育行为偏离的价值根源量化分析中，对生育价值的量化处理，采用了直接赋分法与主成分分析法进行比较研究，观察生育价值对生育意愿与生育行为偏离影响的稳健性。

5. 主成分分析法

主成分分析法（Principal Component Analysis，PCA），将多个变量通过线性变换以选出较少个数重要变量的一种多元统计分析方法。在本研究中，考虑到生育价值的测量不是标准的成熟量表，因而对生育价值进行主成分分析，主成分分析后的生育价值更加客观。

6. 多元回归法

本研究在第五章和第六章定量分析中，均采用了多元回归分析。具体表现在：第五章运用多元Logit和二元Logit模型分别研究生育意愿与生育行为数量偏离和性别偏离的影响因素；第六章运用多元Logit和二元Logit模型分别研究了生育价值对生育意愿与生育行为数量偏离和性别偏离的影响。

7. 访谈分析法

访谈分析法，运用较为广泛，包括对个人或群体的访谈。第七章，基于访谈资料对生育意愿与生育行为偏离的价值根源进行定性分析，归纳了生育意愿与生育行为偏离的原因，总结了生育价值根源。

二 数据来源

（一）宏观统计数据

宏观统计数据主要涉及第三章和第四章。第三章第二节中国人口生育状况分析，数据来自历年《中国统计年鉴》、历次人口普查资料、历次1%抽样调查资料。第四章总和生育率来自历次人口普查资料、历次1%抽样调查资料。

（二）抽样调查数据

抽样调查数据包括两部分，已有的调查数据和本课题组调查数据。第四章生育意愿与生育行为的偏离状况及趋势分析，其中数据均来自已有的调查数据，如文献中呈现的各类数据，以及CGSS数据等。第五章生育意愿与生育行为偏离的影响因素分析，其中数据均来自2010—2021年七次CGSS数据。第六章生育意愿与生育行为偏离的价值根源量化分析，数据来源于课题组设计并调研的问卷数据。

（三）访谈数据

访谈数据和信息主要体现在第七章生育意愿与生育行为偏离的价值根源定性分析，对全国各地60位访谈对象的数据以及文本信息进行整理和总结。

第二章

文献回顾

人口问题是关系中国社会经济可持续发展的重大问题。目前，中国已进入低生育率阶段。2020年第七次人口普查资料显示中国总和生育率仅为1.30，远低于2.1的生育更替水平。十多年前部分学者就开始担忧中国将陷入1.30的"低生育陷阱"（Lutz 和 Skirbekk，2005）。国家统计局数据显示，2000年中国已进入老年型社会，伴随着低生育率态势的持续发展，老龄化这一境况日渐加深，"七普"数据显示65岁及以上人口数占比升至13.5%，接近深度老龄化社会（14%）。中国人口转变趋势与世界基本一致，已逐渐进入"低出生、低死亡、低增长"的人口转变阶段，人口发展潜能减弱。为释放生育潜力，减缓人口老龄化压力，增加劳动力供给，促进人口均衡发展，国家相继推行"单独二孩""全面二孩""全面三孩"政策。但政策实施后，各地育龄妇女生育并未呈现预期的增长，甚至与预期数据相去甚远。人口预测大多是以当前人口年龄结构及生育意愿为基础进行推断，但预期却高于实际生育水平，生育意愿与生育水平出现偏离。宏观层面的生育水平取决于微观层面个体生育行为的践行（梁宏，2018），生育意愿转化为具有实际效果的生育行为，才能实现人口的均衡发展。因此，本课题研究势在必行。为研究生育意愿与生育行为偏离的价值根源，本章将从生育意愿与生育行为偏离、生育价值两个方面进行文献梳理，为本书提供基础和参考依据，并分析现有研究的不足，进而提出本研究与以往研究的区别和试图解决的问题。

第一节　生育意愿与生育行为偏离的研究进展

通过对生育意愿与生育行为文献的梳理，发现单独研究二者的特别多，且历时较长，但重点关注二者偏离的文献起步相对较晚，近年来逐渐成为研究的热点。本书将聚焦国内外有关生育意愿与生育行为偏离的文献，尝试厘清相关理论、概念、偏离现状、影响因素及对策，了解其与社会、经济等因素的关系，为有关生育意愿与生育行为偏离的进一步研究提供参考和方向。

一　生育意愿与生育行为的理论及概念

生育问题是社会问题，同时也与经济紧密联系。18世纪马尔萨斯提出"两个级数"的人口理论，使经济发展与人口增长之间的关系成为人口学界尤为关注的话题。早期生育意愿与生育行为理论研究主要集中于微观人口经济学和人口社会学两大领域。在人口经济学领域，Leibenstein（1957）从消费者选择理论出发，把生育孩子这一行为作为成本效用分析对象，提出"成本—效用理论"；Becker（1960）在继承成本效用理论的基础上讨论孩子的性价比和效用最大化，提出"孩子数量—质量替代理论"；澳大利亚人口学家Caldwell（1982）基于家庭结构代际变化，分析家庭内部经济结构变动对生育的影响，提出"代际财富理论"；Hoffman（1978）与Easterlin（1985）则分别对儿童价值理论、生育供给需求理论进行了相关研究，为生育动机、价值、意愿、行为等的研究提供了相关经济学理论基础。人口社会学领域，Davis（1963）、Udry（1983）分别从多方面反应理论、生育抉择理论角度进行研究；也有部分学者从社会心理学角度进行研究，以计划行为理论（Theory of Planned Behavior，TPB）为支撑，重新架构生育意愿到生育行为的理论框架，为生育意愿及生育行为的理论研究提供了多方位视角。

国内外学者对生育意愿和生育行为的概念阐述有着一致的观点。生育意愿是指人们在生育上的愿望、追求（徐天琪、叶振东，1994），是生育行为的态度和看法，是生育价值观的集中体现（风笑天、张青松，2002），包括理想或期望生育的子女数量、性别、生育时间（Miller，

1994；顾宝昌等，2011）。生育意愿具有多维性，且随着时代的发展，概念维度正在不断地丰富发展。杨瑛与武俊青（2002）、风笑天和张青松（2002）、姚从容等（2010）分别就生育意愿的维度进行探讨，包括理想子女数、性别偏好两个维度；理想子女数、性别偏好、生育时间和间隔三个维度；理想子女数、性别偏好、生育时间、生育动机四个维度。生育行为是指实际生育的子女数量、性别、时间以及时间间隔（顾宝昌，1992）。生育意愿与生育行为之间存在着必然且密切的联系，但生育意愿却不等同于生育行为。Miller 等研究和讨论了生育意愿和生育行为之间的关系，并提出从意愿到行为的序列决策和作用过程，即生育动机→生育意愿→生育打算→生育行为→生育率。总之，生育意愿和生育行为不是一个概念，现实中二者也可能存在一定的偏离，从生育意愿到生育行为会受到一系列因素的影响。

二　生育意愿与生育行为偏离的现状

综合国内外研究，生育意愿与生育行为相互背离的现象同时发生在发达国家与发展中国家。发达国家主要表现为实际生育水平低于生育意愿，1989 年欧洲 12 个国家的调查数据显示，欧洲发达国家理想子女数为 2.16，明显高于实际生育水平（Bongaarts，2001）；发展中国家则由于"非意愿生育"的普遍存在而呈现出相反的规律和特点（杨菊华，2008）。而中国的生育特点既具有发达国家的特征（茅倬彦，2009），也具有发展中国家的特征。总体上，20 世纪 90 年代以前中国的生育意愿低于生育行为，之后生育意愿高于生育行为（张银锋，2016）。进入 21 世纪后，中国总和生育率与育龄人群意愿子女数均低于生育更替水平 2.1，但是实际生育数和总和生育率均低于意愿生育数（王金营等，2019）。尽管 2013 年实施"单独二孩"政策，但并未达到预期效果（陈友华，2016）。中国低生育率机制早已形成，"全面二孩"政策也未推动人口的明显增加，从 2017 年开始出生人口数依然呈现递减的趋势（宋健、阿里米热·阿里木，2021）。"全面三孩"政策实施后，人口也在继续下降。

目前已有的研究主要集中于生育意愿与生育行为数量的偏离。陈卫、靳永爱（2011）基于中国 2001 年生殖健康调查数据，分析 40—49 岁妇女的生育意愿与生育行为，发现其平均理想子女数为 1.8，而平均实际生育子女数为 2.2。可见，当时还是生育意愿小于生育行为。宋健、陈芳（2010）基于 2009 年的"中国城市青年状况调查"数据研究显示，实际子女数显著低于理想子女数。也有研究发现，难以将生育意愿转换成实际生育行为是中国城市青年中普遍存在的问题（龚顺等，2023）。王军、王广州（2016）基于中国综合社会调查（CGSS）的四次调查数据，运用队列分析发现，1946 年及以前各出生队列人群终身生育水平要高于意愿生育水平；从 1951—1955 年出生队列开始，意愿生育水平开始高于终身生育水平。马志越、王金营（2020）基于 2017 年全国生育状况抽样调查北方七省市数据研究发现，意愿生育数与实际生育数有明显的背离现象，意愿生育二孩比重比实际生育二孩比重高 12.7 个百分点。Harknett K. 和 Hartnett C. S.（2014）利用 2004 年和 2007 年欧洲社会调查的数据进行研究，也发现人们期望生育的孩子数量往往比实际生育数量高，大概只有六成的生育意愿得以实现。可见，中西方都面临着生育意愿与生育行为偏离的问题。

也有少量学者关注意愿子女性别与实际子女性别之间的偏离。张航空（2012）对流动人口的生育意愿与生育行为差异研究发现，超过六成的流动人口在生育性别上出现意愿与行为不一致的情况。贾志科等（2019）基于江苏南京、河北保定两城 18—35 岁城市青年夫妇的调查数据分析，发现意愿子女性别与实际子女性别差异较大，理想子女性别得到满足的人群不到两成。

还有少量学者关注意愿生育子女时间与实际生育时间之间的偏离。张航空（2012）的研究发现流动人口的意愿生育年龄大于实际生育年龄，意愿生育间隔时间小于实际生育间隔时间；也有学者发现理想生育时间和实际生育时间差距不大（宋健、陈芳，2010）。

三　生育意愿与生育行为偏离的影响因素

国外著名学者 Bongaarts（2001）提出解释生育意愿与生育行为差异的理论，即实际生育水平高于生育意愿的影响因素为"非意愿生育""替补生育""性别偏好"；而实际生育水平低于生育意愿的影响因素为"进度效应""非自愿不孕不育""竞争性因素"。基于中国生育特征，学者们分别从宏观与微观角度展开研究，其中，宏观因素包括国家人口政策及社会环境因素；微观因素包括经济成本、观念、年龄、受教育水平等因素。梳理文献发现，生育意愿与生育行为偏离的影响因素主要涉及五个方面：经济因素、政策因素、观念因素、年龄因素、教育因素。

（一）经济因素

随着经济社会的发展、制度和文化的变革，育龄妇女家庭的生育行为已经从政策控制为主向群众自我控制为主转变（李建民，2004），经济发展促进了人们对孩子质量的重视以及养育成本的提高。经济因素已成为影响生育意愿与生育行为的决定性因素。养育孩子的成本越高，生育意愿越难实现（杨菊华，2008），尤其是二孩带来的经济压力是决定性因素。曹艳春（2017）在中国东、中、西部的抽样调查中也发现，经济压力成为最显著的因素，养育二孩的经济支出成为绝大多数家庭不考虑生育的最主要原因。在"全面二孩"生育政策背景下，家庭经济基础是育龄妇女二孩生育决策的重要影响因素，收入越高或社会地位越高的家庭，越倾向于生育二孩（梁宏，2018）。同时，在社会主义市场经济发展的大环境下，为了追求更好的经济生活，越来越多的妇女参与了社会劳动，研究显示妇女生育意愿与劳动参与率呈负相关。家庭—工作的矛盾关系，也使育龄妇女的生育意愿难以转化为实际的生育行为（Becker，1993），根源也是经济的问题。地区及城乡经济发展不平衡，促使人口流动频繁，有研究显示流动使人们的生育水平降低。有研究发现，外出务工妇女的结婚年龄、初婚初育间隔都要大于未外出务工妇女，外出务工妇女期望子女数也低于流出地未外出务工育龄妇女。可见，经济因素从多方面制约生育意愿转化为生育行为。

（二）政策因素

计划生育政策对中国生育的影响由强到弱。20世纪70年代末80年代初，中国把人口发展纳入国民经济发展计划，全面推行严格的计划生育，极大地影响了人们的生育意愿。计划生育政策，使得实际生育率下降的速度快于生育意愿下降的速度。有学者指出，生育政策对生育意愿具有潜移默化的影响，从而对生育行为产生间接影响，生育率下降过程中，生育政策在较短时期内成功地改变了人们的理想家庭规模（Smith，2002）。当前中国生育意愿已低于生育更替水平，但是实际生育行为跌至超低生育水平，"单独二孩""全面二孩"政策对缩小生育意愿与生育水平差异有一定的贡献，但若没有与生育政策相配套的政策（陈友华，2016），依旧很难调动国民的积极性。韩雷、田龙鹏（2016）基于2014年湘潭市调研数据进行分析，发现想生二孩的人数占比为48.8%，表明"全面二孩"的生育意愿并没有预期的强烈。陈卫、靳永爱（2011）认为计划生育政策对中国妇女生育意愿与生育行为的差异存在影响。王军、王广州（2016）的研究显示计划生育政策对当前育龄人群生育意愿与生育水平差异的贡献度在33%左右。饶健（2019）的研究认为计划生育政策显著加速了中国居民生育意愿与生育行为的背离，而"单独二孩"政策对生育意愿与生育行为不一致无显著作用。即使全面放开生育政策，对生育意愿与生育行为的影响可能也较弱。政策因素不仅指生育政策，还包括相关的配套措施，如社会保障政策、生育津贴等。养老保障全面覆盖促使中国女性的生育意愿大于生育行为（张冲、李想，2020b）。也有研究表明生育津贴足够完善也可以促进妇女的生育意愿转化为生育行为。

（三）观念因素

传统观念对生育意愿影响深远。实践证明，生育观念不可能在短期内发生根本的转变，传统生育文化仍然对人们的生育观产生一定影响，特别在一些经济落后的偏远地区，许多人仍有男孩偏好。"多子多福""不孝有三，无后为大""传宗接代"等传统观念使人们的生育意愿出现性别偏好。男孩偏好在一定程度上导致了"非意愿生育"，夫妻只有达到预期目标才会停止生育（杨菊华，2008），从而出现意愿生育数小于实际生育数的现象。性别偏好现象同时出现于亚洲其他国家，父权文化影响下，日本社会家庭内部出现不平等性别关系，女性婚后需要承揽绝大部分家务以及养育子女和赡养老人的责任，影响女性的生育意愿，促使女性晚婚和不婚（计迎春、郑真真，2018）。随着社会的发展，当"养育一个孩子"成为社会认同的主流观念时，即使政策允许生育二孩、三孩，人们也会倾向选择放弃这个权利（崔应令，2023）。Spéder 和 Kapitány（2014）通过对西欧与东欧国家的实际生育行为和生育意愿进行比较研究，发现后者的生育意愿更难实现，主要是因为生育价值观念的转变相对滞后于经济发展。而中国的生育观念伴随改革开放发生了明显转变，生育意愿和生育行为均快速下降（Merli 和 Morgan，2011）。

(四) 年龄因素

年龄、初婚年龄、初育年龄对生育意愿与生育行为的偏离均有影响。Rackin 和 Bachrach（2016）通过社会认知模型研究发现，女性在不同的年龄段会形成不同的生育意愿，因而不同时段统计的生育意愿与实际生育行为之间会产生偏差。初婚和初育时间越晚，妇女生育子女数越有可能小于意愿子女数，即生育意愿大于生育行为（Bongaarts，2001、2002；郭志刚，2008；Chen 和 Yip，2017），随着年龄的增长，妇女的产卵量减少，生育意愿也越难实现。茅倬彦、罗昊（2013）利用江苏省群众生育意愿和生育行为调查数据进行研究发现，妇女年龄对生育意愿和生育行为的差异有显著影响，妇女年龄越大，越倾向放弃生育意愿，即生育行为小于生育意愿的可能性越大。王军、王广州（2016）基于2010年以来的四次全国性抽样调查原始数据，运用队列分析中国育龄人群的生育意愿与生育行为的差异及影响因素，研究显示中国人口生育意愿和终身生育水平同时出现了下降，且生育意愿高于生育水平的幅度随年龄段的降低而逐渐扩大。

总体而言，随着年龄段的降低，生育意愿和生育行为都呈现下降的趋势，但是生育意愿仍然显著高于生育行为。初婚年龄和初育年龄也将影响人们的生育意愿和生育行为，尤其是显著影响生育行为，从而导致初婚年龄和初育年龄越大，生育意愿大于生育行为的可能性越大。

(五) 教育因素

随着经济社会的发展，教育不断进步，受教育程度对生育意愿的影响愈加明显（Nitsche 和 Hayford，2020）。McDonald（2010）认为随着教育水平的提升，妇女的生育意愿下降，并且低生育意愿有从高学历人口向低学历人口扩大的趋势。现代女性受教育程度不断提高，是否接受过高等教育是影响生育时间的重要因素。受教育年限延长，择偶的自主意识增强，对婚姻的期望值升高，使得实际的初育年龄比理想年龄晚，晚婚晚育趋势加强。女性推迟结婚和生育的现象已经非常普遍，结婚年龄段的上升对生育率下降大约会产生15%—30%的影响（Harwood-Lejeune，2001），初婚时间的推迟缩短了生育期，过度推迟会使女性错过最佳生育期，可能使妇女生育子女数小于意愿子女数（Bongaarts，2001；郭志刚，2008）。女性接受教育使心理觉醒程度提高，更加注重自我的实现和自身的感受，大量女性从家庭步入职场。当事业和生育发生矛盾时，高学历女性倾向于选择事业。教育水平的提高使女性生育行为上有更多的选择权，传统生育观念的影响减弱也使"非意愿生育"子女数减少。受教育程度对女性生育意愿和生育行为的偏离有显著影响，不仅体现在数量上，也体现在性别上。受教育程度越高的女性，意愿生育数量大于实际的可能性更高；意愿生育性别偏离实际的可能性也更高（张冲、李想，2020b）。

（六）其他因素

生育意愿与生育行为偏离的影响因素来自各个方面，除上述因素外，还有部分学者从职业、现有孩子情况、养育经历、家庭支持、婚姻关系等方面展开研究。职业方面，工作的灵活性有助于女性将生育意愿转化为生育行为（Sinyavskaya 等，2015），工作单位性质也是影响生育意愿与生育行为差异性的主要因素，企业单位理想子女数量、性别构成与实际子女数量、性别构成两者的符合程度高于事业单位。现有孩子情况方面，陈卫、靳永爱（2011）的研究显示，生育的子女能否完全存活也是妇女决定是否再生育的重要因素，生育的子女未能完全存活的妇女更容易继续生育以达到理想生育数，从而导致实际生育水平高于意愿生育水平。养育经历方面，Margolis 和 Myrskylä（2015）的研究显示，第一个孩子的养育经历会直接影响是否再继续生育，如果有祖父母帮助育儿，也更有利于二孩的生育（Yoon，2017）。家庭支持方面，梁宏（2018）的研究显示家庭支持将有助于妇女将二孩生育意愿转化为实际生育行为。父代的生育行为对子代的生育意愿和生育行为也有显著影响，原生家庭同胞数量越多，子代的生育意愿和生育行为越高（于潇、梁嘉宁，2023）。婚姻关系方面，夫妻间的感情和生活质量成为妇女考虑是否生育第二个孩子的重要因素，会考虑夫妻感情的妇女更倾向于放弃生育意愿（茅倬彦、罗昊，2013）。良好的婚姻关系将有利于生育意愿的实现，婚姻不稳定的夫妇也可能会选择推迟生育（Rijken 和 Thomson，2011）。

四　生育意愿与生育行为偏离的对策

为应对生育意愿与生育行为之间的偏离，欧洲国家推行并完善了家庭政策，家庭政策已经成为欧洲国家社会政策的主要方面和重点领域

(Gauthier，2002），其内容包括：平衡家庭与工作、妇幼保健服务、儿童照料和儿童发展、现金补贴及减免税收等福利，该政策包含了影响生育决策的几个关键因素，即生育成本、儿童发展和生育福利。中国学者在此基础上，根据生育特征从宏观社会环境支持、微观家庭支持两个角度提出相应的对策。宏观上，推动经济平稳发展，提高人民生活水平（卢海阳等，2017）；加强生育政策的社会宣传，使生育政策被人们认可，进而内化为自己的意愿（阚唯等，2018）；优化社会公共服务，鼓励以社区为依托，兴办托儿所，提供更多的生育服务和儿童抚育服务（李壮，2016）。微观上，孕育激励，将生育医疗费用纳入基本医疗保险，扩大生育保险覆盖面，使所有孕产妇享受免费孕检和免费生育，提供生育津贴和生育医疗费补助，提供分娩营养补助（何文炯等，2014；曹艳春，2017）；推行产假育儿假期政策，保障女性在劳动力市场上的权益，缩小体制内外差异，注重公平性，创造有利的女性就业环境（李芬，2018；张冲、王艳，2021）；育儿支持，发展托幼事业，提供专业性的享受国家补贴的托儿所和幼儿园，发放育儿津贴，减免教育经费（吕红平和邹超，2018）；财政支持，发放生育奖励、住房补贴，减免个人所得税等（赵忠，2021）。总体来说，政府对养育子女家庭的财政支持是家庭政策的主要方面。但就目前而言，由于经济状况、社会福利水平的局限，中国尚未建立起一套完整的家庭政策体系，缺乏对家庭的有力支持。因此，建立以家庭为中心的生育支持政策体系迫在眉睫，且应牢牢把握"提升生育意愿"和"生育意愿转化为生育行为"两个重点破局方向（陈功等，2023），精准施策，以激发家庭生育效能。

五 简要述评

通过文献回顾发现，中国正面临出生人口持续减少、人口结构失衡等问题，"全面二孩"政策的实施也没有达到预期效果，这使一些学者开始思考生育意愿与生育行为的偏离。虽然学界有一些相关的研究，但还不充分不系统。

理论研究。中国缺乏关于生育意愿与生育行为的理论研究，主要以西方理论为基础，但是发达国家与发展中国家有着不同的社会环境，生育特征相异，发达国家的生育理论并不完全适用于发展中国家。中国由于种种因素，情况更具有特殊性。因此，需要加强相关的基础理论研究，尤其是应该将西方理论与中国理论相结合来研究生育问题。

研究方法。在生育意愿与生育行为的研究中，多数研究者采用的是描述统计分析。定量研究时也往往采用的是截面数据，较少涉及纵贯数据。研究对象上，很多还未结束生育行为，调查时候的生育行为与最终生育行为存在时间上的差异，并不能真实地反映生育意愿与生育行为的偏离。因此，生育意愿和生育行为差异的变迁研究最好使用长期追踪数据。研究对象上最好是已经结束生育的人群，更能准确判断其生育意愿与生育行为的偏离。

研究内容。现有研究更多是分析生育意愿与生育行为数量上的偏离，较少涉及性别、生育时间及时间间隔。研究主题侧重对生育意愿与生育行为偏离的现状以及影响因素进行分析，而影响因素主要涉及一些外在的客观因素，鲜有从生育价值方面探讨。生育意愿与生育行为偏离的根源要从生育价值方面思考，只有降低生育成本，促进生育效用，才会有更多人将生育意愿转化为实际生育行为。

第二节 生育价值的相关研究

一 生育价值的概念

目前学界对生育价值的认识和分析尚未达成共识，更多是从生育价值观方面解读和阐释。国外对生育价值的研究相对较早，主要是从生育的相关理论衍生而来，但是对生育价值的概念界定相对较少。Becker（1960）认为生育价值观是指人们对生育行为做出理性经济决策的一种理论体系。Hoffman 等（1973、1978）则从孩子价值的角度理解，认为孩子的价值是指他们所服务的功能或满足父母的需求，即孩子为父母提供的心理满足。也有学者认为生育价值观一般是指人们对生育子女数量的重视程度（Mutharayappa，1994）。Leete 等（1999）综合了以往的研究，认为生育价值观包含：孩子的价值，生育价值观的多维性，生育价值观改变的作用机制，生育价值观与文化、宗教之间的关系。Nauck（2007）综合了 Becker 和 Hoffman 等人的观点，认为生育价值观是人们对孩子的经济支出与提供的心理满足的认知评价。

国内对生育价值的概念界定相对较晚，主要是因为国内的生育研究滞后于国外。20世纪90年代以来，生育价值观的研究才逐渐兴起。吴忠观（1994）认为生育价值观是指人们对待生育行为的态度和看法，是人生观、价值观的重要组成部分。童琦（2004）认为生育价值观是个体对生育问题的基本观点，是对生育重要性认识、评价的内心尺度，受社会环境的制约和影响。周长洪（2007）也认为生育价值观是人们在一定的经济、社会、文化环境中形成的对生育现象的认知，是关于生育的意愿、价值、知识、行为等观点、看法与认识的总和，包含生育意愿、生育动机和生育需求三个层面。此外，还有学者提出，生育价值观是调节人们对生育问题的看法和评价，并影响人们生育行为的多维度多层次的心理倾向系统。

综上所述，以往学者将生育价值更多用生育价值观来替代研究，虽然不同学者有不同的解释，但是更多侧重于从心理现象层面探究个体的内部认知，将生育价值观视为一个多维度多层次的心理倾向系统，是个体对追求经济效用、生育需求和成本投入的一种价值判断标准和内在尺度。本研究认为生育价值是生育价值观的一部分，应该主要从生育的成本和效用方面来探讨。生育价值直接影响生育意愿和生育行为。

二 生育价值的测量

关于生育价值的测量，国内外学者设计了不少测量指标。Hoffman等（1973）较早从儿童价值理论（VOC）的视角测度了生育价值，包括孩子成人身份、自我扩张、道德、情感、兴趣、成就、权利、竞争力、经济效用等多个维度。Nauck（2007）认为生育价值应该从情绪价值、经济价值、家庭价值、养老价值四个维度去测量。Park等在VOC理论的基础上将生育价值测量为工具性价值（包括老年经济效用、拥有完整家庭、家族延续及社会义务）和心理价值（老年舒适）。Nauck（2014）后来又对生育价值的测度进行调整，主要从舒适、刺激与情感、成本三个维度的12个题目进行测度。

国内学者童琦、张进辅（2004）最早编制生育价值观的问卷，包括生育目的、生育评价、生育期望三个二阶因素，经济需求、精神寄托、社会交往、自我实现、情感体验、履行职责、生育方法、生育形式、生育质量9个一阶因素,共40个选题。张进辅等(2005)基于文献、调查、专家咨询等编制的育龄青年生育价值观问卷,也是一个二层次多维度的体系,并在之前问卷基础上进行了改进,具体包含生育目标、生育手段、生育倾向三个二阶因素,性别偏好、生育数量、生育质量、生育时间、生育方法、生育需求、生育价值、生育愿望、生育职责9个一阶因素,共计40个选题。赵虹(2019)基于生育价值观效用理论和张进辅二阶生育价值观模型,提出新时代女性生育价值观的测量包括家庭情感价值、内部偏好、追求功利、参与评判、投入准备、责任导向6个维度。

Leibenstein(1957)和 Becker(1960)等人虽然没有直接对生育价值进行测量,但是从成本效用的角度对家庭生育决策进行理论分析,也充分体现了生育的负价值(成本)和正价值(效用)。刘筱(2017)基于成本效用理论将生育价值观测度为正负价值。正价值包含情感价值、家族延续价值、经济价值三个维度的15个选题;负价值包含对生活改变的担忧、经济负担、情绪压力三个维度的16个选题。

综上,从生育价值的测量来看,有的学者将其直接等同于生育价值观进行测量,有的学者则将其当作生育价值观的一部分进行测量。本研究赞同依照后者来理解和研究,并将从生育的效用和成本正负价值方面进行测量。

三 生育价值的影响因素

(一)社会经济因素

不同社会人们的生育价值观也不一样,过去受传统文化的影响,人们的生育价值观倾向于早婚早育、男孩偏好和多子多孙,传宗接代的观念深入人心。随着现代文明的发展,生育价值观念发生显著变化,晚婚晚育、男女平等、优生优育成为今天普遍的生育价值观。少数农村偏远山区以及少数受老年人生育观念影响大的地区,传宗接代的传统生育价值观还没有完全改变,男孩偏好依然存在。个别少数民族地区也存在这样的现象。很多理论和实证研究都发现,随着社会教育的进步,生育意愿和生育行为都会出现下降,如贝克尔的生育经济学理论就指出,随着教育的进步,人们更加重视孩子质量,轻视孩子数量。但是也有学者发现教育对生育的影响并非严格的线性关系,可能是呈U型关系。此外,生育政策也会从社会层面影响人们的生育价值观。

经济因素会直接影响生育价值观的变化。往往经济发展水平高的国家或地区，居民更倾向于少生优生，更加重视孩子的质量，生育的经济价值观会相对不重要，而情感价值观会更重要。李建伟（2014）的研究也发现经济因素对居民生育观念和出生率具有重要影响，经济发展水平、社会保障程度、养育成本越高，人口出生率越低。经济因素也可以通过与其他因素相互配合来影响生育价值观，如随着经济的发展，女性劳动参与率上升，从而没有时间生育和养育更多孩子。随着城镇化水平的提升，城市生活的成本不断上升，生育孩子的成本也不断增加，因此，生育价值观也会发生变化。

穆光宗（2020）认为，当代青年的"恐育"心理和生育观可以从经济社会角度进行分析。经济方面，孩子的成本效用理论可以解释；社会方面，相对复杂，从生育文化、代际关系、生育责任等方面可以诠释。

(二) 家庭因素

家庭对生育价值观的影响，主要体现在家庭结构、家庭关系、家庭资源等方面。

家庭结构方面，大家庭倾向于多生，独生子女家庭和单亲家庭更倾向于少生。母亲在世或婆婆在世的家庭更倾向于多生，这一状况可能与中国家庭的孩子多数是由祖父母辈抚养有直接关系。王晶、杨小科（2017）的研究也显示，相对于核心家庭结构，主干家庭生育二孩的概率高达23%。

家庭关系方面，夫妻关系越亲密，实际越可能选择少生育；而亲子关系对生育抉择的影响则相反。国外研究也发现夫妻情感联系与生育呈负相关，夫妻关系越亲密，越倾向于减少生育数量。

家庭资源方面，有研究表明家庭资源对生育决策具有显著促进作用，随着收入的增加，会强化家庭对孩子数量的追求。也有研究显示，妻子收入低、丈夫收入高，即生育机会成本低且有能力养育更多孩子的家庭，二孩生育意愿相对较高。住房数量与二孩生育意愿也呈正相关。

(三) 个体因素

个体因素对生育价值的影响，主要体现在个体的人口学特征变量，如性别、年龄、受教育程度等。性别方面，男女的生育偏好存在明显差异，女性对性别无明显偏好；男性更偏好生育男孩，意向生育多孩的比例也较高。年龄方面，大多数研究都发现年龄越大者男孩偏好、多子偏好越严重，青年群体对子女的性别偏好不强，且多数希望子女人数在两个及以内。受教育程度方面，多数学者发现文化程度越高的女性，更倾向于少生育。Romero 等（2016）基于美国社区调查（ACS）2010—2014 年的数据，发现受教育程度较低的县域，青少年生育率较高；Abdul-Salam 等（2018）根据多指标聚类调查（MICS4）数据研究发现，非洲加纳的人均受教育年限每延长一年，孩子的预期数量将减少 0.25。此外，国内外学者还发现了民族、职业、城乡、一孩性别与生育价值也有关联。

综上所述，影响生育价值观的因素包括宏观的社会经济因素、中观的家庭因素和微观的个体因素。目前多数研究主要集中讨论生育的外在环境因素，而对个体关于生育的评价和看法关注较少。

四 简要述评

回顾国内外关于生育价值的研究，发现国外研究早于国内。国外研究更多是从生育价值层面理解，国内的研究更多是从生育价值观方面探讨，并进行测量和分析其影响因素。国内的生育价值观更像是对生育价值的广义认识，不仅涉及成本效用，还涉及生育期望、意愿等。不管是国外还是国内对生育价值的研究，均涉及生育的成本效用，即所谓的"负价值"和"正价值"。国外关于生育价值的成本效用理论，国内外生育价值和生育价值观的问卷设计对探讨生育意愿与生育行为偏离的价值根源提供了重要的理论及经验研究基础。

第三节 本章小结

围绕研究主题，对相关文献进行梳理后发现，单独研究生育意愿与生育行为偏离，或是生育价值的文献都有不少，但是将两方面结合起来的文献罕见。围绕生育意愿与生育行为的偏离，以往学者已经在理论、概念、偏离现状、影响因素及对策等方面做了较多研究，尤其是当下中国生育意愿与生育行为的偏离已经是不争的事实。但是学者们鲜有从生育价值的视角进行研究。以往对生育价值的研究也只是独立的探讨，鲜有从生育意愿与生育行为偏离的视角进行分析。

总结本章，文献梳理有助于更加清晰地认识到当前中国生育意愿与生育行为的偏离现状，主要是意愿生育数量大于实际生育数量，意愿生育性别与实际生育性别不匹配等。也为进一步研究生育意愿与生育行为偏离的影响因素，提供了数据支撑和参考变量。生育价值的文献回顾，对生育价值的测量有重要的理论指导和参考价值。总体而言，以上两部分的文献综述对研究生育意愿与生育行为偏离的价值根源及其政策应对具有重要的指导作用，既奠定了理论基础，也提供了经验研究。本研究与以往研究不同之处至少有以下四点。

其一，研究视角上，从生育价值的视角研究生育意愿与生育行为的偏离，这是现有文献较少涉及的。从根源上解决生育意愿与生育行为偏离的问题，从而促进生育意愿转化为生育行为。

其二，研究对象上，主要研究40岁及以上的育龄人群，大部分已经结束生育，能够更加准确地看出生育意愿与生育行为的真实偏离。40岁以下人群采用预估方法进行比较研究。

其三，研究内容上，不仅涉及生育意愿与生育行为的数量偏离和性别偏离，还涉及生育时间和时间间隔的偏离，并在借鉴国际经验基础上，提出保障生育意愿转化为生育行为的政策建议。

其四，研究方法上，基于全国性大样本调查多期数据和课题组调研数据及访谈资料，运用定量和定性相结合的方法进行分析。对生育价值的量化分析，采用直接赋分法和主成分分析法进行比较研究，对生育意愿与生育行为的数量偏离采用多元 Logit 回归分析，以往主要用二元 Logit 回归分析。

第 三 章

中国人口生育政策的发展历程与生育趋势分析

第一节 中国人口生育政策发展历程

一 1949—1979 年中国人口生育政策

(一) 鼓励生育阶段 (1949—1952 年)

几千年的封建社会塑造了人们"早婚、早育、多子多福"的生育观念,因而长期的生育政策都是放任并鼓励。加之新中国成立前长期的战乱,导致社会经济不稳定,人口死亡率高,人口增长缓慢,而战后百废待兴,需要人口恢复生产,人口成为重要的资源。国家领导人毛泽东在《唯心历史观的破产》中也表达了人口多对于国家发展的积极意义。因此,新中国成立之初,为促进经济社会发展,政府采取了适当的鼓励生育的人口政策。比如:严格限制人工流产和绝育手术。1950 年 4 月 20 日,卫生部和中国人民革命军事委员会联合发布了《机关部队妇女干部打胎限制的办法》,文件规定,"为保障母体安全和下一代的生命,禁止非法打胎"[①]。1951 年,卫生部制定的《婚前健康检查试行办法》《限制节育及人工流产暂行办法》又进一步规定了已婚妇女打胎和绝育的条件,并且规定未经组织以及夫妻双方允许,进行节育和堕胎属于违法行为。此外,城市通过制定社会政策对多子女家庭进行救济和补助。农村土地按照人口数量进行分配,人口多的家庭分到的土地也会更多。无论城市

---

① 《机关部队妇女干部打胎限制的办法》,《中国计划生育工作手册》,中国人口出版社 1996 年版,第 1161 页。

还是农村,多子女家庭获得的各项补助更多。因此,在新中国成立之初的人口生育政策倾向于鼓励生育。

(二)提出节制生育阶段(1953—1961年)

1953年,中国进行了第一次人口普查,数据显示全国人口已经超过6亿人(含中国台湾地区、国外华侨和留学生等)。新中国成立初的四年间人口激增了4600多万人,1953年人口自然增长率高达23‰,人口的快速增长远远超过了粮食的增长速度。人口与资源、工业化的矛盾也日益尖锐。国家领导人和政府部门对生育的主张也开始发生变化。1953年9月29日,周恩来总理在发表的《第一个五年计划的基本任务》中提出"生儿育女是很高兴的事情,但是,过高的增长率却成为我们一个大的负担"①。1954年,卫生部下达了《关于改进避孕及人工流产问题的通报》《关于修改避孕及人工流产暂行办法》两个文件,确定了"避孕方法可以由人民自由采用","避孕节育一律不加限制,但亦不公开宣传"。② 全国人大常委会委员长刘少奇在1954年底举行的一次关于生育工作的会议上宣布:"党是赞成节育的。"③ 1955年3月1日,党中央批准了卫生部党组《关于节制生育问题向党中央的报告》,1956年党的八大上,周恩来在《关于发展国民经济的第二个五年计划的建议的报告》中,进一步强调了"节制生育"的方针,指出"卫生部门应该协助有关方面对节育问题适当宣传,并且采取有效措施"④。1957年到1961年,受"大跃进""人民公社化运动"以及三年困难时期影响,刚刚起步的节制生育工作陷入了短暂的僵局。总体来说,这一阶段,政府对控制人口增长只是有了初步的认识,节制生育工作主要存在于思想理论层面,并没有全面系统地落到实处,并不是真正意义上的实行计划生育政策。

(三)倡导计划生育阶段(1962—1969年)

1959—1961年三年困难时期后,人口出现了第二次出生高峰,《新中

---

① 周恩来:《第一个五年计划的基本任务》,《周恩来经济文选》,中央文献出版社1993年版,第163页。

② 国家计划生育委员会办公厅政策研究室:《计划生育文件汇编》,中国人口出版社1984年版,第108页。

③ 国家计划生育委员会办公厅政策研究室:《计划生育文件汇编》,中国人口出版社1984年版,第115页。

④ 彭珮云:《中国计划生育全书》,中国人口出版社1997年版,第11页。

国 60 年统计资料汇编》的数据显示，中国人口出生率由 1961 年的 18.02‰ 上升至 1963 年的 43.37‰。为缓解人口压力，控制人口增长，党中央和国务院在 1962 年 12 月发出了《关于认真提倡计划生育的指示》，提出"在城市和人口稠密的农村提倡节制生育，适当控制人口自然增长率，使生育问题由毫无计划的状态逐步走向有计划的状态"①。于是各地计划生育工作陆续开展，1963 年，全国部分省份与市级单位陆续建立了计划生育机构，并在 1964 年的 1 月成立了计划生育委员会。这也标志着中国开始通过建立计划生育机构来推广节制生育的工作。但是，1966 年进入"文革"后，中国的生育政策又受到较大冲击，1966 年到 1969 年人口增加六千多万。1969 年周恩来总理在全国计划座谈会上重提计划生育，特别指出要计划生育、要节育。这也就为中国真正意义上推行计划生育政策奠定了基础。总体而言，这一时期的计划生育政策仅仅是在提倡阶段，而并没有真正实施。

（四）宣传"晚、稀、少"的生育政策阶段（1970—1979 年）

在周恩来总理的大力倡导下，计划生育工作正式列入中国经济和社会工作的议程。1971 年，国务院批示了卫生部、商业部和化工部联合送交的《关于做好计划生育工作的报告》，明确表示要对人口进行计划控制，宣传晚婚和规范生育行为。1973 年 12 月，全国计划生育工作会议上明确提出了"晚、稀、少"的生育政策。晚：男 25 周岁、女 23 周岁以后结婚；城市略高。稀：两胎间隔 4 年左右。少：一对夫妇生育不超过两个孩子；少数民族除外。整个 70 年代的计划生育工作，基本上遵循这个方针。1978 年宪法第 53 条明确规定"国家提倡和推行计划生育"②。这是新中国第一次正式将计划生育纳入国家的根本大法。至此，以"晚、稀、少"为主要内容的计划生育政策正式形成，奠定了中国现行计划生育政策的基础。1970 年至 1979 年，全国人口出生率从 33.43‰ 下降至 17.82‰，这表明"晚、稀、少"政策的实施，有效地控制了人

---

① 《中共中央、国务院关于认真提倡计划生育的指示》，中共中央宣传部办公厅、中央档案馆编研部编《中国共产党宣传工作文献选编（1957—1992）》，学习出版社 1996 年版，第 270 页。

② 《中华人民共和国宪法（1978 年）》第 53 条，1978 年 3 月 5 日，http://www.law-lib.com/law/law_view.asp?id=343217。

口的快速增长。

二 1980—2013年中国人口生育政策

1980年中共中央发表了著名的《关于控制我国人口增长致全体共产党员、共青团员的公开信》（以下简称《公开信》），标志着计划生育政策的全面实行，《公开信》中规定，除有困难者之外，一对夫妇只能生育一个孩子。1982年2月9日，中共中央、国务院在中发〔1982〕11号文件《关于进一步做好计划生育工作的指示》中作出了对晚婚、晚育、少生、优生的提倡。1982年12月4日，五届全国人大五次会议通过的《中华人民共和国宪法》规定了夫妻双方有实行计划生育的义务。1984年，中国的人口增长速度得到初步控制，为了调和农村人口政策和经济社会形态之间的矛盾，生育政策适度调整为"开小口、堵大口"，即"城镇提倡一对夫妇只生育一个孩子，农村可以有控制地生二孩"，以及"坚决制止大口子，即严禁生育超计划的二孩和多孩"。[①] 90年代初，随着《关于加强计划生育工作严格控制人口增长的决定》的出台，计划生育的地方性法规也日趋严格，部分县、乡几乎取消了"计划内二孩"。计划生育进入到最严格的时代。1995年《中国计划生育工作纲要（1995—2000年）》中指出，实行计划生育是中国的基本国策，也是一项长期、艰巨的战略任务，必须保持政策的稳定性和连续性，将计划生育纳入法制轨道。1980—2000年，中国人口出现第三次生育高峰，尤其是在80年代，但是进入90年代后，出现了较为明显的下降，1990年全国人口出生率为21.06‰，2000年下降至14.03‰。

2000年后，国家继续推出各项扶助性的政策，促进低生育率的稳定。2000年3月2日中共中央、国务院发布了《关于加强人口和计划生育工作稳定低生育水平的决定》（以下简称《决定》）。《决定》中强调，"计划生育是我们必须长期坚持的基本国策"[②]。2001年12月29日第九届全

[①]《中共中央批准国家计划生育委员会党组〈关于计划生育工作情况的汇报〉》（中发〔1984〕7号），1984年4月13日。

[②]《中共中央、国务院关于加强人口与计划生育工作稳定低生育水平的决定》（中发〔2000〕8号），2000年3月2日。

国人大常委会第二十五次会议审议通过《中华人民共和国人口与计划生育法》，其中第 2 条继续指出："中国是人口众多的国家，实行计划生育是国家的基本国策。国家采取综合措施，控制人口数量，提高人口素质。国家依靠宣传教育、科学技术进步、综合服务、建立健全奖励和社会保障制度，开展人口与计划生育工作。"① 人口与计划生育法的正式出台也标志着中国人口生育政策更加完善和法制化，不仅要求控制人口数量，也要求提高人口素质。

2006 年 12 月 17 日中共中央、国务院发布了《关于全面加强人口和计划生育工作统筹解决人口问题的决定》，其中强调了人口和计划生育工作的重要性和紧迫性，除了强调继续稳定低生育水平，大力提高出生人口素质，还提出了综合治理出生人口性别比偏高问题，不断完善流动人口管理服务体系，积极应对人口老龄化等要求。可见，人口计划生育工作不仅要控制人口数量，提升人口素质，还要重视人口结构的问题。这标志着中国人口生育政策更加健全和完善。

三 2013 年至今中国人口生育政策

随着持续的低生育水平，以及人口结构问题的凸显，人口均衡发展越来越受到国家重视。2013 年 11 月 12 日，党的十八届三中全会通过《中共中央关于全面深化改革若干重大问题的决定》，要求"坚持计划生育的基本国策，启动实施一方是独生子女的夫妇可生育两个孩子的政策，逐步调整完善生育政策，促进人口长期均衡发展"②。2013 年 12 月 28 日，第十二届全国人大常委会第六次会议表决通过了《关于调整完善生育政策的决议》，一方是独生子女的夫妇可生育两个孩子的单独两孩政策依法启动实施，即"单独二孩"政策正式实施。2014 年初全国各省陆续实行"单独二孩"政策。2014 年政府工作报告中也提出："坚持计划生育基本国策不动摇，落实一方是独生子女夫妇可生育两个孩子

---

① 《中华人民共和国人口与计划生育法》（2001 年 12 月 29 日），http://www.npc.gov.cn/npc/c2/c30834/202109/t20210903_313395.html，2021 年 9 月 3 日。

② 《中共中央关于全面深化改革若干重大问题的决定》（2013 年 11 月 12 日），http://www.npc.gov.cn/zgrdw/npc/xinzhuanti/xxgcsbjszqhjs/201311/27/content_1814720.htm，2013 年 11 月 27 日。

政策。"①

2015年10月29日，中共十八届五中全会决定，"坚持计划生育的基本国策，完善人口发展战略，全面实施一对夫妇可生育两个孩子政策，积极开展应对人口老龄化行动"②，即"全面二孩"政策。这是继2013年十八届三中全会决定启动实施"单独二孩"政策之后的又一次人口政策调整。此举表明中国将结束已经实施长达三十多年的"一对夫妇只能生一个"的计划生育政策。2015年12月27日，全国人大常委会表决通过了人口与计划生育法修正案，"全面二孩"政策于2016年1月1日起正式实施。为积极推进"全面二孩"政策，鼓励育龄妇女按政策生育，党和政府及时调整生育保障制度，以降低女性的生育成本和生育风险。各地区相继对人口与计划生育条例进行了修改，修改内容主要包括两个方面：一是延长产假。"全面二孩"政策开放后，全国有29个省份取消了晚育假，产假的长度调整为国家规定假期98天+生育奖励假。二是提高生育津贴给付水平。生育女职工在产假期间仍可享受生育津贴或与在岗职工同等待遇，不同省份因经济发展水平差异具体标准略有不同。主要包括按照女职工生育前的工资标准支付、按照本单位上年度职工月平均工资支付、按照职工缴纳社会保险费的基数计发、按照社会平均工资标准计发四种方式。

2020年11月，《中共中央关于制定国民经济和社会发展第十四个五年规划和二〇三五年远景目标的建议》公布，首次提出"增强生育政策包容性"③。2021年5月31日，中共中央政治局召开会议，审议《关于优化生育政策促进人口长期均衡发展的决定》，并指出，为进一步优化生育政策，实施一对夫妻可以生育三个子女政策及配套支持措施。2021年7月20日《中共中央、国务院关于优化生育政策促进人口长期均衡发展的决定》公布。8月20日，全国人大常委会会议表决通过了关于修改人口

---

① 《李克强：坚持计划生育不动摇 落实"单独两孩"政策》，http://politics.people.com.cn/n/2014/0305/c70731-24534419.html，2014年3月5日。
② 《五中全会公报建议实施全面二孩政策》（2015年10月29日），https://www.gov.cn/xinwen/2015-10/30/content_2955899.htm，2015年10月30日。
③ 《中共中央关于制定国民经济和社会发展第十四个五年规划和二〇三五年远景目标的建议》，https://www.gov.cn/zhengce/2020-11/03/content_5556991.htm，2020年11月3日。

与计划生育法的决定，修改后的人口与计划生育法规定，国家提倡适龄婚育、优生优育，一对夫妻可以生育三个子女，标志着"全面三孩"政策正式依法实施。可见，国家为促进人口长期均衡发展，不断优化完善人口生育政策。

第二节 中国人口生育状况分析

一 出生人口数量

新中国成立以来，中国出生人口经历了三次高峰（见图3-1、表3-1）。

第一次，1950—1954年，战争结束，新中国成立，国内环境初步稳定，迎来第一波生育小高峰，每年出生人口都在2000万以上，年均达到2129.40万人。

第二次，1962—1975年，三年困难时期结束，迎来带有补偿性的第二波生育高峰，14年间每年出生人口也都在2000万以上，年均达到2583.14万人。其中1963年是新中国成立后至今出生人口最多的一年，达到2959.29万人。

第三次，1981—1997年，50后、60后的婚育期到来，迎来第三波生育高峰，17年间每年出生人口也都在2000万以上，年均达到2215.09万人。

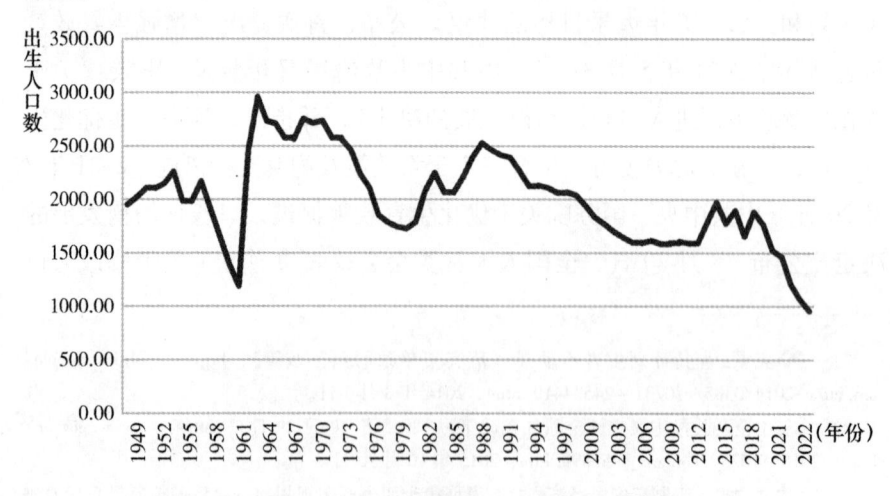

图3-1 1949—2022年中国出生人口趋势图（单位：万人）

有专家之前预言还会有第四次人口生育高峰，主要是基于第三次生育高峰期出生的人口进入婚龄期，但是从现阶段来看，已经不存在了。1997年后，出生人口逐渐减少，2003年已经减少至1600万人以下。"单独二孩""全面二孩"政策后，出生人口有小幅度提升。但是，2017年后又出现连续减少，2022年已经减少至956.04万人。

表3-1　　　　　　1949—2022年历年中国出生人口数　　　　（单位：万人）

年份	出生人口	年份	出生人口	年份	出生人口	年份	出生人口
1949	1950.01	1968	2756.48	1987	2529.05	2006	1585.02
1950	2023.22	1969	2715.24	1988	2464.35	2007	1594.64
1951	2107.27	1970	2735.63	1989	2414.05	2008	1608.13
1952	2104.97	1971	2577.99	1990	2390.70	2009	1590.86
1953	2151.14	1972	2566.26	1991	2264.74	2010	1591.87
1954	2260.39	1973	2463.26	1992	2124.91	2011	1784.86
1955	1984.22	1974	2234.67	1993	2131.80	2012	1973.05
1956	1982.47	1975	2108.63	1994	2109.55	2013	1776.30
1957	2169.09	1976	1852.99	1995	2062.71	2014	1897.28
1958	1908.75	1977	1785.96	1996	2067.40	2015	1654.45
1959	1650.36	1978	1745.00	1997	2038.23	2016	1883.23
1960	1391.51	1979	1726.77	1998	1942.39	2017	1764.82
1961	1189.91	1980	1786.83	1999	1834.00	2018	1523.40
1962	2464.01	1981	2078.21	2000	1771.49	2019	1465.46
1963	2959.29	1982	2247.23	2001	1701.74	2020	1202.26
1964	2733.36	1983	2066.06	2002	1646.59	2021	1062.09
1965	2709.12	1984	2063.28	2003	1598.90	2022	956.04
1966	2577.58	1985	2211.39	2004	1592.88		
1967	2562.45	1986	2392.81	2005	1616.61		

注：1949—2008年数据来源于《新中国60年统计资料汇编》，2009—2022年数据来源于《2023年中国统计年鉴》。计算方法：根据统计年鉴中的历年年底总人口和人口出生率，可以推算出出生人口数＝人口出生率＊（上一年年底总人口数＋当年年底总人口数）/2，由于缺少1948年底总人口数，1949年出生人口数用1949年底总人口数乘以当年人口出生率。

二 人口出生率

从人口出生率来看,第一次生育高峰期和第二次生育高峰期表现明显,第二次生育高峰期后呈现总体下降的趋势,第三次生育高峰期的人口出生率受总人口的影响已经不明显(见表3-2、图3-2)。具体分阶段来看:

1949—1957年,人口出生率均在30‰以上,由于当时的人口死亡率还相对较高,因此人口自然增长率总体上保持在20‰左右。

1958—1961年,受"大跃进"、人民公社化运动以及三年困难时期的影响,人口出生率下降迅速,人口死亡率迅速攀升,1961年人口出生率下降至18.02‰,人口自然增长率在1960年还出现了负增长。

1962年后,人口出生率又迅速回升,1963年达到新中国成立后至今最高的一年,即43.37‰,之后逐年下降,直至1971年都在30‰以上,1979年下降至新中国成立后最低的一年,为17.82‰。1962年后,人口死亡率也不断下降,1979年下降至新中国成立后至今的最低点,为6.21‰。人口自然增长率也不断下降,1979年下降至11.61‰。

1980年计划生育政策实施后,人口出生率不降反升,主要是进入人口生育的第三次高峰,一直持续到90年代,1994年人口出生率才下降到1979年的水平,为17.70‰,之后又逐渐下降,即使"单独二孩""全面二孩"政策后,人口出生率的反弹也很微弱,仅在2个千分点以内。2017年后人口出生率又持续下降,2022年更是跌至新中国成立以来的最低水平,为6.77‰。人口死亡率随着老龄化的加剧,略有上升。人口自然增长率总体呈现不断下降的趋势,2022年已经跌至-0.60‰,出现62年来首次负增长。

表3-2 1949—2022年历年中国人口出生率、死亡率和自然增长率

(单位:‰)

年份	人口出生率	人口死亡率	人口自然增长率	年份	人口出生率	人口死亡率	人口自然增长率
1949	36.00	20.00	16.00	1952	37.00	17.00	20.00
1950	37.00	18.00	19.00	1953	37.00	14.00	23.00
1951	37.80	17.80	20.00	1954	37.97	13.18	24.79

续表

年份	人口出生率	人口死亡率	人口自然增长率	年份	人口出生率	人口死亡率	人口自然增长率
1955	32.60	12.28	20.32	1983	20.19	6.90	13.29
1956	31.90	11.40	20.50	1984	19.90	6.82	13.08
1957	34.03	10.80	23.23	1985	21.04	6.78	14.26
1958	29.22	11.98	17.24	1986	22.43	6.86	15.57
1959	24.78	14.59	10.19	1987	23.33	6.72	16.61
1960	20.86	25.43	-4.57	1988	22.37	6.64	15.73
1961	18.02	14.24	3.78	1989	21.58	6.54	15.04
1962	37.01	10.02	26.99	1990	21.06	6.67	14.39
1963	43.37	10.04	33.33	1991	19.68	6.70	12.98
1964	39.14	11.50	27.64	1992	18.24	6.64	11.60
1965	37.88	9.50	28.38	1993	18.09	6.64	11.45
1966	35.05	8.83	26.22	1994	17.70	6.49	11.21
1967	33.96	8.43	25.53	1995	17.12	6.57	10.55
1968	35.59	8.21	27.38	1996	16.98	6.56	10.42
1969	34.11	8.03	26.08	1997	16.57	6.51	10.06
1970	33.43	7.60	25.83	1998	15.64	6.50	9.14
1971	30.65	7.32	23.33	1999	14.64	6.46	8.18
1972	29.77	7.61	22.16	2000	14.03	6.45	7.58
1973	27.93	7.04	20.89	2001	13.38	6.43	6.95
1974	24.82	7.34	17.48	2002	12.86	6.41	6.45
1975	23.01	7.32	15.69	2003	12.41	6.40	6.01
1976	19.91	7.25	12.66	2004	12.29	6.42	5.87
1977	18.93	6.87	12.06	2005	12.40	6.51	5.89
1978	18.25	6.25	12.00	2006	12.09	6.81	5.28
1979	17.82	6.21	11.61	2007	12.10	6.93	5.17
1980	18.21	6.34	11.87	2008	12.14	7.06	5.08
1981	20.91	6.36	14.55	2009	11.95	7.08	4.87
1982	22.28	6.60	15.68	2010	11.90	7.11	4.79

续表

年份	人口出生率	人口死亡率	人口自然增长率	年份	人口出生率	人口死亡率	人口自然增长率
2011	13.27	7.14	6.13	2017	12.64	7.06	5.58
2012	14.57	7.13	7.44	2018	10.86	7.08	3.78
2013	13.03	7.13	5.90	2019	10.41	7.09	3.32
2014	13.83	7.12	6.71	2020	8.52	7.07	1.45
2015	11.99	7.07	4.92	2021	7.52	7.18	0.34
2016	13.57	7.04	6.53	2022	6.77	7.37	-0.60

注：1949—2008 年数据来源于《新中国 60 年统计资料汇编》，2009—2022 年数据来源于《2023 年中国统计年鉴》。

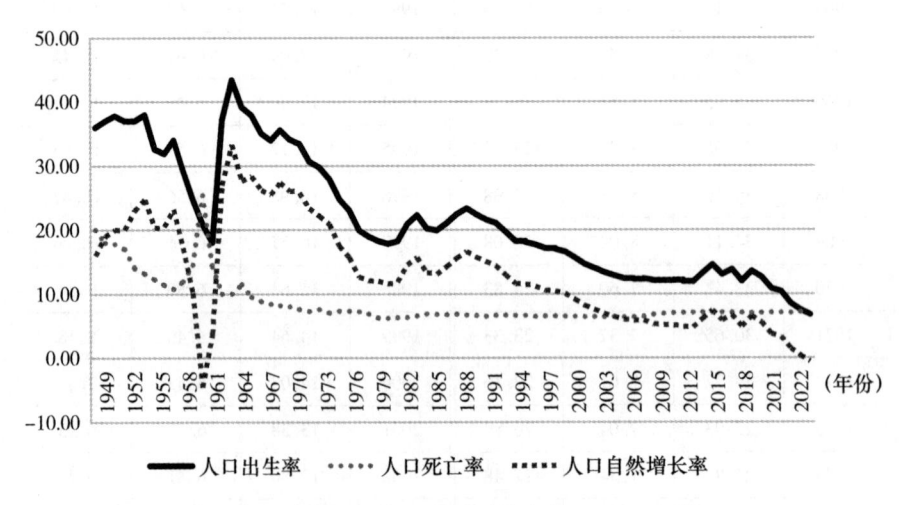

图 3-2　1949—2022 年中国人口出生率、死亡率和自然增长率变化趋势图（单位：‰）

三　年龄别生育率

从 15—49 岁育龄妇女的年龄别生育率来看（见图 3-3），2000—2020 年年龄别生育率的峰值明显下降，峰值年龄后移。2000 年育龄妇女年龄别生育率的峰值年龄为 24 岁，达到 0.146；2010 年的峰值年龄也是 24 岁，但是年龄别生育率下降为 0.099；2020 年的峰值年龄推迟到 27 岁，年龄别生育率略有回升，为 0.106。2000 年 27 岁后的年龄别生育率较低，2010 年和 2020 年有明显提升，意味着妇女晚育比例越来越高。

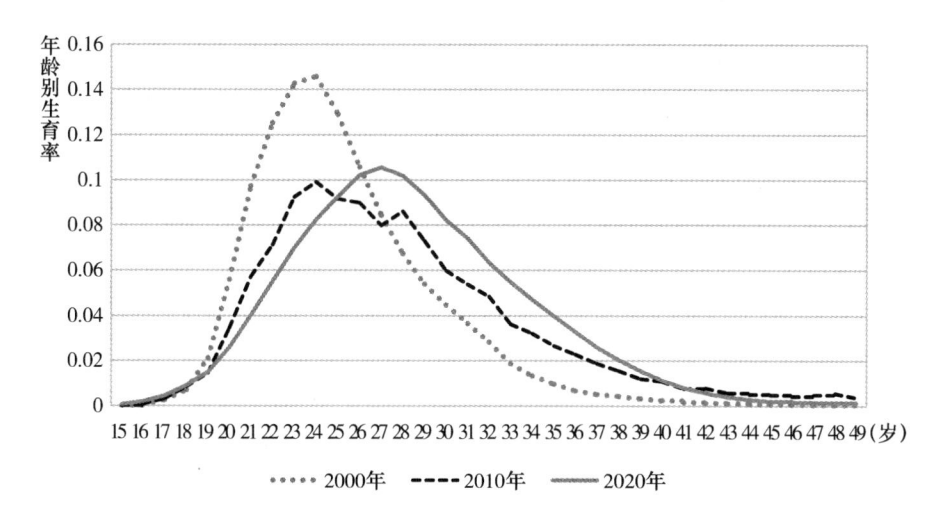

图 3-3　2000—2020 年中国育龄妇女年龄别生育率变化趋势图

四　总和生育率

关于总和生育率的数据有很多版本，有些版本甚至具体到每一年，比如快易理财网中的数据。总和生育率的计算方法是 15—49 岁各年龄段育龄妇女年龄别生育率相加求和。年龄段的分法通常有两种：第一种是把育龄妇女按一岁一组的年龄别生育率加总计算；第二种是把育龄妇女按五岁一组的年龄别生育率加总再乘以 5。从计算公式不难发现，没有庞大的调查样本很难统计出总和生育率。因此，最权威的数据应该是来自历次的中国人口普查和 1% 的抽样调查数据。

历次的中国人口普查和 1% 的抽样调查数据显示（见表 3-3、图 3-4），1953 年中国的总和生育率为 6.05，出生人口性别比也很正常，在 102—107 的正常范围。1964 年第二次人口普查，正值第二次生育高峰期，总和生育率达到 6.18，但是出生人口性别比依然很正常。总体而言，五六十年代没有执行计划生育政策，中国的总和生育率非常高。

随着 70 年代提倡"晚、稀、少"的生育政策，80 年代计划生育政策正式实施,80年代的总和生育率明显下降。1982年第三次人口普查数据显示,总和生育率已经下降到2.61,但是出生人口性别比也超出了正常值范围,达到108.47。1990年第四次人口普查数据显示,总和生育率进一步下降到2.30,出生人口性别比进一步上升至110.30。总体而言80年代的总和生育率还相对正常,仅比生育更替水平高一点。但是进入90年代后,中国的总和生育率迅速下降,1995年下降至1.46,出生人口性别比也进一步飙升至115.60。2000年总和生育率更是跌至1.22,出生人口性别比也继续攀升至116.90。2010年的总和生育率依然保持在极低的水平,为1.18,出生人口性别比达到最高即118.06。可见,在计划生育政策时代,出生人口性别比与总和生育率呈现反向关系。

表3-3　　1953—2020年中国总和生育率及出生人口性别比

年份	总和生育率	出生人口性别比
1953	6.05	104.88
1964	6.18	103.83
1982	2.61	108.47
1987	2.37	110.94
1990	2.30	110.30
1995	1.46	115.60
2000	1.22	116.90
2005	1.33	118.59
2010	1.18	118.06
2015	1.05	113.51
2020	1.30	111.30

注：数据来源于历次人口普查数据和1%抽样调查数据。

2013年后,随着"单独二孩"政策的实施,总和生育率不仅没有回升,反而还在继续下降,2015年下降至1.05;出生人口性别比得到缓解,下降至113.51。"全面二孩"政策实施后,总和生育率有所上升,出生人口性别比也得到进一步下降。2020年第七次人口普查数据显示，总和生育率上升至1.30，出生人口性别比也下降至111.30。

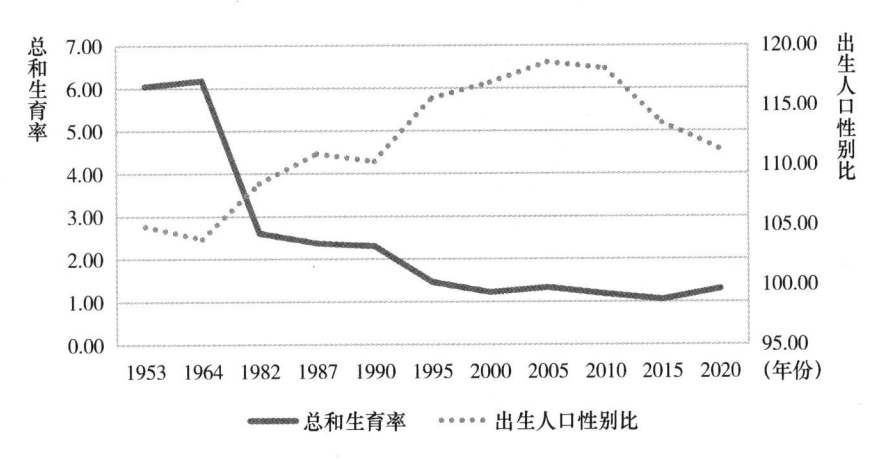

图3-4　1953—2020年中国总和生育率及出生人口性别比

五　人口年龄结构金字塔

2000年、2010年、2020年中国人口年龄结构金字塔如图所示（图3-5、图3-6和图3-7），呈现从稳定型到收缩型的趋势。

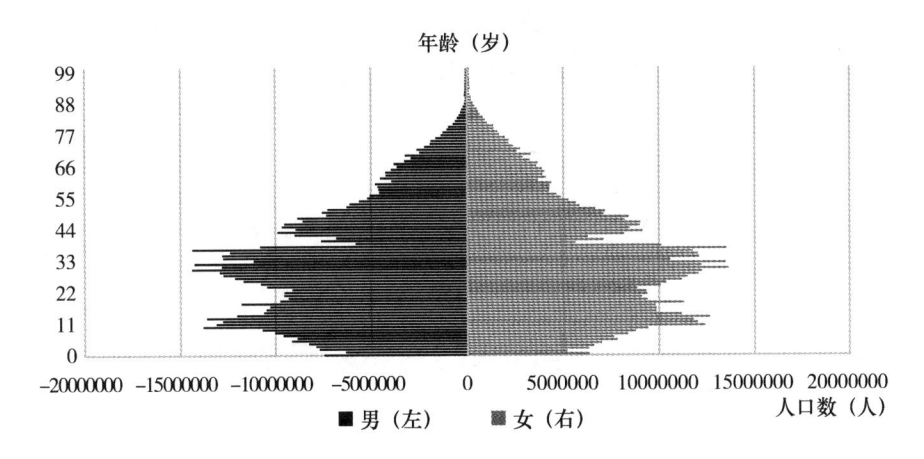

图3-5　2000年中国人口年龄结构金字塔

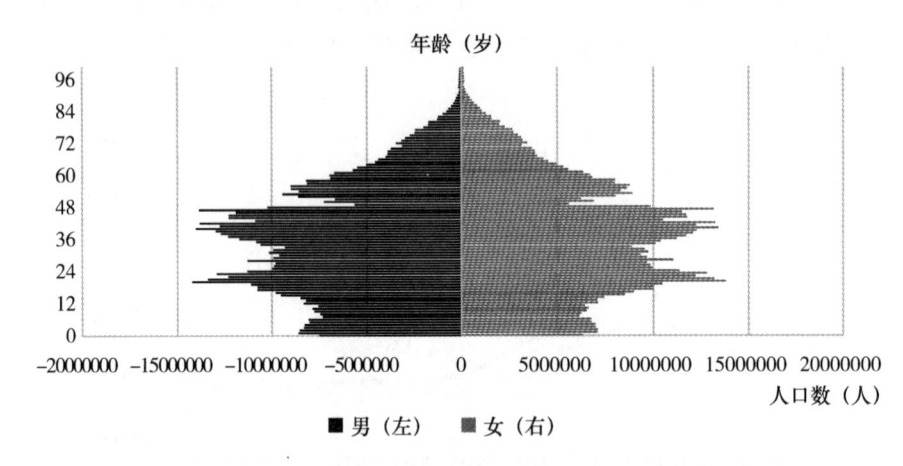

图 3-6 2010 年中国人口年龄结构金字塔

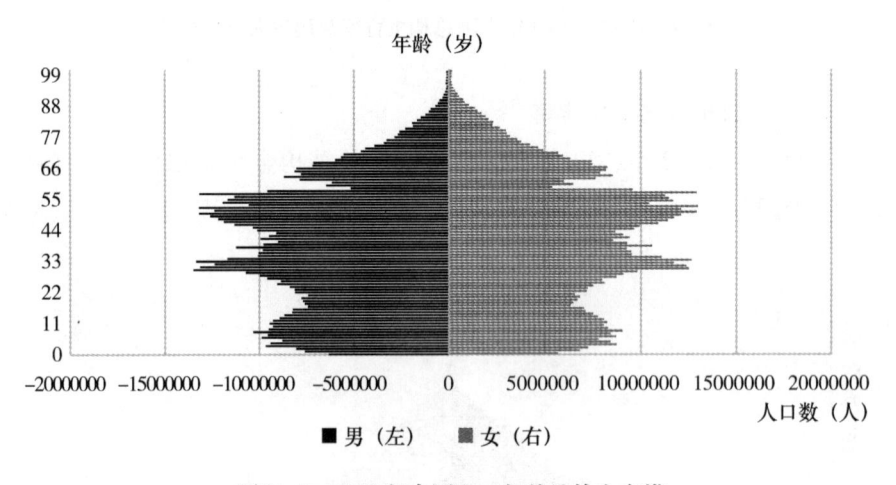

图 3-7 2020 年中国人口年龄结构金字塔

第三节 中国人口生育趋势预测

一 人口预测方法

（一）人口预测模型介绍

人口预测就是根据过去的人口变化情况推算未来的人口走势。既包含简单的量上预测，比如人口总数等，可以用直接预测法；也包含结构上的预测,比如人口年龄结构、性别结构、城乡结构等,可以用因素预测法。人口预测与经济预测不同,相比经济预测,人口预测更加准确。因为经济本身要受到诸多因素的影响,现实中难以把控和操作,而人口预测主要受到人口的生育、死亡、迁移等因素的影响。短期和中期内,可以假定生育和死亡模式不变,调整总和生育率、预期寿命、出生人口性别、人口迁移等因素来进行预测,相对准确。

本研究对相关文献中采用的人口预测方法进行归纳总结,作为对中国未来30年人口预测的基础模型,通过不同方法所得预测结果的对比,最终选择、确立最符合中国人口发展的预测方案,从而更好地保障本次预测结果的科学性。

(二)预测模型确定和参数设置

1. 预测模型的确定

本研究在对不同模型充分比较的基础上,力求扬长避短、兼收并蓄,综合运用指数公式法、复利公式法、灰色动态系统模型、多因素预测模型等进行人口预测,并对结果进行比较,以获得比较科学的结论。考虑到不同预测方法的优缺点和可靠性,最终采用了内森·凯菲茨模型。(李永胜,2002:358)

由于2020年第七次人口普查的数据相对更全面、准确和科学,尤其是分年龄组的数据很详细,因此本书以2020年人口分年龄组数据作为预测初始值,通过国际人口软件 PADIS-NT 对2024—2050年中国人口发展趋势和生育水平进行预测。此外,由于中国人口迁出和外国人口迁入的数量相对较少,这里不考虑人口迁移的影响,即假定迁移人口数为0。

2. 参数的设置

(1)总和生育率

生育参数确定为育龄妇女总和生育率,结合2020年第七次人口普查(下文简称"七普")总和生育率、2021年和2022年出生人口数,反推算出2021年和2022年总和生育率仅为1.05左右。因此,假设当前总和生育率为1.05。同时,根据预测需要,将生育水平分设为低、中、高三种方案。低方案考虑中国已实现晚育、少育、拉开生育间隔的现代生育模式,以及当前人口生育水平已处于低位,该方案假设2024—2050年总和生育率保持目前的 1.05；中方案则假设政府逐步采取鼓励生育的相关措施，促进总和生育率从 1.05 逐渐上升到 1.50；高方案则反映了在进一步优化的生育政策及加强的配套支持措施供给下，推动总和生育率从 1.05 逐渐上升到 1.80。

（2）生育模式

考虑到每年年龄别生育率的差异，直接选用国际人口预测软件 PADIS-NT 中比较符合中国少育晚育的生育模式。

（3）平均预期寿命

2020 年中国人口统计数据显示男性预期寿命为 75.37 岁，女性为 80.88 岁。结合 2000 年、2010 年、2015 年中国人均预期寿命变化趋势以及联合国的经验值，假定 2020—2050 年的预期寿命以每十年增长 2 岁的趋势递增，即每年增长 0.2 岁。

（4）出生人口性别比

2020 年出生人口性别比为 111.30。考虑到生育政策已经放开，人为选择性别比的可能性下降，假定出生人口性别比逐渐下降，2050 年下降至 105 的正常值。

二　人口预测结果

（一）总人口变动趋势

从人口总数预测来看（见表 3-4、图 3-8），2024—2050 年，三种方案下的总人口均呈现减少的趋势。低方案下，中国人口数量在 2030 年减少到 13.98 亿人，比 2020 年"七普"公布的 14.12 亿人，少 0.14 亿人；2050 年进一步减少至 12.39 亿人，比 2020 年减少了 1.73 亿人。中方案下，中国人口数量在 2030 年减少至 14.01 万人，比 2020 年减少 0.11 亿人；2050 年进一步减少至 12.80 亿人，比 2020 年减少 1.32 亿人。高方案下，中国人口数量在 2030 年减少至 14.03 万人，比 2020 年减少 0.09 亿人；2050 年进一步减少至 13.05 亿人，比 2020 年减少 1.07 亿人。

第三章 中国人口生育政策的发展历程与生育趋势分析 53

表3-4　　　　　2024—2050年中国人口数量变动趋势　　　（单位：亿人）

年份	低方案	中方案	高方案	年份	低方案	中方案	高方案
2024	14.14	14.14	14.15	2038	13.55	13.69	13.77
2025	14.12	14.13	14.13	2039	13.48	13.64	13.73
2026	14.10	14.11	14.12	2040	13.40	13.58	13.68
2027	14.07	14.09	14.10	2041	13.32	13.52	13.63
2028	14.04	14.07	14.08	2042	13.24	13.45	13.58
2029	14.01	14.04	14.06	2043	13.15	13.38	13.52
2030	13.98	14.01	14.03	2044	13.05	13.31	13.47
2031	13.94	13.98	14.01	2045	12.95	13.23	13.40
2032	13.89	13.95	13.98	2046	12.85	13.15	13.34
2033	13.85	13.91	13.95	2047	12.74	13.07	13.27
2034	13.79	13.88	13.92	2048	12.63	12.98	13.20
2035	13.74	13.83	13.89	2049	12.51	12.89	13.13
2036	13.68	13.79	13.85	2050	12.39	12.80	13.05
2037	13.62	13.74	13.81				

注：数据来源于课题组预测数据。

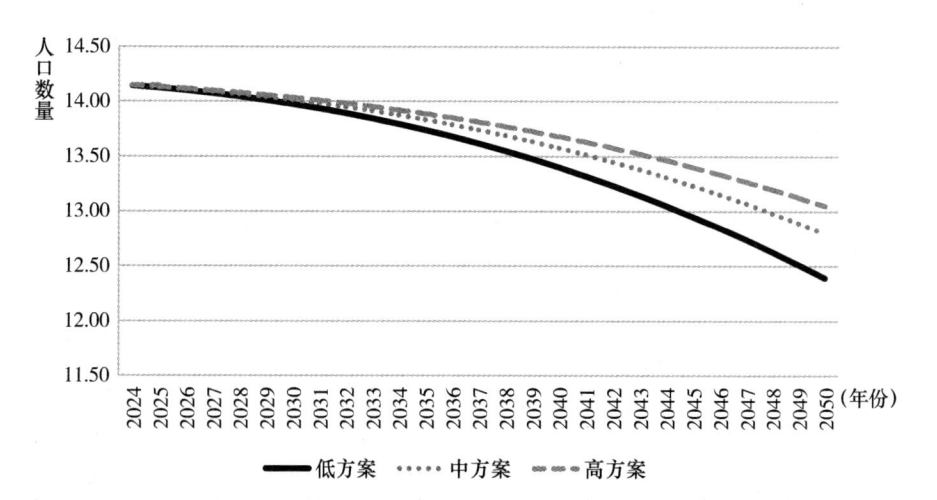

图3-8　2024—2050年中国人口数量变动趋势图（亿人）

(二) 出生人口变动趋势

从出生人口预测来看（见表 3-5、图 3-9），2024—2050 年，三种方案下的出生人口数量变化呈现一定差异。

低方案下，中国出生人口数量在 2030 年减少为 860.69 万人，比 2020 年减少 341.57 万人；2050 年进一步减少至 638.66 万人，比 2020 年减少 563.60 万人。中方案下，中国出生人口数量短期内有一定的回升，在 2039 年达到峰值 989.67 万人，比 2020 年减少 212.59 万人；2050 年减少至 910.78 万人，比 2020 年减少 291.48 万人。高方案下，中国出生人口数量短期内有较为明显的回升，在 2044 年达到峰值 1116.75 万人，依然比 2020 年减少 85.51 万人；2050 年减少至 1092.90 万人，比 2020 年减少 109.36 万人。总之，未来中国的总和生育率只要在生育更替水平之下，都难以改变出生人口减少的趋势。

表 3-5　　　　2024—2050 年中国出生人口变动趋势　　　（单位：万人）

年份	低方案	中方案	高方案	年份	低方案	中方案	高方案
2024	922.16	945.09	956.84	2038	819.33	989.00	1091.53
2025	908.78	941.98	959.59	2039	809.77	989.67	1099.08
2026	895.85	939.93	963.42	2040	799.08	989.41	1105.72
2027	884.56	939.44	968.88	2041	787.33	987.96	1111.15
2028	875.69	940.31	975.77	2042	774.88	984.64	1114.60
2029	867.36	942.72	984.31	2043	760.97	979.79	1116.43
2030	860.69	946.24	994.08	2044	745.92	973.49	1116.75
2031	853.81	950.85	1005.10	2045	729.68	965.71	1115.51
2032	849.38	956.41	1017.22	2046	712.65	956.37	1112.60
2033	847.02	962.76	1030.31	2047	694.99	945.95	1108.58
2034	843.50	969.83	1044.29	2048	676.48	934.83	1103.90
2035	840.14	977.09	1058.62	2049	657.67	923.06	1098.60
2036	834.76	984.16	1072.87	2050	638.66	910.78	1092.90

注：数据来源于课题组预测数据。

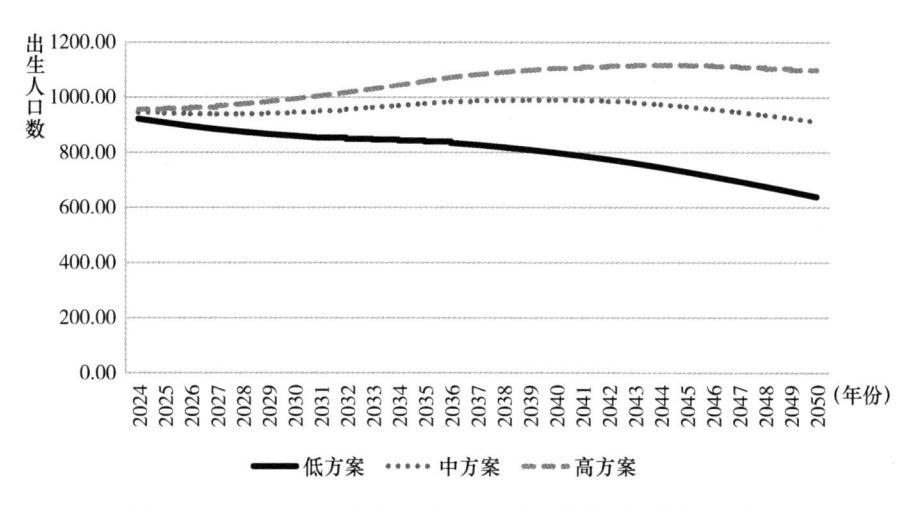

图 3-9　2024—2050 年中国出生人口变动趋势图（单位：万人）

（三）人口出生率和人口自然增长率变动趋势

从人口出生率和人口自然增长率的预测来看（见表 3-6、图 3-10 和图 3-11），2024—2050 年，三种方案下的人口出生率有差异，但是人口自然增长率均呈现下降的趋势。

低方案下，中国人口出生率在 2030 年下降为 6.15‰，比 2020 年"七普"公布的 8.52‰，下降 2.37 个千分点；2050 年进一步下降至 5.19‰，比 2020 年下降 3.33 个千分点。中国人口自然增长率在 2030 年下降为 -2.57‰，比 2020 年公布的 1.45‰，下降 4.02 个千分点；2050 年进一步下降至 -11.06‰，比 2020 年下降 12.51 个千分点。

中方案下，中国人口出生率回升较为明显，但是也依然比 2020 年低，2030 年和 2050 年人口出生率分别为 6.75‰和 7.09‰，分别比 2020 年下降 1.77 个和 1.43 个千分点。中国人口自然增长率在 2030 年和 2050 年分别为 -1.97‰和 -7.33‰，分别比 2020 年下降 3.42 个和 8.78 个千分点。

高方案下，中国人口出生率有所回升，但是依然比 2020 年低，2030 年和 2050 年人口出生率分别为 7.08‰和 8.35‰，分别比 2020 年下降 1.44 个和 0.17 个千分点。中国人口自然增长率在 2030 年和 2050 年分别为 -1.64‰和 -5.84‰，分别比 2020 年下降 3.09 个和 7.29 个千分点。

表3-6　2024—2050年中国人口出生率和人口自然增长率变动趋势

（单位：‰）

年份	人口出生率			人口自然增长率		
	低方案	中方案	高方案	低方案	中方案	高方案
2024	6.52	6.68	6.76	-1.07	-0.91	-0.83
2025	6.43	6.66	6.79	-1.34	-1.10	-0.98
2026	6.35	6.66	6.82	-1.60	-1.28	-1.13
2027	6.28	6.66	6.87	-1.85	-1.48	-1.27
2028	6.23	6.68	6.93	-2.09	-1.65	-1.40
2029	6.18	6.71	7.00	-2.34	-1.82	-1.53
2030	6.15	6.75	7.08	-2.57	-1.97	-1.64
2031	6.12	6.79	7.17	-2.81	-2.13	-1.75
2032	6.10	6.85	7.27	-3.11	-2.35	-1.93
2033	6.11	6.91	7.38	-3.38	-2.58	-2.10
2034	6.10	6.98	7.49	-3.78	-2.80	-2.27
2035	6.10	7.05	7.61	-4.16	-3.02	-2.44
2036	6.09	7.13	7.74	-4.55	-3.23	-2.59
2037	6.07	7.17	7.83	-4.96	-3.48	-2.79
2038	6.04	7.21	7.91	-5.38	-3.73	-2.99
2039	6.00	7.24	7.99	-5.82	-4.00	-3.21
2040	5.96	7.27	8.07	-6.26	-4.27	-3.41
2041	5.91	7.29	8.14	-6.71	-4.54	-3.62
2042	5.85	7.30	8.19	-7.17	-4.82	-3.85
2043	5.79	7.30	8.24	-7.62	-5.11	-4.08
2044	5.72	7.29	8.28	-8.09	-5.41	-4.31
2045	5.64	7.28	8.30	-8.58	-5.71	-4.57
2046	5.56	7.25	8.32	-9.07	-6.03	-4.82
2047	5.47	7.21	8.33	-9.56	-6.36	-5.08
2048	5.38	7.18	8.34	-10.05	-6.68	-5.33
2049	5.28	7.13	8.35	-10.56	-7.01	-5.58
2050	5.19	7.09	8.35	-11.06	-7.33	-5.84

注：数据来源于课题组预测数据。

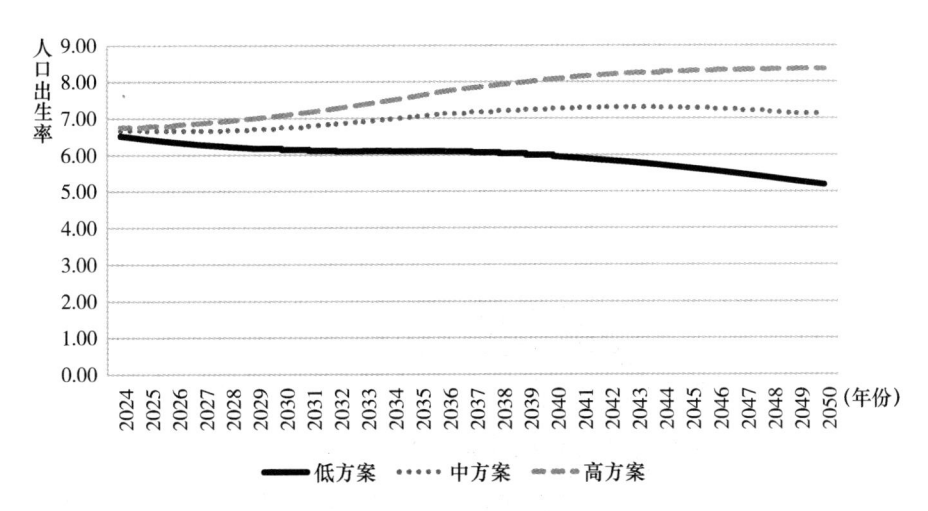

图 3-10　2024—2050 年中国人口出生率变化趋势图（‰）

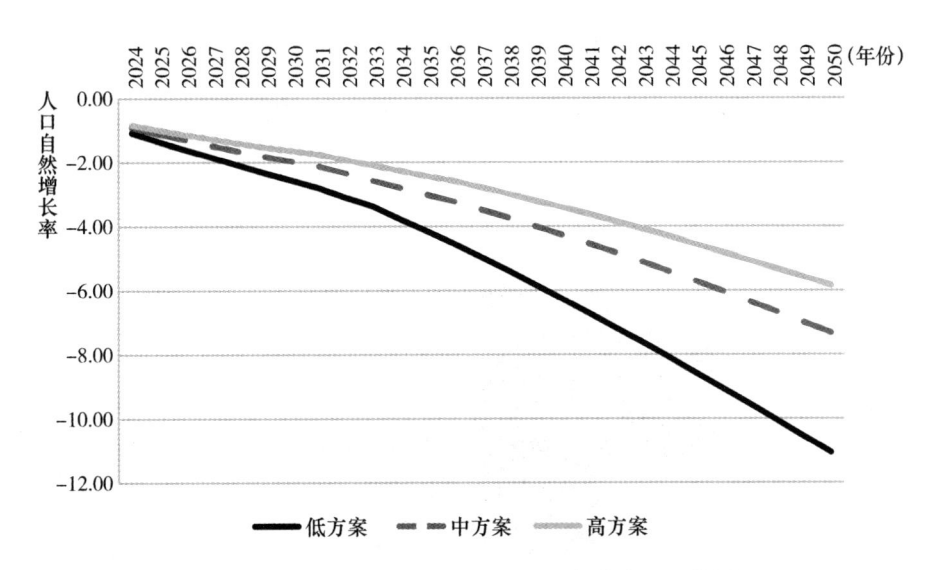

图 3-11　2024—2050 年中国人口自然增长率变化趋势图（‰）

（四）人口年龄结构金字塔

从 2050 年中国人口年龄结构金字塔来看（见图 3-12、图 3-13 和图 3-14），无论低方案、中方案还是高方案下，均呈现收缩型，即年轻人口组有规则地逐渐缩小,中年以上各组比重较大,塔形下窄上宽,低方案的收缩型最明显。相比 2000 年、2010 年、2020 年的人口年龄结构金字塔,三种方案下 2050 年的人口年龄结构金字塔都呈现进一步的收缩型。

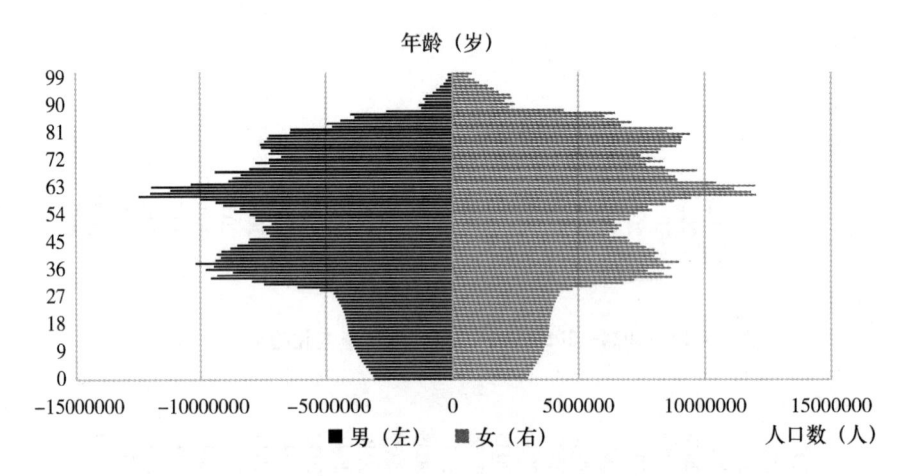

图 3-12　低方案下 2050 年中国人口年龄结构金字塔

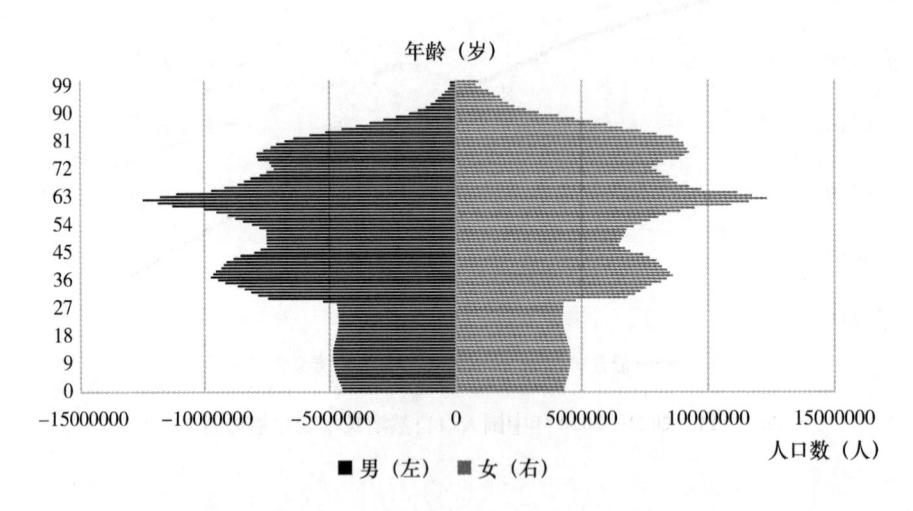

图 3-13　中方案下 2050 年中国人口年龄结构金字塔

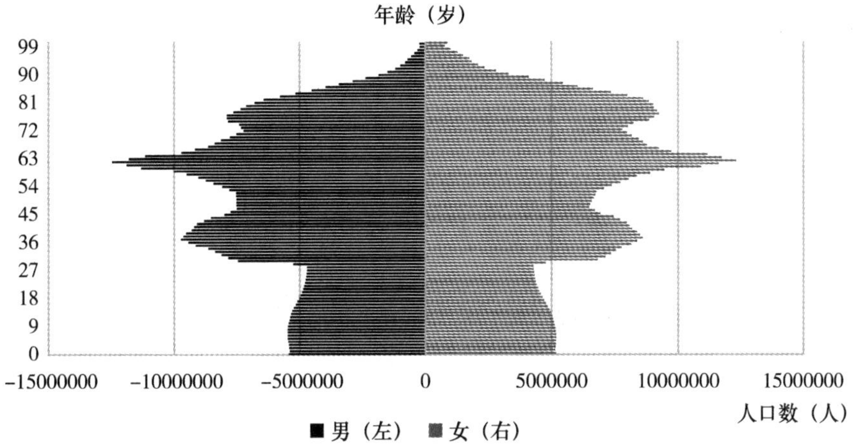

图 3-14　高方案下 2050 年中国人口年龄结构金字塔

第四节　本章小结

本章首先对新中国成立以来的人口生育政策进行了回顾，大致经历了三个阶段：80 年代前较为宽松的人口生育政策、1980—2013 年较为严格的计划生育政策；2013 年后不断优化的人口生育政策。2013 年后，"单独二孩""全面二孩""全面三孩"政策相继实施，进入人口政策的新常态，也有学者称之为"包容性生育政策阶段"（石人炳，2021）。其次，对新中国成立以来的人口生育状况进行分析，出生人口数在经历三次生育高峰后，呈现不断下降的趋势，即使"单独二孩""全面二孩"的实施也没有阻挡出生人口下降的趋势，仅仅是 2016 年和 2017 年两年多出生了 200 万—300 万人，2018 年的出生人口数比"单独二孩"之前还少，之后更是减少至历史最低。人口出生率和人口自然增长率也呈现不断下降的趋势。最后，基于 2020—2022 年的人口数据，对 2024—2050 年的总人口数、出生人口数、人口出生率、人口自然增长率、人口年龄结构金字塔等进行预测。不管是低方案、中方案还是高方案下的 2050 年中国人口年龄结构金字塔，与 2000 年、2010 年、2020 年的人口年龄结构金字塔相比，均呈现进一步的收缩型。

第四章

生育意愿与生育行为的偏离状况及趋势分析

第一节 数据来源和具体研究方法

一 数据来源

本章对近40年生育意愿与生育行为的偏离状况及趋势进行分析。1980—2010年的数据主要来源于文献和国家历次人口普查数据和抽样调查数据，2010—2021年的数据主要基于中国综合社会调查（CGSS）2010年、2012年、2013年、2015年、2017年、2018年和2021年七次的调查数据进行分析，涉及生育意愿和生育行为较为具体的数据，包括意愿生育数量、意愿生育性别、实际生育数量、实际生育性别等，以及相关因素。考虑到2012年和2013年数据、2017年和2018年数据都邻近，做组合处理，从而七次调查数据近似五期调查数据。

二 具体研究方法

主要运用文献分析法和描述性研究法。文献分析法，主要基于相关文献中的数据和分析，展现1980—2010年中国生育意愿与生育行为的偏离状况。描述性研究则基于CGSS数据，对生育意愿，生育意愿与生育行为的偏离，以及分性别、年龄段、城乡、区域的生育意愿及其与生育行为的偏离状况和趋势进行分析。在分析意愿生育数量和实际生育数量偏离时，年龄段按照五岁一组划分，由于80岁及以上老年人数较少，合并为一组。在分析意愿生育性别和性别偏离的分性别、城乡、区域的年龄段差异时，考虑某些类型（如不想要孩子）样本和比重太小，按照15—34岁、35—49岁、50—64岁和65岁及以上四个年龄段划分。分区域主要是参照《2006年中国统计年鉴》对中国大陆东、中、西部三大区域的划分标准：东部地区包括辽宁、北京、天津、河北、山东、江苏、上海、浙江、福建、广东、海南11个省、市；中部地区包括黑龙江、吉林、安徽、江西、山西、河南、湖北、湖南8个省；西部地区包括内蒙古、陕西、四川、重庆、贵州、云南、广西、甘肃、青海、宁夏、新疆、西藏12个省、市、区。

第二节　生育意愿与生育行为的数量偏离状况及趋势

一　生育意愿与生育行为的数量偏离总体状况及趋势

（一）1980—2010年数量偏离状况及趋势

2010年前关于生育意愿的调查很多都是地方性的，极少涉及全国性的大样本调查数据。因此，对2010年前生育意愿的分析重点参考了相关的文献，尤其是侯佳伟等（2014）在国内最权威的社会科学期刊《中国社会科学》上发表的论文《中国人口生育意愿变迁：1980—2011》，根据1980—2011年开展的227项关于中国人生育意愿的调查结果，运用横断历史元分析方法，较为全面地总结了这三十年来中国的生育意愿变迁历程。该文对生育意愿的测量为"理想子女数"，正好符合本研究对生育意愿的界定，将其视为意愿生育数量。

1980—1989年，中国人口的意愿生育子女数为2.13人（标准差0.50人），59.1%的调查结果显示理想子女数在2个及以上。当时的总和生育率，第三次人口普查和1%的抽样调查数据显示，1982年为2.61，1987年为2.37，1990年为2.30，因此80年代的生育意愿低于生育行为，但是差距有缩小的趋势。在这个阶段生育行为的下降很大程度上是由于计划生育政策的实施。

1990—1999年，意愿生育子女数减少至1.90人（标准差0.47人），意愿子女数在1.5—1.99人的比重最大，为43.1%，而意愿子女数在2个及以上的比重降至36.2%。1990—2000年，总和生育率从1990年的2.30下降到1995年的1.46，再降到2000年的1.22。从90年代开始，意愿生育数量开始超过总和生育率,即生育行为低于生育意愿,且差距拉大。在这个阶段生育行为的持续下降,一方面是由于继续严格执行的计划生育政策,另一方面是由于经济社会发展,人们生育观念转变,主观生育意愿下降。

2000—2011 年,中国人的意愿生育子女数进一步减少至 1.67 人(标准差 0.32 人),意愿子女数在 1.50—1.99 人的比重最大,为 54.8%,而意愿子女数在 2 个及以上的比重降至 15.3%。2000—2010 年,总和生育率从 2000 年的 1.22 继续下降到 2010 年的 1.18。2000 年后,生育意愿与生育行为的偏离依然较大。在这个阶段生育行为变化不大,主要是已经跌至极低生育水平。生育意愿的进一步下降,主要是由于生育观念转变。生育意愿和生育行为的偏离很大程度上是由于生育成本的上升。

表 4-1　　　　　　　　　分年代理想子女数及构成

时间段	均值（人）	标准差（人）	构成（%）			
			1—1.49	1.5—1.99	2—2.09	2.1 及以上
1980—1989	2.13	0.50	9.10	31.80	9.10	50.00
1990—1999	1.90	0.47	20.70	43.10	3.40	32.80
2000—2011	1.67	0.32	29.80	54.80	11.30	4.00

数据来源:侯佳伟、黄四林、辛自强等:《中国人口生育意愿变迁:1980—2011》,《中国社会科学》2014 年第 4 期。

(二) 2010—2021 年数量偏离状况及趋势

1. 意愿生育数量总体状况及趋势

基于 CGSS 数据,对 2010—2021 年的中国居民意愿生育水平进行统计分析。数据显示(见表 4-2),中国居民的意愿生育水平接近生育更替水平,尤其是 CGSS 数据很稳定,中国居民的意愿生育水平稳定在 2.03—2.10 之间。数据反映这些年中国居民意愿生育数量并没有持续下降的趋势,比侯佳伟等(2014)学者对 2000—2011 年意愿生育数的估计值更高。

从意愿生育数构成来看,意愿子女数为 0 个的比重有所增加,从 2012 年的 1.24% 上升至 2021 年的 3.79%。意愿子女数 1 个的比重有所下降,2 个的比重稳定在六成左右,3 个及以上的比重略有上升。总体来看，意愿生育数为 0 个孩子的比重有上升的趋势，值得重视。

表 4-2　　　　2010—2021 年中国居民意愿生育水平统计

意愿生育水平		2010	2012—2013	2015	2017—2018	2021
最小值（人）		0	0	0	0	0
最大值（人）		14	12	12	12	11
平均数（人）		2.03	2.04	2.10	2.05	2.05
标准差（人）		1.02	0.96	0.97	0.96	0.97
构成（%）	0 个	1.72	1.36	1.58	2.67	3.79
	1 个	22.99	20.46	16.56	18.10	16.74
	2 个	58.22	61.97	64.53	61.72	60.33
	3 个及以上	17.07	16.21	17.32	17.51	19.14
样本数（人）		11521	22885	10500	24224	7806

注：生育意愿数据来源于 CGSS 问卷中的问题："A37. 如果没有政策限制的话，您希望有几个孩子?"。

2. 数量偏离总体状况及趋势

从 CGSS 2010—2021 年的数据来看（见表 4-3），意愿生育数均值都高于实际生育数，且这种差距有扩大的趋势。2010 年意愿生育数均值比实际生育数均值大 0.27，2021 年扩大到 0.41。

从占比来看，意愿生育数小于实际生育数的人群比重有下降的趋势，意愿生育数大于实际生育数的人群比重有上升的趋势，意愿生育数等于实际生育数的人群比重相对稳定。以上数据反映了越来越多的人生育意愿不能转化为生育行为。

表 4-3　2010—2021 年中国居民生育意愿与生育行为的数量偏离状况

类别	2010	2012—2013	2015	2017—2018	2021
意愿生育数均值	2.03	2.04	2.10	2.05	2.05
实际生育数均值	1.76	1.74	1.72	1.68	1.64
意愿生育数均值 - 实际生育数均值	0.27	0.30	0.38	0.37	0.41
意愿生育数小于实际生育数（%）	13.92	14.13	11.94	11.45	10.30
意愿生育数等于实际生育数（%）	47.81	45.21	45.91	48.60	48.08

续表

类别	2010	2012—2013	2015	2017—2018	2021
意愿生育数大于实际生育数（%）	38.27	40.66	42.15	39.95	41.62
样本数	11419	22856	10490	24183	7799

注：生育行为数据来源于CGSS问卷中的问题："A68. 请问您有几个子女（包括继子继女、养子养女在内，包括已去世子女）？儿子［＿｜＿］个女儿［＿｜＿］个。"由儿子数与女儿数之和得到子女数，表示实际生育行为。

二 分年龄段的数量偏离状况及趋势

（一）分年龄段的意愿生育数量状况及趋势

从分年龄段的生育意愿调查来看（见表4-4），五期调查数据皆显示，年龄段越低，生育意愿越低。60岁以下人群意愿生育数大多在生育更替水平2.1之下；40岁以下人群意愿生育数都低于1.9。

纵向来看，60岁及以上老年人群各年龄段意愿生育数有下降的趋势；30—59岁各个年龄段意愿生育数相对稳定；2021年15—29岁青年组各个年龄段意愿生育数最低。

以上数据反映了中国年轻人的意愿生育水平相比中老年人更低；老年人群意愿生育数有下降的趋势；中青年人群的意愿生育数相对稳定。仅根据2021年数据还难以判断青年组意愿生育数有下降的趋势。

表4-4　　　　2010—2021年分年龄段的意愿生育数

年龄段	2010	2012—2013	2015	2017—2018	2021
15—19	1.59	1.66	1.62	1.65	1.46
20—24	1.66	1.70	1.83	1.65	1.43
25—29	1.71	1.79	1.86	1.78	1.54
30—34	1.79	1.79	1.83	1.83	1.82
35—39	1.82	1.84	1.88	1.83	1.82
40—44	1.86	1.89	1.90	1.92	1.84
45—49	1.92	1.91	1.92	1.92	1.94
50—54	1.96	1.95	2.01	1.96	2.04
55—59	2.12	2.05	2.03	2.03	2.12

续表

年龄段	2010	2012—2013	2015	2017—2018	2021
60—64	2.26	2.18	2.17	2.09	2.13
65—69	2.53	2.37	2.37	2.20	2.29
70—74	2.73	2.62	2.58	2.47	2.40
75—79	2.91	2.82	2.84	2.65	2.68
80+	3.34	3.02	3.16	2.95	3.05
合计	2.03	2.04	2.10	2.05	2.05
样本数	11417	22854	10490	24183	7799

注：数据来源于CGSS。

(二) 分年龄段的生育意愿与生育行为数量偏离状况及趋势

从CGSS数据来看，生育意愿与生育行为的数量偏离发生在各个年龄段（见表4-5）。总体来看，随着年龄段的下降，生育意愿与生育行为的数量偏离越发明显。一方面，是因为低年龄段人群很多还未结束生育期，因而呈现意愿生育数明显大于实际生育数；另一方面，受生育成本的影响，不少人虽然意愿生育两个孩子，但是实际只生育一个孩子，从而意愿生育数大于实际生育数。

从2010—2021年生育意愿与生育行为数量偏离与年龄段之间的关系来看（见图4-1至图4-5），2010年调查数据显示，62岁左右是个拐点，即62岁以上的人群意愿生育数均值小于实际生育数，62岁以下的人群意愿生育数大于实际生育数；2012—2013年显示拐点也在62岁左右；2015年显示拐点在66岁左右；2017—2018年显示拐点在69岁左右；2021年显示拐点在73岁左右。基于此，反推这部分人群的出生年份应该在1948—1951年之间，即出生于新中国成立前后的人群意愿生育数与实际生育数均值一致。在此之前出生的人群意愿生育数普遍低于实际生育数，因为他们生育的时候多数还未实行严格的计划生育政策，所以实际生育行为反而高于生育意愿。在此之后出生的人群意愿生育数普遍高于实际生育数，因为他们大多数生育的时候已经进入严格的计划生育政策时期，所以实际生育数低于意愿生育数。

表4-5　2010—2021年生育意愿与生育行为分年龄段的数量偏离

年龄段	2010	2012—2013	2015	2017—2018	2021
15—19	1.56	1.64	1.45	1.58	1.37
20—24	1.38	1.49	1.58	1.47	1.33
25—29	0.98	1.10	1.14	1.09	1.05
30—34	0.60	0.63	0.68	0.63	0.54
35—39	0.39	0.46	0.50	0.39	0.34
40—44	0.30	0.40	0.41	0.39	0.24
45—49	0.25	0.33	0.35	0.41	0.41
50—54	0.22	0.28	0.33	0.29	0.42
55—59	0.14	0.22	0.28	0.31	0.36
60—64	-0.07	-0.02	0.17	0.27	0.32
65—69	-0.44	-0.27	-0.02	0.09	0.27
70—74	-0.72	-0.55	-0.25	-0.10	0.09
75—79	-0.75	-0.71	-0.35	-0.36	-0.18
80+	-0.60	-0.99	-0.53	-0.49	-0.26
合计	0.27	0.30	0.37	0.36	0.41
样本数	11417	22854	10490	24183	7799

注：数据来源于CGSS。表中数据由意愿生育数减去实际生育数计算得到。

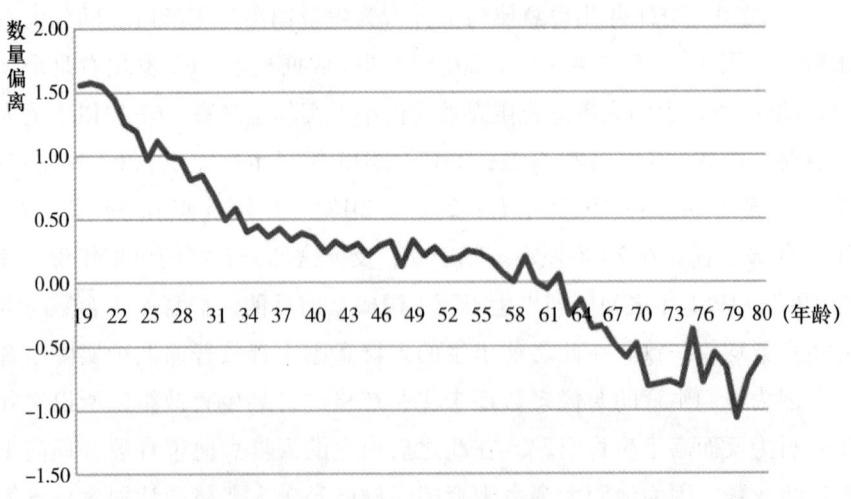

图4-1　2010年生育意愿与生育行为数量偏离与年龄之间的关系

注：考虑到19岁下的人数较少，将19岁下的人群合并到19岁年龄组；80岁以上的人数较少，将80岁以上的人群合并到80岁年龄组。下面同理。

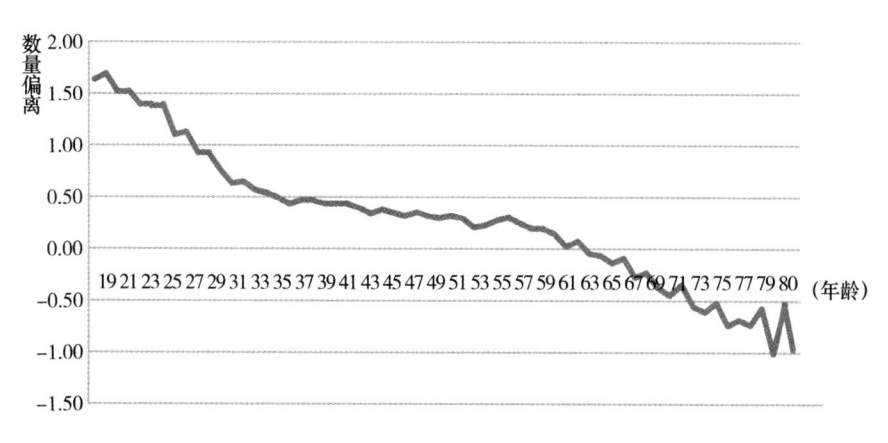

图 4−2　2012—2013 年生育意愿与生育行为数量偏离与年龄之间的关系

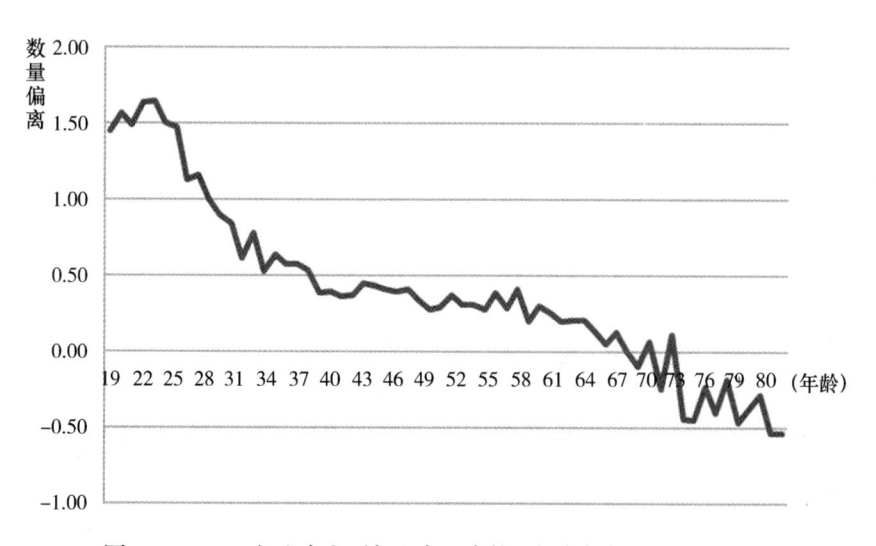

图 4−3　2015 年生育意愿与生育行为数量偏离与年龄之间的关系

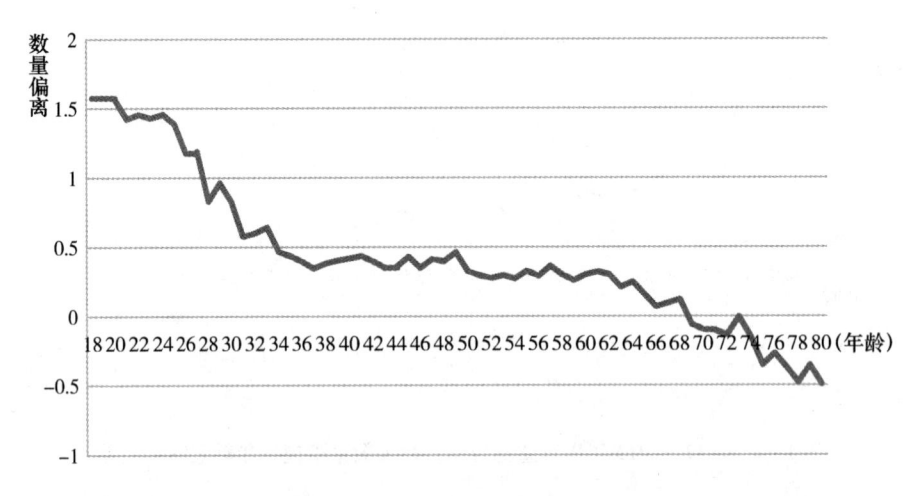

图 4-4　2017—2018 年生育意愿与生育行为数量偏离与年龄之间的关系

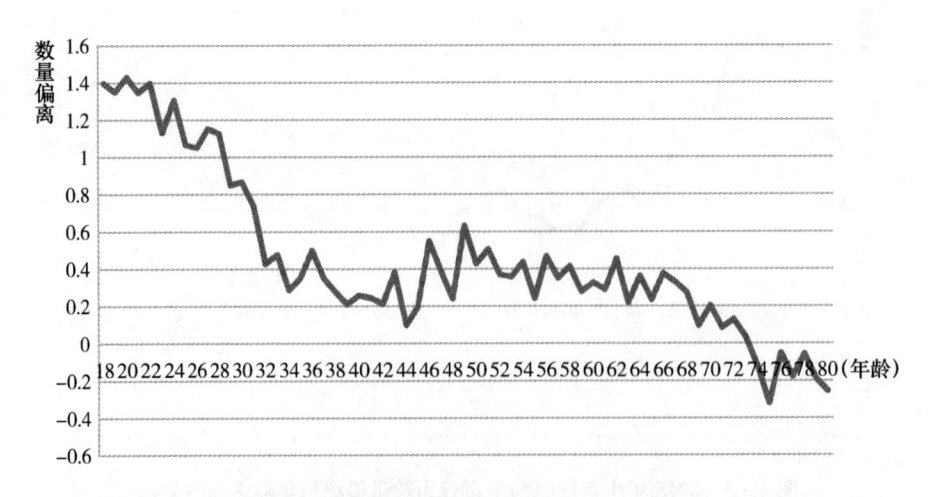

图 4-5　2021 年生育意愿与生育行为数量偏离与年龄之间的关系

三 分性别和年龄段的数量偏离状况及趋势

（一）分性别和年龄段的意愿生育数量状况及趋势

分性别来看，男女两性的意愿生育数均值没有明显差异（见表4-6）。2010年男性意愿生育数为2.04，女性为2.03；2012—2013年男女意愿生育数均为2.04；2015年男性为2.07，女性为2.13；2017—2018年男性为2.04，女性为2.05；2021年男性为2.07，女性为2.04。

但是，分性别和年龄段比较来看，70岁及以上高龄组，女性的生育意愿几乎都高于男性；其他年龄组则没有明显的差异。

总体而言，无论男性还是女性，随着年龄段的下降，意愿生育数均呈现下降的趋势。

表4-6　　　　　2010—2021年分性别和年龄段的意愿生育数

年龄段	2010		2012—2013		2015		2017—2018		2021	
	男性	女性	男性	女性	男性	女性	男性	女性	男性	女性
15—19	1.71	1.48	1.66	1.65	1.60	1.64	1.75	1.52	1.60	1.28
20—24	1.65	1.66	1.71	1.69	1.85	1.81	1.65	1.65	1.58	1.31
25—29	1.74	1.68	1.84	1.74	1.90	1.82	1.85	1.71	1.51	1.57
30—34	1.74	1.83	1.80	1.78	1.85	1.82	1.87	1.79	1.90	1.77
35—39	1.83	1.81	1.87	1.82	1.90	1.86	1.84	1.82	1.79	1.84
40—44	1.91	1.81	1.88	1.89	1.88	1.92	1.91	1.93	1.78	1.89
45—49	1.94	1.91	1.93	1.89	1.89	1.94	1.90	1.93	1.91	1.97
50—54	1.95	1.97	1.92	1.97	1.97	2.04	1.94	1.98	2.05	2.03
55—59	2.11	2.13	2.04	2.07	1.96	2.09	2.05	2.01	2.18	2.08
60—64	2.21	2.32	2.18	2.19	2.17	2.16	2.10	2.08	2.22	2.05
65—69	2.49	2.57	2.36	2.38	2.29	2.45	2.19	2.22	2.32	2.27
70—74	2.70	2.76	2.52	2.72	2.48	2.66	2.40	2.54	2.33	2.47
75—79	2.90	2.92	2.69	2.98	2.74	2.92	2.51	2.77	2.60	2.77
80+	3.04	3.62	2.92	3.12	2.94	3.35	2.84	3.04	2.85	3.24
合计	2.04	2.03	2.04	2.04	2.07	2.13	2.04	2.05	2.07	2.04
样本数	5495	5922	11593	11261	4894	5596	11273	12910	3495	4304

注：数据来源于CGSS。

(二) 分性别和年龄段的生育意愿与生育行为数量偏离状况及趋势

分性别来看，男性生育意愿与生育行为的数量偏离一直大于女性（见表4-7）。2010年男性意愿生育数的均值比实际生育数高0.33，而女性意愿生育数的均值比实际生育数高0.22。2012—2013年男性意愿生育数的均值比实际生育数高0.37，而女性意愿生育数的均值比实际生育数高0.23。2015年男性意愿生育数的均值比实际生育数高0.43，而女性意愿生育数的均值比实际生育数高0.32。2017—2018年男性意愿生育数的均值比实际生育数高0.44，而女性意愿生育数的均值比实际生育数高0.29。2021年男性意愿生育数的均值比实际生育数高0.52，而女性意愿生育数的均值比实际生育数高0.32。可见，生育意愿与生育行为数量偏离的性别差异有扩大的趋势。

分性别和年龄段来看，大多数年龄段男性生育意愿与生育行为的数量偏离也是较女性更明显。在15—59岁的中青年组，男性生育意愿与生育行为的数量偏离程度比女性更严重，即中青年男性生育意愿大于生育行为的可能性比中青年女性更高，反映了中青年男性的生育意愿要完全转化为生育行为，比女性更难。

分年份来看，2010年，男性生育意愿与生育行为的数量偏离在60—64岁出现拐点，即在1946—1950年之前出生的男性意愿生育数普遍小于实际生育数；而在之后出生的男性意愿生育数普遍大于实际生育数。女性生育意愿与生育行为的数量偏离在55—59岁出现拐点，即在1951—1955年之前出生的女性意愿生育数普遍小于实际生育数；而在之后出生的女性意愿生育数普遍大于实际生育数。2012—2013年，男性生育意愿与生育行为的数量偏离在60—64岁出现拐点，女性生育意愿与生育行为的数量偏离也在60—64岁出现拐点。2015年，男性生育意愿与生育行为的数量偏离在65—69岁出现拐点，女性生育意愿与生育行为的数量偏离也在65—69岁出现拐点。2017—2018年，男性生育意愿与生育行为的数量偏离在70—74岁出现拐点，女性生育意愿与生育行为的数量偏离在65—69岁出现拐点。2021年，男性生育意愿与生育行为的数量偏离在75—79岁出现拐点，而女性生育意愿与生育行为的数量偏离在70—74岁出现拐点。

综上可知，出生在1942—1953年的男性生育意愿与生育行为基本一致，在之前出生的男性生育意愿普遍低于生育行为，之后出生的男性生育意愿普遍高于生育行为。出生在1946—1955年的女性生育意愿与生育行为基本一致，之前出生的女性生育意愿普遍低于生育行为，之后出生的女性生育意愿普遍高于生育行为。

表4-7 2010—2021年生育意愿与生育行为分性别和年龄段的数量偏离

年龄段	2010		2012—2013		2015		2017—2018		2021	
	男性	女性	男性	女性	男性	女性	男性	女性	男性	女性
15—19	1.70	1.43	1.65	1.62	1.49	1.41	1.68	1.45	1.55	1.14
20—24	1.47	1.31	1.59	1.40	1.71	1.42	1.52	1.42	1.54	1.17
25—29	1.16	0.82	1.30	0.91	1.31	1.00	1.37	0.85	1.22	0.90
30—34	0.67	0.54	0.79	0.50	0.82	0.56	0.82	0.48	0.92	0.28
35—39	0.47	0.32	0.58	0.36	0.64	0.37	0.46	0.34	0.51	0.23
40—44	0.37	0.24	0.42	0.38	0.43	0.38	0.41	0.37	0.20	0.28
45—49	0.29	0.21	0.40	0.26	0.39	0.31	0.45	0.37	0.46	0.37
50—54	0.22	0.22	0.32	0.23	0.37	0.29	0.33	0.26	0.46	0.39
55—59	0.24	0.05	0.28	0.14	0.28	0.29	0.39	0.24	0.42	0.31
60—64	0.00	-0.15	0.08	-0.13	0.19	0.15	0.31	0.24	0.43	0.23
65—69	-0.43	-0.45	-0.15	-0.42	0.06	-0.09	0.17	0.01	0.33	0.20
70—74	-0.57	-0.88	-0.47	-0.63	-0.30	-0.20	-0.02	-0.18	0.19	0.00
75—79	-0.67	-0.83	-0.66	-0.76	-0.29	-0.40	-0.33	-0.39	-0.11	-0.25
80+	-0.60	-0.59	-1.06	-0.92	-0.55	-0.51	-0.47	-0.51	-0.23	-0.27
合计	0.33	0.22	0.37	0.23	0.43	0.32	0.44	0.29	0.52	0.32
样本数	5495	5922	11593	11261	4894	5596	11273	12910	3495	4304

注：数据来源于CGSS。

四 分城乡和年龄段的数量偏离状况及趋势

（一）分城乡和年龄段的意愿生育数量状况及趋势

分城乡来看，农村居民的意愿生育数均高于城镇居民（见表4-8）。2010年、2012—2013年、2015年、2017—2018年和2021年五期调查数据显示城镇居民意愿生育数分别为1.93、1.94、1.98、1.94和1.92，农村居民意愿生育数分别为2.19、2.20、2.27、2.27、2.22，分别比城镇居民意愿生育数高 0.26、0.26、0.29、0.33 和 0.30。五期调查数据显示，城乡居民的意愿生育数差距在 0.26—0.33 之间，差距略有扩大的趋势。

但是，分城乡和年龄段来看，几乎所有年龄段的农村居民意愿生育数都高于城镇居民，且随着年龄段的上升，这种差距有扩大的趋势，即青年组中城镇居民和农村居民的意愿生育数差距相对较小。

总体而言，无论城镇居民还是农村居民，随着年龄段的下降，意愿生育数都呈现下降的趋势。

表 4 – 8　　　　2010—2021 年分城乡和年龄段的意愿生育数

年龄段	2010		2012—2013		2015		2017—2018		2021	
	城镇	农村	城镇	农村	城镇	农村	城镇	农村	城镇	农村
15—19	1.61	1.56	1.66	1.64	1.56	1.73	1.64	1.67	1.42	1.51
20—24	1.66	1.64	1.68	1.74	1.81	1.87	1.62	1.77	1.40	1.50
25—29	1.68	1.76	1.79	1.78	1.82	1.93	1.75	1.89	1.48	1.69
30—34	1.75	1.87	1.76	1.85	1.81	1.90	1.79	1.94	1.77	1.92
35—39	1.79	1.88	1.80	1.93	1.84	1.95	1.79	1.95	1.75	1.97
40—44	1.79	1.96	1.84	1.96	1.85	1.98	1.91	1.96	1.77	1.98
45—49	1.82	2.06	1.83	2.01	1.90	1.94	1.86	2.03	1.87	2.04
50—54	1.80	2.19	1.83	2.10	1.96	2.07	1.86	2.11	1.95	2.11
55—59	1.97	2.31	1.90	2.25	1.85	2.26	1.91	2.22	2.01	2.22
60—64	2.12	2.46	2.01	2.38	1.99	2.36	1.92	2.38	1.97	2.31
65—69	2.30	2.83	2.18	2.58	2.13	2.65	2.02	2.49	2.14	2.46
70—74	2.63	2.87	2.48	2.79	2.27	2.91	2.29	2.76	2.22	2.56
75—79	2.81	3.10	2.69	3.03	2.63	3.12	2.49	2.93	2.47	2.88
80 +	3.14	3.69	2.88	3.22	2.86	3.68	2.82	3.25	2.96	3.25
合计	1.93	2.19	1.94	2.20	1.98	2.27	1.94	2.27	1.92	2.22
样本数	6972	4445	13926	8928	6148	4342	16384	7799	4384	3415

注：数据来源于 CGSS。

（二）分城乡和年龄段的生育意愿与生育行为数量偏离状况及趋势

分城乡来看，城镇居民生育意愿与生育行为的数量偏离要大于农村居民（见表 4-9）。2010 年城镇居民意愿生育数的均值比实际生育数高 0.44，而农村居民生育意愿的均值与生育行为一样。2012 年城镇居民意愿生育数的均值比实际生育数高 0.46，而农村居民意愿生育数的均值比实际生育数还低 0.05。2013 年城镇居民意愿生育数的均值比实际生育数高 0.51，而农村居民意愿生育数的均值比实际生育数高 0.10。2015 年城镇居民意愿生育数的均值比实际生育数高 0.53，而农村居民意愿生育数的均值比实际生育数高 0.16。2017 年城镇居民意愿生育数的均值比实际生育数高 0.50，而农村居民意愿生育数的均值比实际生育数高 0.11。可见，城镇居民意愿生育数量要转化为实际生育数量更难，可能是因为城镇生育成本更高。

分城乡和年龄段来看，大多数年龄段的城镇居民生育意愿与生育行为的数量偏离也是大于农村居民。城镇中青年群体生育意愿与生育行为的偏离程度比农村中青年更严重，即城镇中青年群体意愿生育数大于实际生育数的可能性比农村中青年更高，也反映出城镇有更多的中青年生育意愿难以转化为实际的生育行为。城镇老年人生育意愿与生育行为的数量偏离程度比农村老年人轻，即农村老年人意愿生育数小于实际生育数的可能性比城镇老年人更高。

2010 年，城镇居民生育意愿与生育行为的数量偏离在 60—64 岁出现拐点，即在 1946—1950 年之前出生的城镇居民意愿生育数普遍小于实际生育数；而在之后出生的城镇居民意愿生育数普遍大于实际生育数。农村居民的生育意愿与生育行为的数量偏离在 50—54 岁左右出现拐点，即在 1956—1960 年之前出生的农村居民意愿生育数普遍小于实际生育数；而在之后出生的农村居民意愿生育数普遍大于实际生育数。2012—2013 年，城镇居民生育意愿与生育行为的数量偏离在 65—69 岁出现拐点，农村居民生育意愿与生育行为的数量偏离在 55—59 岁出现拐点。2015 年，城镇居民生育意愿与生育行为的数量偏离在 65—69 岁出现拐点，农村居民生育意愿与生育行为的数量偏离在 60—64 岁出现拐点。2017—2018 年，城镇居民生育意愿与生育行为的数量偏离在 70—74 岁出现拐点，农村居民生育意愿与生育行为的数量偏离在 60—64 岁出现拐点。2021 年，城镇居民生育意愿与生育行为的数量偏离在 75—79 岁出现拐点，农村居民生育意愿与生育行为的数量偏离在 70—74 岁出现拐点。

综上可知，出生在1942—1950年的城镇居民意愿生育数与实际生育数基本一致，在之前出生的城镇居民意愿生育数普遍低于实际生育数，之后出生的城镇居民意愿生育数普遍高于实际生育数。出生在1947—1960年的农村居民意愿生育数与实际生育数基本一致，之前出生的农村居民意愿生育数普遍低于实际生育数，之后出生的农村居民意愿生育数普遍高于实际生育数。

表4-9　2010—2021年生育意愿与生育行为分城乡和年龄段的数量偏离

年龄段	2010		2012—2013		2015		2017—2018		2021	
	城镇	农村	城镇	农村	城镇	农村	城镇	农村	城镇	农村
15—19	1.59	1.50	1.66	1.59	1.38	1.57	1.58	1.56	1.28	1.51
20—24	1.51	1.11	1.57	1.33	1.64	1.46	1.50	1.31	1.32	1.36
25—29	1.09	0.70	1.24	0.74	1.25	0.90	1.20	0.72	1.12	0.90
30—34	0.69	0.39	0.74	0.37	0.78	0.42	0.71	0.38	0.60	0.41
35—39	0.49	0.22	0.54	0.29	0.62	0.25	0.43	0.28	0.30	0.40
40—44	0.45	0.10	0.52	0.21	0.49	0.29	0.45	0.25	0.28	0.16
45—49	0.38	0.08	0.48	0.14	0.50	0.17	0.49	0.25	0.47	0.32
50—54	0.36	0.00	0.47	0.05	0.53	0.10	0.45	0.14	0.54	0.32
55—59	0.38	-0.16	0.38	0.00	0.41	0.12	0.44	0.08	0.56	0.18
60—64	0.11	-0.31	0.16	-0.23	0.37	-0.05	0.41	0.04	0.41	0.15
65—69	-0.31	-0.62	-0.07	-0.49	0.08	-0.12	0.21	-0.11	0.42	0.10
70—74	-0.48	-1.03	-0.40	-0.74	-0.23	-0.26	0.02	-0.30	0.14	0.05
75—79	-0.54	-1.12	-0.48	-1.07	-0.19	-0.57	-0.28	-0.50	-0.12	-0.23
80+	-0.49	-0.79	-0.94	-1.06	-0.41	-0.75	-0.38	-0.77	-0.23	-0.30
合计	0.44	0.00	0.48	0.02	0.53	0.16	0.49	0.11	0.52	0.27
样本数	6972	4445	13926	8928	6148	4342	16384	7799	4384	3415

注：数据来源于CGSS。

五　分区域和年龄段的数量偏离状况及趋势

（一）分区域和年龄段的意愿生育数量状况及趋势

从东、中、西部意愿生育数量来看，东部最低，西部最高（见表4-10、表4-11）。2010—2021年东部居民意愿生育数均值在1.90—1.98；

中部居民意愿生育数均值在 2.05—2.17；西部居民意愿生育数均值在 2.16—2.19。

分年龄段来看，东、中、西部居民意愿生育数均呈现随年龄段下降而下降的趋势。

表 4-10　2010 年和 2012—2013 年分区域和年龄段的意愿生育数

年龄段	2010			2012—2013		
	东部	中部	西部	东部	中部	西部
15—19	1.64	1.39	1.73	1.66	1.62	1.67
20—24	1.65	1.60	1.73	1.69	1.61	1.82
25—29	1.62	1.74	1.84	1.76	1.78	1.86
30—34	1.75	1.78	1.86	1.72	1.78	1.92
35—39	1.77	1.83	1.87	1.75	1.85	1.97
40—44	1.86	1.81	1.92	1.85	1.88	1.94
45—49	1.84	1.90	2.07	1.81	1.90	2.06
50—54	1.84	2.01	2.13	1.83	1.97	2.12
55—59	1.94	2.15	2.36	1.91	2.09	2.22
60—64	2.07	2.39	2.39	2.00	2.27	2.34
65—69	2.25	2.61	2.83	2.14	2.45	2.60
70—74	2.43	2.85	2.97	2.41	2.66	2.82
75—79	2.75	3.03	3.17	2.69	2.88	2.97
80+	3.14	3.37	3.93	2.96	3.10	3.01
合计	1.94	2.05	2.16	1.93	2.08	2.16
样本数	4604	3865	2948	9185	7861	5808

注：数据来源于 CGSS。

表 4-11　2015—2021 年分区域和年龄段的意愿生育数

年龄段	2015			2017—2018			2021		
	东部	中部	西部	东部	中部	西部	东部	中部	西部
15—19	1.49	1.69	1.68	1.55	1.66	1.76	1.35	1.38	1.67
20—24	1.84	1.79	1.88	1.60	1.68	1.71	1.39	1.54	1.31
25—29	1.79	1.92	1.91	1.76	1.76	1.83	1.46	1.57	1.64

续表

年龄段	2015			2017—2018			2021		
	东部	中部	西部	东部	中部	西部	东部	中部	西部
30—34	1.79	1.83	1.96	1.81	1.79	1.92	1.74	1.79	2.02
35—39	1.84	1.83	2.04	1.75	1.83	2.03	1.68	1.92	1.92
40—44	1.85	1.90	2.01	1.86	1.93	2.03	1.69	1.94	2.03
45—49	1.84	1.94	2.00	1.84	1.95	2.01	1.85	2.03	1.97
50—54	1.90	2.04	2.13	1.87	2.02	2.03	1.87	2.14	2.12
55—59	1.81	2.15	2.22	1.84	2.17	2.20	1.96	2.21	2.23
60—64	1.99	2.32	2.21	1.89	2.27	2.25	1.90	2.21	2.43
65—69	2.07	2.54	2.51	1.94	2.42	2.41	2.11	2.41	2.47
70—74	2.28	2.86	2.57	2.14	2.74	2.71	2.14	2.59	2.56
75—79	2.60	3.03	2.96	2.37	2.91	2.81	2.31	2.96	2.94
80+	3.05	3.52	2.83	2.73	3.20	3.19	2.78	3.38	3.26
合计	1.98	2.17	2.19	1.91	2.16	2.17	1.90	2.12	2.19
样本数	4166	4094	2230	10979	7706	5498	3128	2604	2067

注：数据来源于 CGSS。

（二）分区域和年龄段的生育意愿与生育行为数量偏离状况及趋势

分区域来看，东部居民生育意愿与生育行为的数量偏离最大，中部居民生育意愿与生育行为的数量偏离最小（见表4-12、表4-13）。五期调查数据来看，东部居民意愿生育数的均值比实际生育数高出的范围在0.47—0.53；中部居民意愿生育数的均值比实际生育数高出的范围在0.10—0.41；西部居民意愿生育数的均值比实际生育数高出的范围在0.18—0.31。除了2021年，东部居民数量偏离值最大，中部居民数量偏离值最小。可见，东部居民生育意愿转化为生育行为的难度最大，中部居民难度最小。

分区域和年龄段来看，65岁及以上的老年组，中西部居民生育意愿与生育行为的数量偏离几乎都大于东部，说明东部老年组的意愿生育数与实际生育数更接近。而中青年组，东部居民生育意愿与生育行为的数量偏离几乎都大于中西部，说明东部中青年的生育意愿更难以转化为生育行为。青年组可能是晚婚晚育所致，中年组可能是生活成本等各方面原因导致生育意愿难以转化为生育行为。

2010年,东部居民生育意愿与生育行为的数量偏离在60—64岁左右出现拐点,即在1946—1950年之前出生的东部居民意愿生育数普遍小于实际生育数;而在之后出生的东部居民意愿生育数普遍大于实际生育数。中部居民生育意愿与生育行为的数量偏离在50—54岁出现拐点,即在1956—1960年之前出生的中部居民意愿生育数普遍小于实际生育数;而在之后出生的中部居民意愿生育数普遍大于实际生育数。西部居民生育意愿与生育行为的数量偏离在55—59岁出现拐点,即在1951—1955年之前出生的西部居民意愿生育数普遍小于实际生育数;而在之后出生的西部居民意愿生育数普遍大于实际生育数。2012—2013年,东部居民生育意愿与生育行为的数量偏离在65—69岁出现拐点;中部居民生育意愿与生育行为的数量偏离在55—59岁出现拐点;西部居民生育意愿与生育行为的数量偏离也在55—59岁出现拐点。2015年,东部居民生育意愿与生育行为的数量偏离在70—74岁出现拐点;中部居民生育意愿与生育行为的数量偏离在60—64岁出现拐点;西部居民生育意愿与生育行为的数量偏离在65—69岁出现拐点。2017—2018年,东部居民生育意愿与生育行为的数量偏离在70—74岁出现拐点;中部居民生育意愿与生育行为的数量偏离在65—69岁出现拐点;西部居民生育意愿与生育行为的数量偏离也在65—69岁出现拐点。2021年,东部居民生育意愿与生育行为的数量偏离在75—79岁出现拐点;中部居民生育意愿与生育行为的数量偏离在70—74岁出现拐点;西部居民生育意愿与生育行为的数量偏离也在70—74岁出现拐点。

综上可知,东部居民,出生在1941—1950年的生育意愿与生育行为基本一致,之前出生的生育意愿普遍低于生育行为,之后出生的生育意愿普遍高于生育行为。中部居民,出生在1947—1960年的生育意愿与生育行为基本一致,在之前出生的生育意愿普遍低于生育行为,之后出生的生育意愿普遍高于生育行为。西部居民,出生在1946—1958年的生育意愿与生育行为基本一致,在之前出生的生育意愿普遍低于生育行为,之后出生的生育意愿普遍高于生育行为。可见,东部居民的生育转变明显早于中西部居民,提前10年左右进入生育意愿大于生育行为的阶段。

表4–12　2010年和2012—2013年分区域和年龄段的生育意愿与生育行为数量偏离状况

年龄段	2010			2012—2013		
	东部	中部	西部	东部	中部	西部
15—19	1.61	1.39	1.65	1.66	1.59	1.64
20—24	1.51	1.25	1.30	1.60	1.34	1.50
25—29	1.11	0.84	0.88	1.26	0.94	0.99
30—34	0.76	0.47	0.47	0.81	0.48	0.50
35—39	0.53	0.34	0.28	0.54	0.41	0.41
40—44	0.52	0.19	0.17	0.56	0.30	0.30
45—49	0.41	0.13	0.22	0.49	0.23	0.24
50—54	0.42	0.01	0.18	0.48	0.12	0.17
55—59	0.39	-0.10	0.10	0.45	0.01	0.12
60—64	0.16	-0.20	-0.25	0.28	-0.23	-0.17
65—69	-0.20	-0.72	-0.44	0.07	-0.45	-0.53
70—74	-0.39	-0.86	-0.99	-0.22	-0.81	-0.61
75—79	-0.51	-1.03	-0.94	-0.30	-0.99	-1.05
80+	-0.58	-0.69	-0.54	-0.76	-1.10	-1.24
合计	0.47	0.10	0.18	0.53	0.11	0.21
样本数	4604	3865	2948	9185	7861	5808

注：数据来源于CGSS。

表4–13　2015—2021年分区域和年龄段的生育意愿与生育行为数量偏离状况

年龄段	2015			2017—2018			2021		
	东部	中部	西部	东部	中部	西部	东部	中部	西部
15—19	1.38	1.46	1.57	1.47	1.60	1.68	1.33	1.38	1.40
20—24	1.66	1.49	1.59	1.49	1.45	1.44	1.31	1.44	1.18
25—29	1.24	1.00	1.15	1.23	0.87	1.01	1.12	1.08	0.86
30—34	0.72	0.58	0.78	0.76	0.49	0.50	0.61	0.51	0.46
35—39	0.63	0.37	0.46	0.47	0.28	0.37	0.35	0.35	0.32
40—44	0.57	0.32	0.27	0.49	0.33	0.30	0.31	0.26	0.05
45—49	0.45	0.30	0.27	0.52	0.35	0.31	0.50	0.48	0.23

续表

年龄段	2015			2017—2018			2021		
	东部	中部	西部	东部	中部	西部	东部	中部	西部
50—54	0.51	0.22	0.25	0.47	0.21	0.15	0.52	0.40	0.33
55—59	0.40	0.22	0.19	0.49	0.19	0.10	0.52	0.20	0.31
60—64	0.37	0.02	0.07	0.47	0.11	0.10	0.48	0.14	0.28
65—69	0.18	-0.15	-0.06	0.29	-0.10	-0.05	0.46	0.13	0.09
70—74	-0.03	-0.38	-0.36	0.12	-0.26	-0.28	0.15	0.04	0.07
75—79	-0.10	-0.60	-0.37	-0.19	-0.45	-0.55	-0.10	-0.25	-0.21
80+	-0.36	-0.66	-0.80	-0.34	-0.79	-0.49	-0.21	-0.21	-0.39
合计	0.53	0.27	0.28	0.51	0.22	0.27	0.48	0.41	0.31
样本数	4166	4094	2230	10979	7706	5498	3128	2604	2067

注：数据来源于 CGSS。

第三节 生育意愿与生育行为的性别偏离状况及趋势

一 生育意愿与生育行为的性别偏离总体状况及趋势

（一）意愿生育性别总体状况及趋势

从 CGSS 2010—2021 年中国居民意愿生育性别调查来看（见表 4-14），不想要孩子的居民比重有上升的趋势。只想要男孩的比重在 9.65%—11.40% 之间，有下降的趋势。只想要女孩的比重在 6.93%—9.83% 之间，略有上升的趋势。希望男女都有的比重最高，在 76.44%—80.40% 之间。其中，希望一男一女的比重最高，在 57.49%—62.88% 之间，略有下降的趋势。希望多男一女、一男多女和多男多女的比重较为接近，分别在 6.57%—7.26%、4.48%—6.43% 和 5.39%—6.95% 之间。

总体来看，2010—2021 年中国居民意愿生育性别大多数为有男有女，一男一女占比最高；只想要男孩的比重下降；只想要女孩的比重上升；男孩女孩都不想要的比重有所上升。

表 4-14　　2010—2021 年中国居民意愿生育性别

意愿生育类型	2010	2012—2013	2015	2017—2018	2021
都不想要	1.78	1.60	1.73	2.70	4.08
只要男孩	11.40	11.07	10.99	10.64	9.65
只要女孩	7.85	6.93	7.84	9.32	9.83
有男有女	78.97	80.40	79.44	77.34	76.44
一男一女	60.04	62.88	62.37	59.91	57.49
多男一女	7.26	6.57	6.69	6.77	7.13
一男多女	4.72	4.78	4.48	5.12	6.43
多男多女	6.95	6.17	5.89	5.54	5.39
样本数	8953	17946	9432	21130	6905

注：数据来源于 CGSS。

(二) 生育意愿与生育行为性别偏离的总体状况及趋势

生育意愿与生育行为性别偏离类型可以分为三种：意愿生育性别完全偏离实际生育性别、意愿生育性别部分偏离实际生育性别、意愿生育性别完全等于实际生育性别，分别赋值为 1、2、3 分 (见表 4-15)。生育意愿与生育行为性别上的偏离情况，见表 4-16。

从生育意愿与生育行为的性别偏离总体状况来看，意愿生育性别完全偏离实际的比重最低，在 9.75%—11.81% 之间，略有上升的趋势。意愿生育性别部分偏离实际的比重相对稳定，在 38.62%—41.00% 之间。意愿生育性别完全等于实际的比重最高，在 48.28%—51.38% 之间，稳定在一半左右。很多人希望男孩女孩都有，但是随着生育成本的上升，很多家庭都只生育一个孩子，使得意愿生育性别完全偏离实际的比重有所上升。

表 4-15　　生育意愿与生育行为性别偏离的赋值

意愿生育性别（人数）		实际生育性别（人数）		性别偏离类型
男	女	男	女	
0	0	0	0	3
0	0	0	>0	2

续表

意愿生育性别（人数）		实际生育性别（人数）		性别偏离类型
男	女	男	女	
0	0	>0	0	2
0	0	>0	>0	1
0	>0	0	0	2
0	>0	0	>0	3
0	>0	>0	0	1
0	>0	>0	>0	2
>0	0	0	0	2
>0	0	0	>0	1
>0	0	>0	0	3
>0	0	>0	>0	2
>0	>0	0	0	1
>0	>0	0	>0	2
>0	>0	>0	0	2
>0	>0	>0	>0	3

表4-16　2010—2021年生育意愿与生育行为的性别偏离状况

性别偏离类型	2010	2012—2013	2015	2017—2018	2021
意愿生育性别完全偏离实际	9.75	10.20	10.72	10.74	11.81
意愿生育性别部分偏离实际	38.87	39.91	41.00	38.78	38.62
意愿生育性别完全等于实际	51.38	49.89	48.28	50.48	49.57
合计	100.00	100.00	100.00	100.00	100.00
样本数	8953	17947	9432	21108	6898

注：数据来源于CGSS。

二　分年龄段的性别偏离状况及趋势

（一）分年龄段的意愿生育性别及趋势

从分年龄段的意愿生育性别来看（见表4-17至表4-19），与中老年组相比较，低年龄组不想要孩子的比重明显偏高。一方面可能是因为年轻人观念不同，越来越倾向不要孩子；另一方面可能是因为年轻人对于生育的事情还没有考虑清楚，可能等过几年在家庭和外在环境压力下还是会要孩子，正如现实中很多丁克家庭最终选择生育。15—19 岁年龄段不要孩子的比重在 5.51%—11.85% 之间，20—24 岁年龄段不要孩子的比重在 2.98%—9.51% 之间。这两个年龄段不要孩子的比重明显高于其他年龄段。

　　从期望只要男孩的情况来看，随着年龄段的下降，似乎呈现倒 U 型的关系，即中年组相对老年组和青年组只想要男孩的比重略高。老年组是因为大多数希望有男有女，所以只要男孩比重相对较低；青年组是因为重男轻女观念弱化，并且生育男孩成本相对更高，所以只要男孩比重相对下降。而且从 2010—2021 年数据来看，大多数年龄段只要男孩的比重也有所下降，尤其是青年组。

　　从期望只要女孩的情况来看，随着年龄段的下降，比重总体呈现上升趋势，即青年组相对老年组来说，只想要女孩的比重更高。比较符合现在越来越多人喜欢生女孩的逻辑。

　　从期望有男有女的情况来看，随着年龄段的下降，比重有所下降。即老年组更想男孩女孩都有。青年组期望有男有女的比重下降，可能是受少生优生观念影响，可以从贝克尔的孩子数量质量理论进行解释；也可能是生育成本的影响，可以用生育的成本效用理论解释。

表 4-17　2010 年和 2012—2013 年分年龄段的意愿生育性别　（单位：%）

年龄段	2010（N = 8951）				2012—2013（N = 17946）			
	都不想要	只要男孩	只要女孩	有男有女	都不想要	只要男孩	只要女孩	有男有女
15—19	5.51	14.17	12.6	67.72	5.54	11.40	9.12	73.94
20—24	4.07	12.4	9.96	73.58	4.90	9.37	9.37	76.36
25—29	3.33	12.67	12.67	71.33	2.01	9.61	9.27	79.11
30—34	1.38	12.81	9.92	75.9	1.31	12.55	8.98	77.15
35—39	1.03	10.75	8.17	80.04	0.94	12.31	8.73	78.02
40—44	1.34	10.81	9.28	78.56	1.24	12.11	8.49	78.16
45—49	1.84	12.05	8.56	77.55	1.53	13.65	6.47	78.36
50—54	1.84	12.3	8.51	77.36	1.42	12.32	7.18	79.07
55—59	1.56	12.37	5.24	80.82	1.64	11.62	6.00	80.74

续表

年龄段	2010（N=8951）				2012—2013（N=17946）			
	都不想要	只要男孩	只要女孩	有男有女	都不想要	只要男孩	只要女孩	有男有女
60—64	1.78	9.73	6.44	82.05	1.17	10.32	6.24	82.27
65—69	0.79	11.26	3.95	83.99	1.16	8.94	4.55	85.35
70—74	0.98	8.6	3.93	86.49	1.01	8.00	3.14	87.84
75—79	1.64	9.51	2.95	85.9	1.43	8.74	3.01	86.82
80+	1.04	7.81	4.17	86.98	1.33	6.26	3.42	88.99
合计	1.78	11.41	7.85	78.96	1.60	11.07	6.93	80.40

注：数据来源于 CGSS。

表4-18　　2015年和2017—2018年分年龄段的意愿生育性别　　（单位：%）

年龄段	2015（N=9342）				2017—2018（N=21108）			
	都不想要	只要男孩	只要女孩	有男有女	都不想要	只要男孩	只要女孩	有男有女
15—19	6.80	10.20	11.56	71.43	11.85	6.62	11.15	70.38
20—24	2.98	10.14	11.53	75.35	9.51	7.41	12.01	71.07
25—29	2.48	9.62	10.35	77.55	4.82	9.56	12.04	73.59
30—34	1.51	9.88	12.06	76.55	3.32	10.63	13.09	72.96
35—39	2.29	11.44	8.73	77.54	2.36	12.73	12.60	72.31
40—44	1.60	12.81	7.44	78.15	1.27	11.43	9.30	78.00
45—49	1.40	12.74	8.65	77.21	2.01	10.16	10.77	77.06
50—54	1.44	9.89	8.03	80.64	1.99	11.78	8.50	77.72
55—59	2.15	14.32	9.43	74.11	2.43	11.30	8.66	77.60
60—64	1.15	11.86	6.09	80.90	1.66	11.25	9.11	77.98
65—69	0.89	10.18	6.11	82.82	2.00	11.47	7.41	79.12
70—74	1.59	7.79	4.25	86.37	1.83	10.31	6.36	81.51
75—79	0.58	9.51	2.88	87.03	2.07	8.64	5.07	84.22
80+	1.53	7.93	1.28	89.26	1.52	8.27	3.59	86.62
合计	1.73	10.99	7.84	79.44	2.70	10.65	9.33	77.32

注：数据来源于 CGSS。

表4-19　　2021年分年龄段的意愿生育性别（N=6898）　　（单位：%）

年龄段	都不想要	只要男孩	只要女孩	有男有女
15—19	6.16	4.79	10.96	78.08
20—24	7.78	7.78	11.38	73.05
25—29	3.12	8.92	11.74	76.23
30—34	2.79	10.90	12.23	74.07
35—39	1.72	12.60	14.46	71.22
40—44	1.08	10.87	8.36	79.69
45—49	1.65	9.73	10.65	77.96
50—54	2.09	10.26	7.65	80.00
55—59	1.94	11.16	8.20	78.70
60—64	1.78	10.04	9.33	78.84
65—69	1.35	11.39	7.14	80.12
70—74	1.27	10.16	5.40	83.17
75—79	2.14	5.71	4.29	87.86
80+	2.18	8.72	2.18	86.92
合计	2.23	10.09	9.04	78.64

注：数据来源于CGSS。

（二）分年龄段生育意愿与生育行为的性别偏离状况及趋势

生育意愿与生育行为的性别偏离在不同年龄段存在较大差异（见表4-20和表4-21）。随着年龄段的下降，意愿生育性别完全偏离实际的比重大幅上升。15—19岁组比重最高，都超过了一半，主要是因为该年龄段的人群很多还未生育。随着年龄段的上升，还没有生育孩子的人口比例大幅缩小，且年龄段越大的人群实际生育子女数也越多，因此，意愿生育性别完全偏离实际的比重越来越低。

从意愿生育性别部分偏离实际的情况来看，随着年龄段的下降，比重先升后降，说明中年组意愿生育性别部分偏离实际的比重最高。可能因为过去三十多年的计划生育政策，使得中年组很多只生育了一个孩子，而很多人期望有男有女，导致意愿生育性别部分偏离实际。老年组因为生育人数多，意愿生育性别等于实际的比重高，所以意愿生育性别部分偏离实际的比重相对较低。

从意愿生育性别完全等于实际的情况来看，随着年龄段的下降，比重不断下降。青年组比重最低，是因为很多没有完成生育；中年组比重不高，是因为很多只生育一个；老年组比重最高，是因为很多都生育了两个及以上的孩子，有男有女的比重较高。

综上，随着年龄段的下降，意愿生育性别偏离实际的比重不断升高。

表4-20　　2010年和2012—2013年分年龄段生育意愿与生育行为的性别偏离状况　　（单位：%）

年龄段	2010（N=8951）			2012—2013（N=17946）		
	意愿生育性别完全偏离实际	意愿生育性别部分偏离实际	意愿生育性别完全等于实际	意愿生育性别完全偏离实际	意愿生育性别部分偏离实际	意愿生育性别完全等于实际
15—19	66.14	25.98	7.87	72.64	21.50	5.86
20—24	57.52	30.08	12.40	61.22	28.98	9.80
25—29	30.50	44.50	25.00	34.67	46.37	18.96
30—34	11.29	51.10	37.60	11.68	52.92	35.40
35—39	5.38	49.64	44.98	4.84	49.69	45.48
40—44	4.59	46.89	48.52	4.57	47.99	47.44
45—49	2.76	41.31	55.93	2.95	45.01	52.04
50—54	4.02	42.87	53.10	3.34	44.40	52.26
55—59	2.79	38.68	58.53	3.11	42.88	54.01
60—64	4.11	31.92	63.97	2.92	35.39	61.69
65—69	1.58	23.52	74.90	2.48	27.98	69.54
70—74	0.98	20.88	78.13	2.53	22.39	75.08
75—79	1.97	18.36	79.67	2.15	21.06	76.79
80+	1.56	15.10	83.33	2.28	17.65	80.08
合计	9.75	38.88	51.37	10.20	39.91	49.89
样本数	873	3480	4598	1830	7163	8953

注：数据来源于CGSS。

表4-21　2015年、2017—2018年和2021年分年龄段生育意愿与生育行为的性别偏离状况　　（单位：%）

年龄段	2015（N=9432）			2017—2018（N=21108）			2021（N=6898）		
	意愿生育性别完全偏离实际	意愿生育性别部分偏离实际	意愿生育性别完全等于实际	意愿生育性别完全偏离实际	意愿生育性别部分偏离实际	意愿生育性别完全等于实际	意愿生育性别完全偏离实际	意愿生育性别部分偏离实际	意愿生育性别完全等于实际
15—19	62.59	25.17	12.24	66.20	21.25	12.54	55.00	30.00	15.00
20—24	60.44	31.21	8.35	60.76	24.92	14.31	51.17	26.40	22.43
25—29	35.13	44.31	20.55	38.68	37.70	23.63	39.59	34.70	25.71
30—34	15.41	49.58	35.01	16.41	42.99	40.60	20.65	36.71	42.64
35—39	7.58	49.64	42.78	8.66	41.54	49.80	9.13	38.80	52.07
40—44	3.66	49.54	46.80	5.20	45.32	49.48	7.50	41.36	51.14
45—49	4.65	46.51	48.84	4.45	47.61	47.94	4.02	49.52	46.46
50—54	2.88	46.55	50.57	4.12	44.60	51.28	4.11	50.27	45.62
55—59	4.89	41.41	53.70	3.38	43.63	52.98	4.33	43.76	51.92
60—64	3.36	39.03	57.61	3.62	40.25	56.13	4.77	39.63	55.60
65—69	2.67	33.72	63.61	3.20	37.21	59.59	3.21	40.03	56.76
70—74	2.83	29.03	68.14	2.78	28.73	68.49	2.85	33.81	63.35
75—79	1.44	27.67	70.89	3.46	25.35	71.20	4.57	25.91	69.51
80+	1.02	24.81	74.17	2.18	19.70	78.13	1.15	18.70	80.15
合计	10.72	41.00	48.28	10.74	38.78	50.48	11.82	38.62	49.57
样本数	1011	3867	4554	2267	8186	10655	815	2664	3419

注：数据来源于CGSS。

三　分性别和年龄段的性别偏离状况及趋势

（一）分性别和年龄段的意愿生育性别及趋势

分性别和年龄段来看（见表4-22），无论男性还是女性，伴随年龄段的下降，不想要孩子的比重大幅上升。不管是男性还是女性，青年组2021年不想要孩子的比重相比前几年都明显偏高。

针对只要男孩的情况，总体呈现青年组和老年组比重更低的现象。

针对只要女孩的情况，各个年龄段都是女性比重高于男性，说明女性更倾向只要女孩。随着年龄段的下降，不管男性还是女性，只要女孩的比重也不断升高。可见，女孩偏好不断增强。

针对男孩女孩都要的情况，男女之间没有明显差异，均是随着年龄段的下降，比重不断降低。

综上，不管男性还是女性，青年组不想要孩子的比重有增长的趋势；随着年龄段的下降，只要女孩的比重升高，男孩女孩都要的比重下降。

表4-22　　　　2010—2021年分性别和年龄段的意愿生育性别　　　（单位：%）

年份	性别	年龄段	意愿生育性别			
			都不想要	只要男孩	只要女孩	有男有女
2010 (N=8951)	男性 (N=4277)	15—34	3.31	14.03	9.17	73.48
		35—49	1.41	11.35	6.42	80.82
		50—64	2.10	11.30	6.13	80.47
		65+	1.12	9.09	3.92	85.87
	女性 (N=4674)	15—34	2.60	11.63	12.50	73.27
		35—49	1.43	11.12	10.59	76.86
		50—64	1.35	11.84	7.31	79.49
		65+	1.01	10.22	3.60	85.18
2012—2013 (N=17946)	男性 (N=8993)	15—34	2.54	11.84	6.88	78.74
		35—49	1.35	13.47	6.48	78.70
		50—64	1.34	11.86	5.48	81.31
		65+	1.27	8.14	3.32	87.26
	女性 (N=8953)	15—34	2.92	9.81	11.19	76.08
		35—49	1.16	11.98	9.16	77.70
		50—64	1.49	10.92	7.49	80.10
		65+	1.12	8.30	4.03	86.56
2015 (N=9432)	男性 (N=4381)	15—34	2.45	10.13	10.91	76.50
		35—49	2.11	12.93	7.52	77.43
		50—64	1.92	11.85	7.62	78.62
		65+	1.00	10.50	4.10	84.40
	女性 (N=5051)	15—34	2.80	9.66	11.59	75.94
		35—49	1.37	12.01	8.87	77.75
		50—64	1.23	11.97	7.93	78.86
		65+	1.29	7.62	4.22	86.87

续表

年份	性别	年龄段	意愿生育性别			
			都不想要	只要男孩	只要女孩	有男有女
2017—2018 (N=21108)	男性 (N=9777)	15—34	5.31	9.80	10.22	74.66
		35—49	1.73	11.79	10.06	76.42
		50—64	2.36	12.19	8.32	77.13
		65+	1.88	10.23	5.28	82.61
	女性 (N=11331)	15—34	6.42	8.71	14.25	70.62
		35—49	1.99	10.89	11.43	75.69
		50—64	1.70	10.82	9.15	78.33
		65+	1.88	10.01	6.76	81.35
2021 (N=6898)	男性 (N=3082)	15—34	8.01	8.61	16.47	66.91
		35—49	4.58	11.02	9.83	74.58
		50—64	1.74	10.21	6.19	81.87
		65+	2.01	11.04	3.79	83.17
	女性 (N=3816)	15—34	12.95	7.51	18.77	60.77
		35—49	2.57	9.47	13.10	74.85
		50—64	1.81	9.29	8.51	80.40
		65+	1.75	9.98	5.45	82.82

注：数据来源于CGSS。考虑到分性别后某些类型（如"都不想要"）的样本太少，这里将年龄段分为四大类：15—34岁、35—49岁、50—64岁、65岁+。下面同理。

(二) 分性别和年龄段生育意愿与生育行为的性别偏离状况及趋势

从分性别和年龄段生育意愿与生育行为的性别偏离状况来看（见表4-23），男女之间存在一定的差异。

针对意愿生育性别完全偏离实际的情况，15—34岁的青年组，男性意愿生育性别完全偏离实际的比重均高于女性，这种差距有扩大趋势。35—49岁年龄组，男性意愿生育性别完全偏离实际的比重也均高于女性，这种差距也有扩大趋势。50—64岁和65岁+年龄组差距不是很明显。前两个年龄组，可能是因为男性比女性结婚生育晚。

针对意愿生育性别部分偏离实际的情况，15—34岁的青年组，除了2021年，男性意愿生育性别部分偏离实际的比重均低于女性。其他年龄组差异不是很明显。可能的原因还是和上面一样，男性比女性晚婚晚育，因为中国的婚姻往往是丈夫年龄大于妻子。所以男性意愿生育性别完全偏离实际的比重较高，而部分偏离的比重较低。

针对意愿生育性别完全等于实际的情况，各个年龄段，男性意愿生育性别完全等于实际的比重比女性要略低。可能也是不少男性未婚，导致意愿生育性别不能完全等于实际。

综上，不管是男性还是女性，随着年龄段的下降都呈现：意愿生育性别完全偏离实际的比重上升，意愿生育性别完全等于实际的比重下降；且各个年龄段都呈现男性意愿生育性别完全等于实际的比重低于女性。

表4-23 分性别和年龄段的生育意愿与生育行为的性别偏离状况（单位：%）

年份	性别	年龄段	性别偏离类型		
			意愿生育性别完全偏离实际	意愿生育性别部分偏离实际	意愿生育性别完全等于实际
2010 (N=8951)	男性 (N=4277)	15—34	37.57	39.45	22.98
		35—49	4.30	47.74	47.95
		50—64	4.12	40.36	55.53
		65+	1.68	22.66	75.66
	女性 (N=4674)	15—34	28.08	44.42	27.50
		35—49	4.10	44.14	51.75
		50—64	3.10	36.01	60.89
		65+	1.29	18.27	80.43
2012—2013 (N=17946)	男性 (N=8993)	15—34	42.75	40.21	17.03
		35—49	4.61	48.44	46.94
		50—64	3.21	42.75	54.05
		65+	2.33	25.64	72.04
	女性 (N=8953)	15—34	29.82	44.53	25.66
		35—49	3.56	46.44	50.00
		50—64	3.02	38.84	58.14
		65+	2.48	20.82	76.70

续表

年份	性别	年龄段	性别偏离类型		
			意愿生育性别完全偏离实际	意愿生育性别部分偏离实际	意愿生育性别完全等于实际
2015 (N=9432)	男性 (N=4381)	15—34	45.21	36.19	18.60
		35—49	6.59	49.45	43.96
		50—64	4.00	42.62	53.38
		65+	2.30	29.70	68.00
	女性 (N=5051)	15—34	31.21	45.31	23.48
		35—49	3.89	47.44	48.67
		50—64	3.35	42.20	54.45
		65+	2.11	29.84	68.04
2017—2018 (N=21108)	男性 (N=9777)	15—34	44.89	33.38	21.72
		35—49	7.01	45.80	47.20
		50—64	4.18	44.09	51.73
		65+	2.86	32.24	64.89
	女性 (N=11331)	15—34	31.53	37.17	31.30
		35—49	4.96	44.64	50.40
		50—64	3.34	41.64	55.02
		65+	3.03	27.66	69.31
2021 (N=6898)	男性 (N=3082)	15—34	46.14	33.83	20.03
		35—49	9.49	41.69	48.81
		50—64	5.10	43.11	51.79
		65+	2.90	35.67	61.43
	女性 (N=3816)	15—34	31.23	31.48	37.29
		35—49	4.91	44.68	50.41
		50—64	3.78	46.43	49.79
		65+	3.19	29.94	66.87

注：数据来源于CGSS。

四 分城乡和年龄段性别偏离状况及趋势

（一）分城乡和年龄段的意愿生育性别状况及趋势

分城乡和年龄段来看（见表4-24），无论城镇还是农村，青年组不想要孩子的比重普遍高于中老年组。城镇各个年龄段不想要孩子的比重均高于农村，且青年组更明显。

针对只要男孩的情况，各个年龄段城乡之间差异不是很明显。

针对只要女孩的情况，几乎各个年龄段都是城镇比重高于农村，说明城镇居民更倾向只要女孩。

针对男孩女孩都要的情况，几乎各个年龄段都是城镇比重低于农村，中老年组的差距更明显。可能是因为农村想生育二孩的比重高于城镇，中老年组更明显。

表4-24　　　　　分城乡和年龄段的意愿生育性别状况　　　　（单位：%）

年份	城乡	年龄段	意愿生育性别			
			都不想要	只要男孩	只要女孩	有男有女
2010 (N=8951)	城镇 (N=5368)	15—34	3.50	11.75	12.04	72.70
		35—49	1.61	11.41	11.47	75.50
		50—64	2.09	12.74	9.86	75.31
		65+	1.35	9.59	5.78	83.27
	农村 (N=3583)	15—34	1.57	15.13	8.35	74.96
		35—49	1.15	10.97	4.83	83.04
		50—64	1.26	10.11	2.80	85.83
		65+	0.67	9.72	1.01	88.61
2012—2013 (N=17946)	城镇 (N=10613)	15—34	2.30	13.34	9.46	74.90
		35—49	1.58	12.47	9.78	76.17
		50—64	2.30	13.34	9.46	74.90
		65+	1.67	8.40	5.65	84.28
	农村 (N=7333)	15—34	1.16	11.91	7.79	79.14
		35—49	0.76	13.07	4.94	81.23
		50—64	0.41	9.23	3.05	87.30
		65+	0.64	8.00	1.28	90.08
2015 (N=8920)	城镇 (N=5294)	15—34	3.48	9.16	12.72	74.64
		35—49	2.38	12.72	9.00	75.90
		50—64	1.73	13.19	10.55	74.53
		65+	1.52	9.37	6.33	82.78

续表

年份	城乡	年龄段	意愿生育性别			
			都不想要	只要男孩	只要女孩	有男有女
2015 (N=8920)	农村 (N=3626)	15—34	0.82	11.44	8.17	79.58
		35—49	0.73	12.00	7.23	80.04
		50—64	1.36	10.52	4.77	83.35
		65+	0.72	8.57	1.65	89.05
2017—2018 (N=21108)	城镇 (N=14038)	15—34	6.64	9.21	13.57	70.58
		35—49	2.47	11.35	11.83	74.36
		50—64	2.57	12.44	11.33	73.66
		65+	2.32	10.43	7.70	79.55
	农村 (N=7070)	15—34	3.17	9.28	7.92	79.64
		35—49	0.54	11.18	8.53	79.75
		50—64	1.14	9.95	4.86	84.06
		65+	1.17	9.60	3.40	85.83
2021 (N=6898)	城镇 (N=3793)	15—34	12.61	7.14	18.77	61.49
		35—49	4.19	10.41	14.03	71.38
		50—64	2.28	10.24	9.00	78.49
		65+	2.07	10.45	5.01	82.48
	农村 (N=3105)	15—34	6.71	9.85	15.51	67.92
		35—49	2.14	9.63	8.20	80.04
		50—64	1.34	9.22	6.18	83.26
		65+	1.68	10.53	4.32	83.47

注：数据来源于CGSS。

(二) 分城乡和年龄段生育意愿与生育行为的性别偏离状况

从分城乡和年龄段生育意愿与生育行为的性别偏离状况来看（见表4-25），城乡之间存在一定的差异。

针对意愿生育性别完全偏离实际的情况，几乎各个年龄段都是城镇比重高于农村，尤其是15—34岁的青年组，可能是因为城镇居民比农村居民结婚生育时间晚，很多人还没有开始或者还未完全结束生育。其他年龄组的差距相对较小。

针对意愿生育性别部分偏离实际的情况，15—34 岁的青年组，城镇的比重均低于农村。可能的原因还是和上面一样，城镇居民比农村居民晚婚晚育。所以，意愿生育性别完全偏离实际的比重更高，部分偏离的比重更低。但是，35 岁及以上的其他年龄组都是城镇比重高于农村。

针对意愿生育性别完全等于实际的情况，各个年龄组都是城镇比重低于农村，35—49 岁、50—64 岁两个年龄组更明显。主要是因为农村生育率高于城镇，尤其是 35—49 岁、50—64 岁两个年龄组人群生育的时候正处于较为严格的计划生育政策时代，农村超生比例明显高于城镇。老年组差距相对较小，主要是老年组不管城镇还是农村生育两孩及以上的比重都较高，因此意愿生育性别完全等于实际的比重都较高。15—34 岁组差距也较大，主要是城镇居民相对农村居民晚婚晚育。

综上，各个年龄段都呈现城镇居民意愿生育性别与实际性别偏离的比重高于农村居民。

表 4-25　分城乡和年龄段生育意愿与生育行为的性别偏离状况　（单位：%）

年份	城乡	年龄段	性别偏离类型		
			意愿生育性别完全偏离实际	意愿生育性别部分偏离实际	意愿生育性别完全等于实际
2010 (N=8951)	城镇 (N=5368)	15—34	37.74	40.44	21.82
		35—49	5.68	51.00	43.32
		50—64	4.54	45.36	50.11
		65+	1.35	22.39	76.26
	农村 (N=3583)	15—34	20.00	46.09	33.91
		35—49	2.15	38.60	59.25
		50—64	2.44	29.15	68.41
		65+	1.68	17.92	80.40
2012—2013 (N=17946)	城镇 (N=10613)	15—34	39.40	41.98	18.62
		35—49	5.02	53.17	41.81
		50—64	4.35	48.05	47.61
		65+	2.80	23.86	73.34

续表

年份	城乡	年龄段	性别偏离类型		
			意愿生育性别完全偏离实际	意愿生育性别部分偏离实际	意愿生育性别完全等于实际
2012—2013 (N=17946)	农村 (N=7333)	15—34	27.39	43.78	28.83
		35—49	2.65	38.80	58.55
		50—64	1.73	32.77	65.50
		65+	1.92	22.78	75.30
2015 (N=8920)	城镇 (N=5294)	15—34	40.05	40.80	19.15
		35—49	5.72	53.08	41.20
		50—64	4.23	49.83	45.94
		65+	3.03	33.01	63.96
	农村 (N=3626)	15—34	32.68	41.67	25.65
		35—49	4.21	41.58	54.21
		50—64	3.03	34.29	62.68
		65+	1.24	26.03	72.73
2017—2018 (N=21108)	城镇 (N=14038)	15—34	40.88	34.30	24.81
		35—49	6.55	48.93	44.53
		50—64	4.39	49.55	46.05
		65+	3.36	33.43	63.21
	农村 (N=7070)	15—34	26.58	39.37	34.05
		35—49	4.39	36.72	58.89
		50—64	2.70	32.43	64.86
		65+	2.29	24.02	73.69
2021 (N=6898)	城镇 (N=3793)	15—34	38.42	32.36	29.23
		35—49	6.90	44.57	48.53
		50—64	4.76	52.84	42.40
		65+	3.92	38.41	57.67
	农村 (N=3105)	15—34	36.90	32.91	30.19
		35—49	6.60	41.71	51.69
		50—64	4.03	38.14	57.83
		65+	2.21	27.16	70.63

注：数据来源于 CGSS。

五 分区域和年龄段的性别偏离状况及趋势

（一）分区域和年龄段的意愿生育性别状况及趋势

从分区域和年龄段来看（见表 4-26），东部不想要孩子的比重整体上高于中西部，青年组差距更为明显，可能是因为生育成本更高。

针对只要男孩的情况，西部的比重低于东中部。

针对只要女孩的情况，东部的比重最高，其次是中部，最后是西部。可见东部居民更偏好女孩，中老年组更明显。

针对男孩女孩都要的情况，东部的比重低于中西部，中老年组更明显。可见，中西部居民更倾向于有男有女。

表 4-26　　　　分区域和年龄段的意愿生育性别状况　　　　（单位：%）

年份	区域	年龄段	意愿生育性别			
			都不想要	只要男孩	只要女孩	有男有女
2010 (N=8951)	东部 (N=3574)	15—34	4.52	12.22	12.44	70.81
		35—49	1.39	11.51	11.23	75.86
		50—64	1.63	12.26	11.54	74.57
		65+	1.48	10.82	5.74	81.97
	中部 (N=3150)	15—34	1.77	14.51	10.27	73.45
		35—49	1.83	13.13	6.90	78.14
		50—64	1.74	11.33	3.59	83.33
		65+	0.65	6.68	1.72	90.95
	西部 (N=2227)	15—34	1.27	11.65	8.90	78.18
		35—49	1.27	11.65	8.90	78.18
		50—64	1.83	10.83	3.67	83.67
		65+	0.89	11.61	2.98	84.52
2012—2013 (N=17946)	东部 (N=7132)	15—34	3.18	11.28	10.42	75.12
		35—49	1.96	12.90	9.79	75.35
		50—64	2.45	12.96	9.60	74.99
		65+	2.06	9.30	5.87	82.77
	中部 (N=6398)	15—34	3.43	12.58	9.06	74.93
		35—49	0.80	15.43	6.43	77.34

续表

年份	区域	年龄段	意愿生育性别			
			都不想要	只要男孩	只要女孩	有男有女
2012—2013 (N=17946)	中部 (N=6398)	50—64	0.85	12.05	4.57	82.53
		65+	0.70	9.15	2.27	87.88
	西部 (N=4416)	15—34	1.08	7.55	7.01	84.36
		35—49	0.87	8.80	6.99	83.33
		50—64	0.60	7.68	4.27	87.46
		65+	0.60	5.07	2.29	92.04
2015 (N=8920)	东部 (N=3517)	15—34	4.02	7.47	14.37	74.14
		35—49	2.23	13.66	10.02	74.09
		50—64	2.29	14.80	11.27	71.63
		65+	1.84	10.18	7.24	80.74
	中部 (N=3266)	15—34	1.75	13.01	8.92	76.32
		35—49	1.46	13.83	8.11	76.61
		50—64	0.60	11.01	6.01	82.38
		65+	0.77	8.16	2.55	88.52
	西部 (N=2137)	15—34	1.06	9.76	8.44	80.74
		35—49	1.29	8.74	6.02	83.95
		50—64	1.82	8.94	5.17	84.08
		65+	0.61	8.37	1.63	89.39
2017—2018 (N=21108)	东部 (N=9278)	15—34	7.30	8.68	13.31	70.71
		35—49	3.02	12.69	13.56	70.73
		50—64	2.58	12.72	12.45	72.25
		65+	2.57	11.15	9.73	76.55
	中部 (N=6969)	15—34	5.87	10.75	11.38	72.00
		35—49	1.12	11.98	9.91	76.99
		50—64	1.72	11.24	6.72	80.32
		65+	1.82	9.12	3.02	86.03
	西部 (N=4861)	15—34	3.05	8.63	11.47	76.85
		35—49	0.85	7.83	7.13	84.19
		50—64	1.38	9.46	5.25	83.91
		65+	0.62	9.58	3.43	86.38

续表

年份	区域	年龄段	意愿生育性别			
			都不想要	只要男孩	只要女孩	有男有女
2021 (N=6898)	东部 (N=2674)	15—34	12.20	8.13	19.78	59.89
		35—49	5.61	11.40	15.26	67.72
		50—64	2.93	11.85	10.96	74.27
		65+	2.70	11.83	6.17	79.31
	中部 (N=2348)	15—34	8.39	9.06	17.62	64.93
		35—49	1.47	9.85	9.01	79.66
		50—64	1.63	8.47	5.94	83.95
		65+	1.50	10.30	3.32	84.88
	西部 (N=1876)	15—34	12.40	6.06	14.88	66.67
		35—49	2.51	8.54	10.05	78.89
		50—64	0.48	8.31	4.79	86.42
		65+	1.02	8.59	3.89	86.50

注：数据来源于 CGSS。

(二) 分区域和年龄段生育意愿与生育行为的性别偏离状况

从分区域和年龄段生育意愿与生育行为的性别偏离状况来看（见表 4-27），城乡之间存在一定的差异。

针对意愿生育性别完全偏离实际的情况，大多数年龄段都是东部比重高于中部和西部，尤其是 35—64 岁组，可能还是因为东部居民比中西部居民结婚生育更晚。

针对意愿生育性别部分偏离实际的情况，大多数年龄段也是东部比重高于中部和西部，尤其是 35—64 岁组。

针对意愿生育性别完全等于实际的情况，大多数年龄段都是东部比重低于中西部，35—64 岁组更明显。

综上，大多数年龄段都呈现东部居民意愿生育性别偏离实际的比重高于中西部居民的现象。

表4-27　分区域和年龄段生育意愿与生育行为的性别偏离状况　（单位：%）

年份	区域	年龄段	性别偏离类型		
			意愿生育性别完全偏离实际	意愿生育性别部分偏离实际	意愿生育性别完全等于实际
2010 (N=8951)	东部 (N=3574)	15—34	38.33	39.87	21.81
		35—49	4.74	53.39	41.88
		50—64	4.49	46.58	48.93
		65+	1.31	21.15	77.54
	中部 (N=3150)	15—34	24.42	47.26	28.32
		35—49	3.99	41.81	54.20
		50—64	4.03	30.83	65.14
		65+	1.29	18.10	80.60
	西部 (N=2227)	15—34	30.93	40.25	28.81
		35—49	3.79	41.64	54.58
		50—64	1.50	35.67	62.83
		65+	2.08	22.62	75.30
2012—2013 (N=17946)	东部 (N=7132)	15—34	40.22	43.11	16.67
		35—49	5.21	53.13	41.66
		50—64	3.85	50.78	45.37
		65+	3.20	25.69	71.11
	中部 (N=6398)	15—34	31.05	39.84	29.11
		35—49	3.52	43.22	53.27
		50—64	2.41	33.08	64.51
		65+	1.80	23.22	74.98
	西部 (N=4416)	15—34	33.66	44.66	21.68
		35—49	3.23	45.03	51.75
		50—64	3.07	37.20	59.73
		65+	2.05	19.90	78.05
2015 (N=8920)	东部 (N=3517)	15—34	38.28	40.46	21.26
		35—49	5.77	54.76	39.47
		50—64	4.97	49.09	45.94
		65+	3.19	33.25	63.56

续表

年份	区域	年龄段	性别偏离类型		
			意愿生育性别完全偏离实际	意愿生育性别部分偏离实际	意愿生育性别完全等于实际
2015 (N=8920)	中部 (N=3266)	15—34	35.96	40.06	23.98
		35—49	5.09	43.56	51.35
		50—64	2.20	37.84	59.96
		65+	1.53	26.66	71.81
	西部 (N=2137)	15—34	39.58	44.33	16.09
		35—49	4.15	45.85	50.00
		50—64	3.77	38.97	57.26
		65+	1.63	28.98	69.39
2017—2018 (N=21108)	东部 (N=9278)	15—34	38.95	36.05	25.00
		35—49	7.94	47.45	44.60
		50—64	5.16	52.77	42.07
		65+	3.89	34.91	61.19
	中部 (N=6969)	15—34	33.51	34.87	31.62
		35—49	4.48	43.39	52.13
		50—64	2.67	35.96	61.37
		65+	1.88	26.05	72.06
	西部 (N=4861)	15—34	40.30	34.62	25.08
		35—49	4.11	43.49	52.40
		50—64	2.76	35.22	62.02
		65+	2.72	25.57	71.70
2021 (N=6898)	东部 (N=2674)	15—34	34.75	33.64	31.61
		35—49	8.25	45.09	46.67
		50—64	6.11	52.61	41.27
		65+	4.37	37.92	57.71
	中部 (N=2348)	15—34	41.61	32.05	26.34
		35—49	6.08	43.40	50.52
		50—64	3.12	39.82	57.06
		65+	2.16	28.74	69.10

续表

年份	区域	年龄段	性别偏离类型		
			意愿生育性别完全偏离实际	意愿生育性别部分偏离实际	意愿生育性别完全等于实际
2021 (N=6898)	西部 (N=1876)	15—34	36.64	31.68	31.68
		35—49	5.53	41.21	53.27
		50—64	3.51	40.89	55.59
		65+	2.04	29.24	68.71

注：数据来源于 CGSS。

第四节 本章小结

20 世纪 90 年代是生育意愿与生育行为数量偏离的分水岭，在此之前，中国居民意愿生育数量均值小于实际生育数量均值，在此之后，意愿生育数量均值大于实际生育数量均值。中国人口生育行为的快速下降很大程度上是由于 80 年代初开始推行的计划生育政策。但是，中国居民的生育意愿从 80 年代以来变化并不是很明显，90 年代到 21 世纪初有所下降，但是 2010 年后 CGSS 的数据显示生育意愿非常稳定，均值在 2.03—2.10 之间，较之前有所回升。当前的生育意愿非常接近生育更替水平，但是实际生育行为持续下降。不仅中国人口普查和 1% 抽样调查数据显示极低的总和生育率，从 CGSS 也能看出实际生育数量的持续下降，而且随着年龄段的下降，生育意愿与生育行为的数量偏离越发明显。分年龄段生育意愿与生育行为的数量偏离状况显示，出生于新中国成立前后的人群意愿生育数与实际生育数基本一致。在此之前出生的人群意愿生育数普遍低于实际生育数；在此之后出生的人群意愿生育数普遍高于实际生育数。而这部分人群正好是 90 年代结束生育期，因此，进一步佐证了本段第一句话。从分性别和年龄段的生育意愿与生育行为数量偏离状况及趋势来看，男性生育意愿与生育行为的数量偏离要大于女性，中青年组更明显。从分城乡和年龄段的生育意愿与生育行为数量偏离状况及趋势来看，城镇居民生育意愿与生育行为的数量偏离要大于农村居民，也是中青年组更明显。从分区域和年龄段的生育意愿与生育行为数量偏离状况及趋势来看，东部居民生育意愿与生育行为的数量偏离最大，中部居民生育意愿与生育行为的数量偏离最小。中青年组中，东部居民生育意愿与生育行为的数量偏离几乎都大于中西部。东部居民的生育转变明显早于中西部居民，提前10年左右进入意愿生育数量均值大于实际生育数量均值的阶段。

从生育意愿与生育行为的性别偏离总体状况来看，意愿生育性别完全偏离实际的比重最低，为9.75%—11.81%，略有上升趋势。意愿生育性别部分偏离实际的比重相对稳定，为38.62%—40.00%。意愿生育性别完全等于实际的比重最高，为48.28%—51.38%，稳定在一半左右。从分年龄段生育意愿与生育行为的性别偏离状况及趋势来看，随着年龄段的下降，意愿生育性别偏离实际的比重大幅上升。从分性别和年龄段生育意愿与生育行为的性别偏离状况及趋势来看，各个年龄段都呈现男性意愿生育性别偏离实际的比重高于女性。从分城乡和年龄段生育意愿与生育行为的性别偏离状况来看，各个年龄段都呈现城镇居民意愿生育性别偏离实际的比重高于农村。从分区域和年龄段生育意愿与生育行为的性别偏离状况来看，大多数年龄段都呈现东部居民意愿生育性别偏离实际的比重高于中西部。

第五章

生育意愿与生育行为偏离的
影响因素分析

第一节 数据、变量和方法

一 数据来源

本章使用数据均来自中国综合社会调查（CGSS）2010年、2012—2013年、2015年、2017—2018年、2021年七次五期调查数据。影响因素的分析中，涉及变量较多，对相关变量的缺失样本均进行删除，最终回归分析的样本较上一章描述性统计少。

二 变量设置

（一）因变量

生育意愿与生育行为的偏离是本书，也是本章研究的因变量。本章主要从两个方面来研究：生育意愿与生育行为的数量偏离和性别偏离，上一章已经进行描述统计分析。回顾以往的研究，陈卫、靳永爱（2011）将生育意愿与生育行为的数量偏离类型分为意愿小于行为和意愿不小于行为两类，并将意愿不小于行为作为参照组。张航空（2012）的研究则分为意愿小于实际、意愿等于实际和意愿大于实际三类，回归分析时则分为意愿大于实际和意愿小于等于实际两类，并将后者作为参照组。本章将生育意愿与生育行为的数量偏离类型分为三类：意愿生育数量小于实际生育数量、意愿生育数量等于实际生育数量、意愿生育数量大于实际生育数量；将生育意愿与生育行为的性别偏离也按照上一章的三类划分：意愿生育性别完全偏离实际、意愿生育性别部分偏离实际、意愿生育性别完全等于实际。

(二) 自变量

结合以往的研究和 CGSS 五期调查问卷，选取了以下自变量。

其一，人口学基本特征变量：性别、居住地、年龄、初婚年龄、受教育程度、婚姻状况。

其二，社会经济状况变量：工作类型、当前阶层认同。

其三，家庭结构变量：现有子女性别结构。

其四，价值观念变量：养老责任认同、重男轻女观念、生育自由认同。

其五，环境变量：区域。

相比以往的研究，加入了养老责任认同、重男轻女观念、生育自由认同等涉及生育价值观念的内在因素进行研究。

1. 性别

性别对生育意愿与生育行为偏离可能存在一定的影响，从上一章描述性统计分析来看，男性生育意愿与生育行为的数量偏离要大于女性；男性意愿生育性别偏离实际的比重高于女性。

2. 居住地

居住地对居民生育意愿与生育行为的影响，主要表现在城镇居民生育意愿和生育行为都比农村低。从上一章生育意愿与生育行为数量偏离的城乡差异来看，城镇居民的数量偏离大于农村居民。从以往文献来看，居住地影响生育意愿和生育行为的文献都较多，但是影响二者偏离的文献很少。陈卫 (2011) 基于中国 2001 年全国生殖健康调查数据，计算出城镇平均理想子女数为 1.50，农村为 1.93；城镇实际平均生育数为 1.35，农村为 2.32。城镇理想子女数与实际子女数的偏离小于农村。通过 Logistic 回归分析，也发现居住地对生育意愿与生育行为的偏离有显著影响，与农村妇女相比，城镇妇女生育行为大于生育意愿的可能性显著降低了 40%。王军 (2015) 利用 2013 年中国家庭幸福感热点问题调查的原始数据，测算出城镇育龄人群意愿生育水平 (1.82) 和农村 (1.90) 仅相差 0.08，但城镇育龄人群现有终身生育水平 (1.33) 与农村 (1.78) 相差 0.45。可见，城镇理想子女数与实际子女数的偏离大于农村。但并没有进一步控制其他变量，论证居住地对生育意愿与生育行为数量偏离的影响。以上两个研究数据相差12年，也许当前城乡之间的数量偏离更接近后者。从上一章描述性统计分析来看，城镇居民意愿生育性别偏离实际的比重也高于农村，但是鲜有学者论证城乡对性别偏离的影响。本研究将居住地分为城镇和农村两类，观测多因素下城乡之间生育意愿与生育行为的数量偏离和性别偏离。

3. 年龄

不同年龄段的人群生育意愿与生育行为差异较大，往往随着年龄段的下降，生育意愿和生育行为都在下降。从上一章分年龄段的生育意愿与生育行为数量偏离已经看到，青年组生育意愿大于生育行为，随着年龄段的下降，生育意愿与生育行为的数量偏离不断扩大，即生育意愿大于生育行为。陈卫、靳永爱（2011）研究发现，随着年龄的下降，意愿生育数大于实际生育数的可能性也增大。

考虑到生育意愿与生育行为的数量偏离应该是已经结束生育后的问题，通常40岁后还生育的非常少，因此，本研究选择40岁作为起点。而同时还要考虑子女的存活情况，85岁以下的子女一般还未进入老年，死亡概率也较低。因此，本次研究对象为40—85岁的男女，同时对该年龄段内子女死亡概率忽略不计，并将继子继女、养子养女包含在内。

4. 初婚年龄

初婚年龄越早，往往生育意愿越强，而初婚年龄推迟会减少期望子女数。潘丹、宁满秀（2010）研究发现，妇女初婚年龄和生育意愿之间表现出显著的负相关关系，初婚年龄越大，期望子女数越少。通常来讲，初婚年龄越早，生育时间越长，实际生育数更多。关于初婚年龄如何影响生育意愿与生育行为偏离的文献相对较少。陈卫、靳永爱（2011）认为，随着初婚年龄的增大，实际生育水平高于意愿生育水平的可能性在降低。初婚年龄的推迟不仅反映了女性生育观的转变，也缩短了女性生育期，从而促进了实际生育水平的降低。

从CGSS中初婚年龄的统计来看，有少数在15岁以下，考虑到年龄过小对生育的影响不大，所以删除初婚年龄在15岁以下的样本。初婚年龄低于20岁的多数都是新中国成立前出生甚至新中国成立前结婚的人群。初婚年龄40岁以上的占比较小，并且考虑到40岁后生育的概率较小，因此，删除初婚年龄40岁以后的样本。最终初婚年龄的分布在15—

40 岁。

5. 受教育程度

教育是影响生育意愿和生育行为的重要因素,贝克尔的成本效用理论就提出,受教育程度高的妇女往往更重视孩子质量,轻视孩子数量,即生育意愿和生育行为相对较低。Feldmann(1997)发现女孩受教育程度的提高是第三世界少女怀孕率下降的主要原因;Romero 等(2016)基于美国社区调查(ACS)2010—2014 年的数据,发现受教育程度较低的县,青少年生育率较高;Abdul-Salam 等(2018)根据多指标聚类调查(MICS4)数据研究发现非洲加纳的人均受教育年限每延长一年,孩子的预期数量将减少 0.25。但是也有学者发现教育对生育的影响可能是非线性的(张琬翌等,2016)。徐超、吴玲萍(2018),张冲、万新月(2019)分别使用微观数据和宏观数据进行实证研究发现,高等教育对二孩生育意愿有显著的促进作用。从教育对生育意愿与生育行为数量偏离的影响来看,陈卫、靳永爱(2011)发现,与文盲相比,从小学到大专以上文化水平的妇女,实际生育数大于意愿生育数的概率依次降低了 18%、28%、34% 和 72%,即反映了受教育程度越高,生育行为大于生育意愿的可能性越低。张航空(2012)的研究则发现教育对二者的数量偏离没有显著影响。因此,还需进一步探讨受教育程度对生育意愿与生育行为偏离的影响。本研究将受教育程度分为五类:文盲(没有上过学),小学(包括私塾、扫盲班,小学)、初中、高中(包括职业高中、普通高中、中专、技校)、大学及以上 [包括大学专科(成人高等教育)、大学专科(正规高等教育)、大学本科(成人高等教育)、大学本科(正规高等教育)、研究生及以上]。

6. 婚姻状况

婚姻状况直接影响居民的实际生育,因此,婚姻状况可能对生育意愿与生育行为的偏离也有影响。本书研究对象为已婚人群,包括已婚有配偶、离婚和丧偶。将婚姻状况分为两类:有配偶,无配偶(离婚和丧偶)。相比有配偶的人群,无配偶的人群生育意愿越可能大于生育行为,因为无配偶的人即使想生育也很难实现。

7. 工作类型

工作类型根据 CGSS 中的 A58 题"您的工作经历及状况是?",选项有六个：目前从事非农工作；目前务农，曾经有过非农工作；目前务农，没有过非农工作；目前没有工作，而且只务过农；目前没有工作，曾经有过非农工作；从未工作过。将以上六类简单处理为两类：目前从事非农工作和其他类型。

8. 子女性别结构

子女的性别结构是已经生育行为的直接体现，影响着再生育，也关系着生育意愿能否完全转化为生育行为。陈卫、靳永爱（2011）的研究也发现，孩子的性别结构是影响生育意愿和生育行为的主要因素。与只有男孩的妇女相比，只有女孩的妇女实际生育数量大于意愿的概率增加了48%；对于性别双全的家庭，妇女的生育行为大于生育意愿的可能大大提高。子女性别结构按照当前实际子女的性别分为四类：没有子女、只有男孩、只有女孩、有男有女。

9. 当前阶层认同

当前阶层认同根据CGSS中A41题"您认为自己目前在哪个等级上？"，选项为"1（最低层）—10（最高层）"中的任意整数。这个问题某种程度上代表了经济水平，往往自认为层次越高的人群，经济状况相对越好。当前阶层认同对生育意愿与生育行为数量偏离的影响可能有两种相反的结论。其一，当前阶层认同越高的人，考虑到生育的直接成本和间接成本更高，尤其是女性。因此，生育意愿大于生育行为的可能性越大。其二，当前阶层认同越高的人，有较好的经济条件，有能力应对各种生育成本，甚至超生带来的罚款。因此，生育意愿大于生育行为的可能性越小。

10. 养老责任认同

养老责任认同根据CGSS中A41题"您认为有子女的老人的养老主要应该由谁负责？"，选项为"主要由政府负责，主要由子女负责，主要由老人自己负责，政府/子女/老人责任均摊"。孩子的成本效用理论和供给需求理论都可以解释养老责任认同对生育意愿、生育行为以及二者偏离的影响。往往认为主要由子女负责的人群，生育观念更偏重"养儿防老""多子多福"，即更看重子女的物质效用，生育意愿也更为强烈，但是又受到现实环境（比如各种抑制生育的因素）和政策的制约，因此生育意愿大于生育行为的可能性越大。但是也有可能因为其传统的生育观念，导致生育行为较高，即促使生育意愿转化为生育行为，因此，生育意愿大于生育行为的可能性也较小。

11. 重男轻女观念

重男轻女观念根据 CGSS 中 A42 中的五个问题，"1. 男人以事业为重，女人以家庭为重"；"2. 男性能力天生比女性强"；"3. 干得好不如嫁得好"；"4. 在经济不景气时，应该先解雇女性员工"；"5. 夫妻应该均等分摊家务"。选项均为："完全不同意、比较不同意、无所谓同意不同意、比较同意、完全同意"，分别赋值 1、2、3、4、5 分。1—4 题正向记分，第 5 题反向计分，然后再将 5 个问题的分数相加，分布在 1—25 分，分值越高表示重男轻女观念越强，反之越弱。重男轻女观念越强的人，希望生到男孩为止，但是可能受到现实情况的阻碍，尤其是政策的制约。因此，生育意愿大于生育行为的可能性越大。但是，重男轻女观念越强的人也有可能冲破政策和现实的束缚，将生育意愿转化为生育行为，因此，生育意愿大于生育行为的可能性也有可能会越小。

12. 生育自由认同

生育自由认同，基于 CGSS 问卷中 A47 题"生多少孩子是个人的事，政府不应该干涉"，选项为："完全不同意""比较不同意""无所谓同意不同意""比较同意""完全同意"，往往赞成这种观点的人，生育意愿较高，而受到生育政策的影响，可能生育意愿不能完全转化为生育行为。因此，生育自由认同度越高的人，生育意愿大于生育行为的可能性越大。但是，也有可能其生育自由认同度高，不受政策和现实束缚，尽量实现自己的生育意愿，从而生育意愿大于生育行为的可能性也有可能越小。

13. 区域

区域的划分，按照上一章将 31 个省份划分为东部、中部、西部。从上一章描述性分析来看，东部居民生育意愿与生育行为的数量偏离最大；中部居民生育意愿与生育行为的数量偏离最小，即相对西部而言，东部居民生育意愿大于生育行为的可能性越高；中部居民生育意愿大于生育行为的可能性越低。此外，大多数年龄段，东部居民意愿生育性别偏离实际的比重也高于中西部。

三 具体研究方法

生育意愿与生育行为的数量偏离类型分为：意愿生育数量小于实际

生育数量、意愿生育数量等于实际生育数量、意愿生育数量大于实际生育数量,20 世纪 90 年代以前是意愿生育数量小于实际生育数量,90 年代意愿生育数量等于实际生育数量,90 年代之后是意愿生育数量大于实际生育数量。因此,针对这样以分类且有序为特征的离散数据,采用有序 Logit 模型进行分析。但是通过平行线检验发现不适合做有序 Logit 回归分析。进而采用多元 Logit 模型进行分析,以"意愿生育数量等于实际生育数量"为基准组,且都通过 Hausman-McFadden 检验,满足 IIA (Independence of Irrelevant Alternative) 性质。

生育意愿与生育行为的性别偏离类型(意愿生育性别完全偏离实际、意愿生育性别部分偏离实际、意愿生育性别完全等于实际)也可以看成定序变量。但是由于 40—85 岁年龄段人群意愿生育性别完全偏离实际的比重较低(2010 年、2012—2013 年、2015 年、2017—2018 年和 2021 年占比分别为:2.21%、2.16%、2.59%、2.99% 和 3.47%),因此将意愿生育性别完全偏离实际和意愿生育性别部分偏离实际合并为一类。从而生育意愿与生育行为的性别偏离类型归为两类:意愿生育性别不完全等于实际和意愿生育性别完全等于实际,前者代表性别偏离。针对二分类的因变量,采用二元 Logit 模型进行分析。

考虑到实际生育孩子中男性和女性的各种差异,比如年龄、初婚年龄等,本研究将进一步分性别观察生育意愿与生育行为偏离的影响因素。尤其对女性而言,作为实际生育孩子的主要承担者,其受到的因素是否和男性一样,值得研究。

以下对两种模型分别做简要介绍。

(一) 多元 Logit 模型

$$\text{Logit}\left(\frac{P_j}{P_J}\right) = \beta_0 + \beta_1 x_1 + \beta_2 x_2 + \cdots + \beta_n x_n$$

其中,x_1,x_2,…,x_n 为影响生育意愿与生育行为数量偏离的因子:性别、居住地、年龄、区域等 13 个自变量。β_0 为常数项,β_1,β_2,…,β_n 为对应自变量的回归系数。P_j 为因变量生育意愿与生育行为数量偏离为第 j 类的概率,P_J 为因变量生育意愿与生育行为数量偏离为第 J 类 ($J \neq j$) 的概率,且第 J 类为参照类。因变量生育意愿与生育行为数量偏离包括意愿生育数量小于实际数量、意愿生育数量等于实际数量、意愿生育数量大于实际数量,即 P_1 为意愿生育数量小于实际数量,P_2 为意愿生育数量等于实际数量,P_3 为意愿生育数量大于实际数量,$P_1 + P_2 + P_3 = 1$。Logit$\left(\dfrac{P_1}{P_2}\right)$ 表示意愿生育数量小于实际数量与意愿生育数量等于实际数量比较,Logit$\left(\dfrac{P_3}{P_2}\right)$ 表示意愿生育数量大于实际数量与意愿生育数量等于实际数量比较。

(二)二元 Logit 模型

设条件概率 $P(Y=1|x)=p$ 为生育意愿与生育行为性别偏离的概率,其 Logit 回归模型可表示为:

$$P(Y=1|x) = \pi(x) = \frac{1}{1+e^{-g(x)}}$$

其中,$g(x) = \beta_0 + \beta_1 x_1 + \beta_2 x_2 + \cdots + \beta_n x_n$

定义不发生事件(意愿生育性别完全等于实际)的条件概率为:

$$P(Y=0|x) = 1 - P(Y=1|x) = 1 - \frac{e^{g(x)}}{1+e^{g(x)}} = \frac{1}{1+e^{g(x)}}$$

那么,事件发生(即意愿生育性别与实际偏离)与事件不发生(即意愿生育性别完全等于实际)的概率之比为:

$$\frac{P(Y=1|x)}{P(Y=0|x)} = \frac{p}{1-p} = e^{g(x)}$$

这个比值称为事件的发生比(the odds of experiencing an event),简称为 odds。因为 $0<p<1$,故 odds>0。对 odds 取对数,即得到线性函数:

$$\ln\left(\frac{p}{1-p}\right) = \beta_0 + \beta_1 x_1 + \beta_2 x_2 + \cdots + \beta_n x_n$$

β_0 为常数项,β_1,β_2,$\cdots$,β_n 为对应自变量的回归系数。

第二节 变量赋值与描述统计

一 变量赋值

(一)因变量赋值

生育意愿与生育行为数量偏离的三种类型:意愿生育数量小于实际生育数量、意愿生育数量等于实际生育数量、意愿生育数量大于实际生育数量分别赋值为1、2、3分,且将意愿生育数量等于实际生育数量作为参照组。性别偏离的两种类型:意愿生育性别与实际生育性别偏离、意愿生育性别等于实际生育性别分别赋值为1分和0分,且将意愿生育性别等于实际生育性别作为参照组。

(二) 自变量赋值

将性别、居住地、婚姻状况、工作类型四个自变量均处理为二分类的虚拟变量,并分别将女性、农村、无配偶、其他类型作为参照组。子女性别结构中将有男有女作为参照组,观测其他三种类型与之差异;养老责任认同中将政府/子女/老人责任均摊作为参照组,也观测其他三种类型与之差异;区域中,将西部作为参照组,观测东部、中部与之差异。受教育程度、生育自由认同做定序变量处理,年龄、初婚年龄、当前阶层认同、重男轻女观念近似连续变量处理。各变量分类及赋值,见表5-1。

表5-1　　　　　　　　变量分类及赋值

变量	分类	赋值	变量	分类	赋值
因变量			工作类型	目前从事非农工作	1
	意愿生育数量小于实际数量	1		其他类型	0
生育意愿与生育行为的数量偏离	意愿生育数量等于实际数量	2	子女性别结构（虚拟变量处理,参照组:有男有女）	没有子女	1
	意愿生育数量大于实际数量	3		只有男孩	1
生育意愿与生育行为的性别偏离	意愿生育性别与实际性别偏离	1		只有女孩	1
	意愿生育性别等于实际性别	0		有男有女	0
自变量			当前阶层认同	1—10	
性别	男	1	养老责任认同（虚拟变量处理,参照组:政府/子女/老人责任均摊）	主要由政府负责	1
	女	0		主要由子女负责	1
居住地	城镇	1		主要由老人自己负责	1
	农村	0		政府/子女/老人责任均摊	0

续表

变量	分类	赋值	变量	分类	赋值
年龄	40—85 岁		重男轻女观念	1—25	
初婚年龄	15—40 岁		生育自由认同	完全不同意	1
受教育程度	文盲	1		比较不同意	2
	小学	2		无所谓同意不同意	3
	初中	3		比较同意	4
	高中	4		完全同意	5
	大学及以上	5	区域（虚拟变量处理，参照组：西部）	东部	1
婚姻状况	有配偶	1		中部	1
	无配偶	0		西部	0

二 变量描述性统计

各变量的描述性统计见表 5-2 和表 5-3。因变量生育意愿与生育行为的数量关系中占比最高的是意愿生育数量等于实际数量，保持在一半以上；意愿生育数量小于实际数量的比重不断下降，2021 年已经下降至 11.60%；意愿生育数量大于实际数量的比重不断上升，2021 年已经升至 36.72%。从生育意愿与生育行为的性别偏离来看，意愿生育性别等于实际性别的比重不断下降，意愿生育性别偏离实际的比重不断升高。

从人口学特征变量来看，性别、居住地、受教育程度、婚姻状况等变量的分布比较符合实际情况。在工作类型中，目前从事非农工作的只有三成左右，主要是因为研究对象是 40—85 岁的人群，其中不少务农或是已经退休。从子女性别结构来看，没有子女的比重保持在 1% 左右；只有男孩的比重在三分之一左右；只有女孩的仅占两成左右；有男有女的超过四成。从养老责任认同来看，认为主要由子女负责的比重依然最高，占一半左右；认为主要由政府负责的占一成左右；认为主要由老人自己负责的比重最低，多数年份不到一成，但略有上升；认为政府/子女/老人责任均摊的比重在三分之一左右。从生育自由认同来看，大多数人不同意"生多少孩子是个人的事，政府不应该干涉"。但是，完全不同意的比重有下降的趋势，比较同意和完全同意的比重有上升的趋势。从调查样本的区域来看，东部居民最多，中部次之，西部最少，这也符合中国的人口分布。

从连续性变量分布来看,年龄分布较稳定,均值在55—60岁,标准差也相差不大。初婚年龄分布也较稳定,均值在23—24岁,标准差也非常接近。当前阶层认同均值在4分左右,即说明大多数人的阶层认同较低。重男轻女观念的得分均值在14分左右,说明大多数人的重男轻女观念不是很强。

表5-2　　　　　　　各分类变量描述统计　　　　　　（单位:%）

变量	分类	2010	2012—2013	2015	2017—2018	2021	2010—2021
生育意愿与生育行为的数量偏离	意愿生育数量小于实际数量	19.07	18.64	14.77	13.37	11.60	16.03
	意愿生育数量等于实际数量	53.21	51.15	51.86	52.60	51.68	52.04
	意愿生育数量大于实际数量	27.72	30.21	33.37	34.03	36.72	31.93
生育意愿与生育行为的性别偏离	意愿生育性别与实际性别偏离	31.73	33.00	40.12	44.30	46.21	38.23
	意愿生育性别等于实际性别	68.27	67.00	59.88	55.70	53.79	61.77
性别	男	48.95	52.14	46.83	46.35	45.31	48.62
	女	51.05	47.86	53.17	53.65	54.69	51.38
居住地	城镇	58.47	57.65	56.17	64.34	51.89	59.03
	农村	41.53	42.35	43.83	35.66	48.11	40.97
受教育程度	文盲	17.13	17.11	15.92	15.10	11.60	15.89
	小学	26.91	27.33	28.43	27.25	27.15	27.38
	初中	28.07	29.06	29.51	30.35	33.23	29.70
	高中	18.65	17.67	16.95	17.15	18.03	17.60
	大学及以上	9.24	8.83	9.19	10.14	10.00	9.43
婚姻状况	有配偶	87.21	86.67	87.63	85.92	85.92	86.61
	无配偶	12.79	13.33	12.37	14.08	14.08	13.39
工作类型	目前从事非农工作	30.20	31.68	29.33	29.52	28.08	30.18
	其他类型	69.80	68.32	70.67	70.48	71.92	69.82

续表

变量	分类	2010	2012—2013	2015	2017—2018	2021	2010—2021
子女性别结构	没有子女	0.84	0.99	1.18	0.99	0.85	0.98
	只有男孩	32.55	33.98	35.25	35.48	37.07	34.63
	只有女孩	20.73	20.60	21.62	21.23	18.37	20.76
	有男有女	45.88	44.43	41.95	42.30	43.71	43.63
养老责任认同	主要由政府负责	9.54	11.47	11.12	12.57	8.64	11.20
	主要由子女负责	54.13	48.35	46.46	47.77	54.37	49.34
	主要由老人自己负责	5.41	6.38	8.46	8.31	10.08	7.40
	政府/子女/老人责任均摊	30.92	33.80	33.96	31.35	26.91	32.06
生育自由认同	完全不同意	28.99	19.15	11.76	12.51	15.87	17.45
	比较不同意	41.40	46.03	47.19	40.51	33.28	42.76
	无所谓同意不同意	9.17	12.64	12.47	13.09	12.13	12.15
	比较同意	15.12	18.22	24.36	26.82	26.72	21.83
	完全同意	5.32	3.97	4.23	7.08	12.00	5.81
区域	东部	39.24	39.25	38.50	43.76	42.35	40.72
	中部	35.19	35.90	39.11	34.40	30.00	35.30
	西部	25.57	24.85	22.39	21.84	27.65	23.98
样本数		6937	14235	6167	12805	3750	43894

注：数据来源于 CGSS。

表5-3　　　　　各连续变量描述性统计

变量		2010	2012—2013	2015	2017—2018	2021	2010—2021
年龄（单位：岁）	均值	55.35	56.56	57.38	58.39	59.28	57.25
	标准差	10.91	11.21	11.35	11.22	10.98	11.23
初婚年龄（单位：岁）	均值	23.52	23.58	23.43	23.59	23.51	23.55
	标准差	3.86	3.82	3.73	3.84	3.68	3.81
当前阶层认同（单位：分）	均值	3.99	4.20	4.32	4.18	4.34	4.19
	标准差	1.76	1.71	1.63	1.70	1.91	1.73

续表

变量		2010	2012—2013	2015	2017—2018	2021	2010—2021
重男轻女观念 （单位：分）	均值	14.22	14.27	14.25	13.83	13.69	14.08
	标准差	3.58	3.27	3.33	3.54	3.78	3.46
样本数		6937	14235	6167	12805	3750	43894

注：数据来源于 CGSS。

第三节　实证分析结果

一　生育意愿与生育行为数量偏离的多元 Logit 回归分析

（一）数量偏离影响因素的多元 Logit 回归分析

从生育意愿与生育行为数量偏离影响因素的多元 Logit 回归分析来看（见表 5-4-1 和表 5-4-2），居住地、年龄、初婚年龄、受教育程度、工作类型、子女性别结构、当前阶层认同、养老责任认同、重男轻女观念、生育自由认同、区域等变量对其有显著影响，且在不少年份都较为稳健。与农村居民相比较，城镇居民意愿生育数量大于实际生育数量的可能性更大；意愿生育数量小于实际生育数量的可能性更小。随着年龄的下降，意愿生育数量大于实际生育数量的可能性越大；意愿生育数量小于实际生育数量的可能性越小，且较为稳健。随着初婚年龄的上升，意愿生育数量大于实际生育数量的可能性越大；意愿生育数量小于实际生育数量的可能性越小，也较为稳健。受教育程度越高的人群，意愿生育数量大于实际生育数量的可能性越大，且历次数据回归结果都显示了一致性；意愿生育数量小于实际生育数量的可能性越小。正在从事非农工作的人群相比其他人群，意愿生育数量大于实际生育数量的可能性更大；意愿生育数量小于实际生育数量的可能性更小。与既有男孩又有女孩的人群相比较，没有子女、只有男孩、只有女孩的人群意愿生育数量大于实际生育数量的可能性都更大，且历次数据回归结果都显示了一致性；只有男孩和只有女孩的人群意愿生育数量小于实际生育数量的可能性都更小，历次数据回归结果也具有稳健性。

当前阶层认同越高的群体意愿生育数量大于实际生育数量的可能性

越大,且历次数据回归结果都显示了一致性;意愿生育数量小于实际生育数量的可能性越小。与养老责任认同为"政府/子女/老人责任均摊"的群体相比较,认为主要由子女或者老人自己负责的群体意愿生育数量大于实际生育数量的可能性都更小,即反映了当前在养老责任认同为"政府/子女/老人责任均摊"的群体意愿生育数量大于实际生育数量的可能性更大。重男轻女观念越强的人群,意愿生育数量大于实际生育数量的可能性越大。生育自由认同度越高的人群意愿生育数量大于实际生育数量的可能性越大;意愿生育数量小于实际生育数量的可能性越小。

区域对数量偏离的影响在某些年份显著。2010—2021年的混合回归显示,与西部居民相比较,东部居民意愿生育数量大于实际生育数量的可能性更大;东部居民意愿生育数量小于实际生育数量的可能性更小;中部居民意愿生育数量小于实际生育数量的可能性更大。

性别和婚姻状况对数量偏离的影响在多数年份不显著。

表5-4-1 意愿生育数量与实际生育数量偏离的多元Logit回归分析结果(因变量=意愿生育数量小于实际生育数量)

自变量	2010	2012—2013	2015	2017—2018	2021	2010—2021
性别	0.097	0.013	0.047	0.050	0.086	0.074**
居住地	-0.228***	-0.179***	-0.123	-0.118*	0.099	-0.128***
年龄	0.038***	0.041***	0.041***	0.036***	0.021***	0.035***
初婚年龄	-0.044***	-0.052***	-0.042***	-0.050***	-0.058***	-0.049***
受教育程度	-0.059	-0.067**	-0.064	-0.024	0.017	-0.070***
婚姻状况	-0.118	-0.073	0.162	-0.090	0.062	-0.068
工作类型	-0.110	-0.292***	0.013	0.019	-0.220	-0.159***
子女性别结构						
没有子女	-13.749	-14.842	-13.108	-15.236	-13.632	-15.228
只有男孩	-1.056***	-1.023***	-0.820***	-0.726***	-0.785***	-0.908***
只有女孩	-0.686***	-0.919***	-0.530***	-0.449***	-0.681***	-0.679***
当前阶层认同	-0.047**	-0.034**	-0.109***	-0.054***	-0.046*	-0.053***
养老责任认同						
主要由政府负责	-0.129	0.050	0.010	0.225**	0.081	0.066
主要由子女负责	-0.049	-0.005	-0.117	0.024	0.080	-0.029

续表

自变量	2010	2012—2013	2015	2017—2018	2021	2010—2021
主要由老人自己负责	-0.078	0.019	-0.259	-0.035	-0.033	-0.086
重男轻女观念	0.005	-0.017**	-0.013	-0.004	-0.005	-0.006
生育自由认同	-0.040	-0.057**	-0.027	0.0004	0.022	-0.057***
区域						
东部	-0.232**	-0.236***	-0.462***	-0.230***	-0.131	-0.240***
中部	0.277***	0.140**	-0.074	0.071	0.001	0.125***
常数	-1.392***	-1.055***	-1.498***	-1.782***	-1.153*	-1.087***
样本	6937	14235	6167	12805	3750	43894
R^2	0.145	0.168	0.162	0.159	0.143	0.154
LR 检验 P 值	0.000	0.000	0.000	0.000	0.000	0.000

注：数据来源于 CGSS。*、**、*** 分别表示在 10%、5%、1% 水平上显著。没有 * 的系数在回归中没有表现出显著性。因表格有限，这里仅列出了影响系数和显著性，省略了发生比，后面同理。

表 5-4-2　意愿生育数量与实际生育数量偏离的多元 Logit 回归分析结果（因变量 = 意愿生育数量大于实际生育数量）

自变量	2010	2012—2013	2015	2017—2018	2021	2010—2021
性别	0.121*	0.030	-0.034	0.064	0.051	0.033
居住地	0.122	0.208***	0.242***	0.277***	0.285***	0.206***
年龄	-0.008**	-0.009***	-0.006	-0.012***	0.001	-0.006***
初婚年龄	0.008	0.015**	0.014	0.017***	-0.024**	0.010**
受教育程度	0.068**	0.059***	0.073**	0.108***	0.094**	0.085***
婚姻状况	-0.246**	-0.075	-0.013	-0.090	0.235*	-0.058
工作类型	0.168**	0.170***	0.214***	-0.004	0.081	0.124***
子女性别结构						
没有子女	4.114***	3.718***	3.902***	3.194***	3.101***	3.548***
只有男孩	1.635***	1.831***	2.158***	2.190***	2.106***	1.981***
只有女孩	1.602***	1.765***	1.963***	2.061***	2.030***	1.877***
当前阶层认同	0.048***	0.036**	0.035*	0.029**	0.015	0.038***
养老责任认同						
主要由政府负责	-0.197*	-0.198***	-0.053	0.169**	0.131	-0.024

续表

自变量	2010	2012—2013	2015	2017—2018	2021	2010—2021
主要由子女负责	-0.185***	-0.127***	-0.220***	-0.027	-0.089	-0.104***
主要由老人自己负责	-0.284**	-0.460***	-0.429***	-0.255***	-0.169	-0.309***
重男轻女观念	0.027***	0.019***	0.010	0.014**	0.015	0.016***
生育自由认同	0.060**	0.062***	0.029	-0.014	-0.061**	0.038***
区域						
东部	0.214**	0.089	-0.162*	0.075	-0.082	0.062*
中部	0.088	-0.168***	-0.159*	0.110*	-0.025	-0.034
常数	-2.458***	-2.457***	-2.473***	-2.501***	-1.910***	-2.589***
样本	6937	14235	6167	12805	3750	43894
R^2	0.145	0.168	0.162	0.159	0.143	0.154
LR 检验 P 值	0.000	0.000	0.000	0.000	0.000	0.000

注：数据来源于 CGSS。*、**、***分别表示在 10%、5%、1% 水平上显著。没有 * 的系数在回归中没有表现出显著性。

(二) 男性和女性数量偏离影响因素的比较分析

分性别来看，生育意愿与生育行为数量偏离的影响因素有共性也有差异。居住地、年龄、初婚年龄、工作类型、子女性别结构、当前阶层认同、养老责任认同等变量对男女数量偏离的影响较为一致；受教育程度、婚姻状况、重男轻女观念、生育自由认同、区域等变量对男女数量偏离的影响有差异（见表 5-5-1 至表 5-6-2）。

居住地对男女的数量偏离均有影响。从 2010—2021 年的混合回归来看，不管是男性还是女性，与农村居民相比较，城镇居民意愿生育数量大于实际生育数量的可能性更大；意愿生育数量小于实际生育数量的可能性更小。年龄对数量偏离的影响。不管是男性还是女性，也都呈现随着年龄的下降，意愿生育数量大于实际生育数量的可能性越大；意愿生育数量小于实际生育数量的可能性越小。初婚年龄对数量偏离也有影响。从 2010—2021 年的混合回归来看，不管是男性还是女性，随着初婚年龄的上升，意愿生育数量大于实际生育数量的可能性越大；意愿生育数量小于实际生育数量的可能性越小。

工作类型对男女数量偏离的影响比较相近。从 2010—2021 年的混合回归来看，不管是男性还是女性，正在从事非农工作的人群相比其他人群，意愿生育数量大于实际生育数量的可能性更大；意愿生育数量小于实际生育数量的可能性更小。

子女性别结构对数量偏离的影响，在男、女两性上表现为高度的一致性。不管是男性还是女性，与既有男孩又有女孩的人群相比较，没有子女、只有男孩、只有女孩的人群意愿生育数量大于实际生育数量的可能性都更大，且历次数据回归结果都显示了一致性；只有男孩和只有女孩的人群意愿生育数量小于实际生育数量的可能性都更小，历次数据回归结果也具有稳健性。这反映了不管是男性还是女性，既有男孩又有女孩的人群意愿生育数量大于实际生育数量的可能性更小；意愿生育数量小于实际生育数量的可能性更大。因为其子女数至少都已经有2个，多数已实现其意愿生育数量。

当前阶层认同对数量偏离的影响，在男、女两性上表现较为一致。不管是男性还是女性，当前阶层认同越高的群体意愿生育数量大于实际生育数量的可能性越大；意愿生育数量小于实际生育数量的可能性越小。养老责任认同对数量偏离的影响，在男、女两性上也表现较为一致。与养老责任认同为"政府/子女/老人责任均摊"的群体相比较，认为主要由子女或者老人自己负责的群体意愿生育数量大于实际生育数量的可能性都更小，即前者意愿生育数量大于实际生育数量的可能性更大。

从受教育程度对数量偏离的影响来看，存在一定的性别差异。从2010—2021年的混合回归来看，男性受教育程度对"意愿生育数量小于实际生育数量"没有显著影响，而女性受教育程度对其有显著影响，即说明了受教育程度越高的女性，意愿生育数量小于实际生育数量的可能性更小。不管男性还是女性的回归结果都显示，受教育程度对"意愿生育数量大于实际生育数量"有显著的正向影响，即随着受教育程度的提高，意愿生育数量大于实际生育数量的可能性都更大。

婚姻状况对数量偏离的影响也存在一定的性别差异。从2010—2021年的混合回归来看，男性婚姻状况对"意愿生育数量小于实际生育数量"没有显著影响，但是女性有显著的负向影响；男性婚姻状况对"意愿生育数量大于实际生育数量"有显著的负向影响，但是女性没有显著影响。这反映出没有配偶的男性比有配偶的男性意愿生育数量大于实际生育数量的可能性更大；而没有配偶的女性比有配偶的女性意愿生育数量小于实际生育数量的可能性更大。有配偶的男性更容易将生育意愿转化为生育行为，但是为什么没有配偶的女性意愿生育数量小于实际生育数量，可能是因为离婚和丧偶的女性面临的生活压力较大，导致其生育意愿不强，甚至后悔生育，所以意愿低于实际。

重男轻女观念对数量偏离的影响也存在一定的性别差异。从 2010—2021 年的混合回归来看，男性重男轻女观念对"意愿生育数量小于实际生育数量"不显著，但是女性有显著负向影响，即说明女性重男轻女观念越强，意愿生育数量小于实际生育数量的可能性越小。男、女两性重男轻女观念对"意愿生育数量大于实际生育数量"都显著呈正相关，说明不管女性还是男性重男轻女观念越强，意愿生育数量大于实际生育数量的可能性都越大，因为想多生育，尤其是男孩，但是受制于各种因素，实际生育数量没有达到意愿生育数量。

生育自由认同对数量偏离的影响有共性也有差异。从 2010—2021 年的混合回归来看，男性和女性生育自由认同对"意愿生育数量小于实际生育数量"都有显著负向影响，即说明不管是男性还是女性，生育自由认同度越高的群体，意愿生育数量小于实际生育数量的可能性越小，可能由于其更倾向于根据自己的想法生育。男性生育自由认同对"意愿生育数量大于实际生育数量"没有显著影响；但是女性有显著的正向影响。说明女性生育自由认同度越高，意愿生育数量大于实际生育数量的可能性越大。这也反映出生育自由认同度越高的女性，越难将生育意愿转化为生育行为，可能是由于其意愿越强，但是受制于各种外在制约，从而出现偏离的可能性越大。

区域对数量偏离的影响也存在一定的性别差异。与西部男性居民相比较，东部男性居民意愿生育数量大于实际生育数量的可能性更大，意愿生育数量小于实际生育数量的可能性更小；但是，女性只表现出意愿生育数量小于实际生育数量的可能性更小，没有表现出意愿生育数量大于实际生育数量的可能性更大。与西部居民相比较，中部男性居民没有明显差异；但是中部女性居民意愿生育数量小于实际生育数量的可能性更大。

表 5–5–1　男性意愿生育数量与实际生育数量偏离的多元 Logit 回归分析结果（因变量＝意愿生育数量小于实际生育数量）

自变量	2010	2012—2013	2015	2017—2018	2021	2010—2021
居住地	-0.144	-0.170**	-0.110	-0.054	0.022	-0.100**
年龄	0.042***	0.043***	0.046***	0.037***	0.037***	0.039***
初婚年龄	-0.045***	-0.064***	-0.053***	-0.058***	-0.075***	-0.057***
受教育程度	-0.022	-0.028	-0.004	0.005	0.060	-0.028
婚姻状况	0.088	-0.052	0.132	-0.212	-0.055	-0.062
工作类型	-0.137	-0.332***	0.014	-0.043	0.095	-0.169***
子女性别结构						
没有子女	-12.732	-14.714	-12.668	-13.910	-13.523	-15.851
只有男孩	-1.073***	-1.048***	-0.825***	-0.745***	-0.891***	-0.939***
只有女孩	-0.720***	-1.088***	-0.869***	-0.517***	-0.876***	-0.831***
当前阶层认同	-0.010	-0.042**	-0.119***	-0.045*	-0.071*	-0.050***
养老责任认同						
主要由政府负责	-0.293	0.120	0.174	0.222	0.395	0.108
主要由子女负责	0.002	-0.056	-0.178	0.002	0.383*	-0.032
主要由老人自己负责	-0.212	-0.150	-0.343	-0.244	0.253	-0.215**
重男轻女观念	0.028*	0.002	-0.017	0.004	0.025	0.008
生育自由认同	-0.008	-0.117***	-0.003	-0.042	0.036	-0.078***
区域						
东部	-0.098	-0.287***	-0.465***	-0.239**	-0.136	-0.235***
中部	0.253**	0.010	-0.152	0.095	0.183	0.086
常数	-2.372***	-0.968**	-1.538***	-1.581***	-2.329***	-1.314***
样本	3396	7422	2888	5935	1699	21340
R^2	0.151	0.169	0.162	0.168	0.139	0.156
LR 检验 P 值	0.000	0.000	0.000	0.000	0.000	0.000

注：数据来源于 CGSS。*、**、*** 分别表示在 10%、5%、1% 水平上显著。没有 * 的系数在回归中没有表现出显著性。

表 5-5-2　男性意愿生育数量与实际生育数量偏离的多元 Logit 回归分析结果（因变量=意愿生育数量大于实际生育数量）

自变量	2010	2012—2013	2015	2017—2018	2021	2010—2021
居住地	0.188*	0.284***	0.148	0.322***	0.186	0.235***
年龄	-0.006	-0.011***	-0.007	-0.006	0.010	-0.004**
初婚年龄	0.012	0.019**	0.015	0.010	-0.035**	0.009**
受教育程度	0.076	0.065**	0.065	0.087***	0.123*	0.084***
婚姻状况	-0.221	-0.168	-0.139	-0.169	-0.125	-0.176***
工作类型	0.123	0.065	0.152	0.045	0.197	0.089**
子女性别结构						
没有子女	4.091***	3.532***	4.087***	3.233***	2.727***	3.458***
只有男孩	1.654***	1.794***	2.055***	2.274***	1.883***	1.944***
只有女孩	1.659***	1.675***	1.772***	2.138***	1.924***	1.826***
当前阶层认同	0.043*	0.047***	0.079***	0.030	0.027	0.046***
养老责任认同						
主要由政府负责	-0.197	-0.156	-0.065	0.166	0.206	-0.019
主要由子女负责	-0.198**	-0.186***	-0.167	-0.046	-0.001	-0.122***
主要由老人自己负责	-0.237	-0.503***	-0.565***	-0.265**	0.012	-0.322***
重男轻女观念	0.029**	0.021**	0.002	0.017*	0.009	0.017***
生育自由认同	0.024	0.046*	0.038	-0.058**	-0.053	0.016
区域						
东部	0.349***	0.038	-0.093	0.254***	-0.063	0.128***
中部	0.190	-0.214***	-0.185	0.224**	0.014	-0.018
常数	-2.654***	-2.300***	-2.272***	-2.592***	-1.861***	-2.506***
样本	3396	7422	2888	5935	1699	21340
R^2	0.151	0.169	0.162	0.168	0.139	0.156
LR 检验 P 值	0.000	0.000	0.000	0.000	0.000	0.000

注：数据来源于 CGSS。*、**、*** 分别表示在 10%、5%、1% 水平上显著。没有 * 的系数在回归中没有表现出显著性。

表5-6-1 女性意愿生育数量与实际生育数量偏离的多元Logit回归分析结果（因变量=意愿生育数量小于实际生育数量）

自变量	2010	2012—2013	2015	2017—2018	2021	2010—2021
居住地	-0.289**	-0.187**	-0.132	-0.161*	0.150	-0.149***
年龄	0.034***	0.039***	0.036***	0.036***	0.011	0.031***
初婚年龄	-0.042***	-0.036***	-0.031*	-0.040***	-0.045*	-0.040***
受教育程度	-0.112**	-0.128***	-0.143**	-0.058	-0.048	-0.123***
婚姻状况	-0.243*	-0.118	0.128	-0.035	0.113	-0.102**
工作类型	-0.103	-0.213*	0.059	0.087	-0.479**	-0.134**
子女性别结构						
没有子女	-13.247	-14.313	-13.641	-14.284	-12.486	-14.364
只有男孩	-1.041***	-0.989***	-0.814***	-0.708***	-0.686***	-0.871***
只有女孩	-0.649***	-0.746***	-0.227	-0.394***	-0.567**	-0.539***
当前阶层认同	-0.076***	-0.025	-0.100***	-0.063***	-0.026	-0.056***
养老责任认同						
主要由政府负责	0.024	-0.028	-0.164	0.232*	-0.109	0.025
主要由子女负责	-0.100	0.034	-0.071	0.042	-0.159	-0.030
主要由老人自己负责	0.051	0.193	-0.171	0.131	-0.205	0.036
重男轻女观念	-0.020	-0.033***	-0.010	-0.010	-0.025	-0.018***
生育自由认同	-0.079*	0.003	-0.044	0.034	0.008	-0.039**
区域						
东部	-0.376***	-0.199**	-0.453***	-0.227**	-0.156	-0.249***
中部	0.283**	0.261***	-0.009	0.044	-0.154	0.153***
常数	-0.344	-1.151***	-1.400**	-1.892***	-0.250	-0.811***
样本	3541	6813	3279	6870	2051	22554
R^2	0.142	0.169	0.167	0.152	0.156	0.152
LR检验P值	0.000	0.000	0.000	0.000	0.000	0.000

注：*、**、***分别表示在10%、5%、1%水平上显著。没有*的系数在回归中没有表现出显著性。

表 5-6-2 女性意愿生育数量与实际生育数量偏离的多元 Logit 回归分析结果（因变量 = 意愿生育数量大于实际生育数量）

自变量	2010	2012—2013	2015	2017—2018	2021	2010—2021
居住地	0.054	0.127	0.348***	0.243***	0.380***	0.182***
年龄	-0.011*	-0.008**	-0.005	-0.017***	-0.007	-0.007***
初婚年龄	0.0006	0.008	0.011	0.024***	-0.011	0.010**
受教育程度	0.072	0.050	0.070	0.125***	0.052	0.083***
婚姻状况	-0.273**	-0.024	0.064	-0.084	0.438***	-0.004
工作类型	0.191*	0.310***	0.296**	-0.050	0.009	0.166***
子女性别结构						
没有子女	4.212***	3.937***	3.700***	3.178***	4.098***	3.654***
只有男孩	1.613***	1.879***	2.293***	2.121***	2.334***	2.017***
只有女孩	1.537***	1.871***	2.171***	1.995***	2.160***	1.928***
当前阶层认同	0.053**	0.027	-0.007	-0.028	0.0002	0.029***
养老责任认同						
主要由政府负责	-0.220	-0.253**	-0.015	0.171*	0.056	-0.029
主要由子女负责	-0.177*	-0.063	-0.262***	-0.009	-0.195	-0.088**
主要由老人自己负责	-0.354*	-0.410***	-0.276	-0.257**	-0.335*	-0.299***
重男轻女观念	0.023*	0.017	0.018	0.013	0.021	0.015***
生育自由认同	0.093**	0.081***	0.016	0.025	-0.066	0.059***
区域						
东部	0.087	0.149*	-0.210*	-0.089	-0.097	0.002
中部	-0.018	-0.115	-0.123	-0.002	-0.056	-0.051
常数	-2.006***	-2.468***	-2.631***	-2.316***	-1.876***	-2.564***
样本	3541	6813	3279	6870	2051	22554
R^2	0.142	0.169	0.167	0.152	0.156	0.152
LR 检验 P 值	0.000	0.000	0.000	0.000	0.000	0.000

注：数据来源于 CGSS。*、**、***分别表示在 10%、5%、1% 水平上显著。没有 * 的系数在回归中没有表现出显著性。

二 生育意愿与生育行为性别偏离的二元 Logit 回归分析

（一）性别偏离影响因素的二元 Logit 回归分析

从意愿生育性别与实际生育性别偏离的二元 Logit 回归分析结果来看

（见表5-7），居住地、年龄、初婚年龄、受教育程度、工作类型、子女性别结构、当前阶层认同、养老责任认同、重男轻女观念、生育自由认同等变量对其有显著的影响。

2012—2013年和2010—2021年混合回归结果均显示居住地对性别偏离有显著的负向影响，说明城镇居民意愿生育性别偏离实际生育性别的可能性更小，农村居民性别偏离的可能性更大。城镇居民性别偏离可能性更小的原因是观念、成本等各种因素导致城镇居民意愿生育数量更少，意愿性别偏好更弱。

初婚年龄对性别偏离的影响在多数年份呈现负向显著，即说明初婚年龄越大的人群意愿生育性别偏离实际生育性别的可能性越小。这可能是因为初婚年龄越大的人群，意愿生育数量下降，意愿生育性别偏好减弱。

工作类型对性别偏离的影响在2012—2013年、2015年和2010—2021年的混合回归结果皆呈显著的正向关系，即说明正从事非农工作的人群相比其他人群，意愿生育性别偏离实际生育性别的可能性更大。因为正从事非农工作的人群由于工作原因，生育孩子数量较少，导致性别偏离较大。

子女性别结构对性别偏离的影响在历次都有显著影响。与男孩女孩都有的人群相比较，没有子女、只有男孩、只有女孩的人群意愿生育性别偏离实际生育性别的可能性更大。这符合事实，有男有女的人群性别偏离的可能性更小。

当前阶层认同对性别偏离的影响在2010年和2010—2021年的混合回归显示显著的正向关系，即说明当前阶层认同越高的人群性别偏离的可能性越大。

养老责任认同对性别偏离的影响在某些年份也较显著。2010—2021年的混合回归显示，与养老责任认同为"政府/子女/老人责任均摊"的群体相比较，认为主要由子女或者老人自己负责的群体性别偏离的可能性更小，即认为"政府/子女/老人责任均摊"的群体性别偏离的可能性更大，进一步佐证前面的意愿生育数量大于实际生育数量的可能性更大。

重男轻女观念对性别偏离的影响在多数年份也较显著。2010—2021年的混合回归显示重男轻女观念越强的人群，意愿生育性别偏离实际生育性别的可能性越大。因为重男轻女的人群在过去较为严格的计划生育政策时代，可能只生育了一个孩子，没有满足自己的性别偏好。

生育自由认同对性别偏离的影响在 2010 年和 2010—2021 年混合回归都呈显著正向关系。2010—2021 年的混合回归显示生育自由认同度越强的人群，意愿生育性别偏离实际生育性别的可能性越大。因为生育自由认同度越强的人群，在过去较为严格的计划生育政策时代，可能没有完全实现意愿生育性别。

此外，2010—2021 年混合回归显示，性别、婚姻状况、区域等变量对性别偏离的影响不显著。

表 5-7　意愿生育性别与实际生育性别偏离的二元 Logit 回归分析结果（因变量=意愿生育性别偏离实际生育性别）

自变量	2010	2012—2013	2015	2017—2018	2021	2010—2021
性别	0.121*	-0.047	0.029	0.033	0.077	-0.014
居住地	-0.112	-0.231***	-0.133	0.097	-0.050	-0.118***
年龄	0.001	0.005**	0.006*	-0.004	0.006	0.008***
初婚年龄	-0.011	-0.016***	-0.048***	-0.012*	-0.043***	-0.022***
受教育程度	0.009	-0.001	0.007	0.046*	0.038	0.027**
婚姻状况	-0.085	-0.062	-0.057	0.055	0.356**	0.028
工作类型	0.022	0.098*	0.196**	0.063	-0.044	0.085***
子女性别结构						
没有子女	3.056***	3.845***	4.820***	4.282***	4.318***	4.028***
只有男孩	3.142***	3.430***	3.832***	3.975***	4.191***	3.655***
只有女孩	2.937***	3.233***	3.612***	3.719***	3.951***	3.431***
当前阶层认同	0.039**	0.018	0.026	-0.006	0.024	0.023***
养老责任认同						
主要由政府负责	-0.180	-0.100	-0.151	0.206**	0.330*	0.011
主要由子女负责	-0.159**	-0.014	-0.305***	-0.012	-0.073	-0.054**
主要由老人自己负责	-0.101	-0.380***	-0.481***	-0.143	0.035	-0.176***
重男轻女观念	0.012	0.039***	0.031***	0.013*	-0.018	0.012***
生育自由认同	0.062**	0.018	-0.001	-0.040	-0.041	0.055***

续表

自变量	2010	2012—2013	2015	2017—2018	2021	2010—2021
区域						
东部	0.046	0.066	-0.153	-0.061	-0.088	0.017
中部	0.168**	0.027	-0.172*	0.011	0.134	0.023
常数	-3.077***	-3.484***	-2.512***	-2.701***	-2.319***	-3.316***
样本	6937	14235	6167	12805	3750	43894
R^2	0.250	0.272	0.333	0.389	0.429	0.317
LR 检验 P 值	0.000	0.000	0.000	0.000	0.000	0.000

注：数据来源于 CGSS。*、**、*** 分别表示在 10%、5%、1% 水平上显著。没有 * 的系数在回归中没有表现出显著性。

（二）男性和女性性别偏离影响因素的比较分析

分性别来看，生育意愿与生育行为性别偏离的影响因素有共性也有差异（见表5-8和表5-9）。居住地、年龄、初婚年龄、子女性别结构、重男轻女观念、生育自由认同等变量对男女意愿生育性别与实际性别偏离的影响较为一致；工作类型、当前阶层认同、养老责任认同、区域等变量对男女意愿生育性别与实际性别偏离的影响有差异。

从居住地来看，2010—2021年混合回归显示，不管是男性还是女性，城镇居民性别偏离的可能性更小。从年龄对性别偏离的影响来看，2010—2021年混合回归显示，不管是男性还是女性，年龄越大的群体，性别偏离的可能性越大，这和现实不太相符，现实是年龄越大的群体，生育数量越多，性别偏离可能性越小。也有可能是年龄越大的群体，意愿有男有女的比例更高，但是实际有不少不能如愿。从初婚年龄对性别偏离的影响来看，2010—2021年混合回归显示，不管是男性还是女性，初婚年龄越大的群体，性别偏离的可能性都越小。子女性别结构对性别偏离的影响在男、女两性上表现为高度的一致性。与男孩女孩都有的人群相比较，没有子女、只有男孩、只有女孩的人群意愿生育性别偏离实际生育性别的可能性更大。从重男轻女观念对性别偏离的影响来看，2010—2021年混合回归显示，不管是男性还是女性，重男轻女观念越强的人群，意愿生育性别偏离实际生育性别的可能性越大。从生育自由认同对性别偏离的影响来看，2010—2021 年混合回归数据显示，不管是男性还是女性，生育自由认同度越强的人群，意愿生育性别偏离实际生育性别的可能性越大。

从男女工作类型对性别偏离的影响来看，2010—2021 年混合回归都显示，正从事非农工作的女性相比其他类型的女性，意愿生育性别偏离实际的可能性更大，但是男性不显著。当前阶层认同对性别偏离的影响，在男、女两性上也存在一定的差异。2010—2021 年混合回归显示，男性当前阶层认同对性别偏离有显著的正向影响，即说明当前阶层认同度越高的男性性别偏离的可能性越大，而女性不显著。养老责任认同对性别偏离的影响，在男、女两性上也存在一定的差异。2010—2021 年混合回归显示，与养老责任认同为"政府/子女/老人责任均摊"的群体相比较，认为主要由子女或者老人自己负责的男性性别偏离的可能性更小；而女性不显著。区域对性别偏离的影响，在男、女两性上也存在一定的差异。2010—2021 年混合回归显示，区域对男性性别偏离没有显著影响；对女性性别偏离有一定的影响。与西部女性相比较，中部女性性别偏离的可能性更大。

总体来看，不管是男性还是女性，受教育程度和婚姻状况对性别偏离影响在 5% 水平上几乎都不显著。

表 5-8 男性意愿生育性别与实际生育性别偏离的二元 Logit 回归分析结果（因变量 = 意愿生育性别偏离实际生育性别）

自变量	2010	2012—2013	2015	2017—2018	2021	2010—2021
居住地	-0.086	-0.269***	-0.260**	0.160*	-0.140	-0.130***
年龄	0.005	0.008**	0.0001	-0.001	0.013	0.009***
初婚年龄	-0.018	-0.011	-0.040***	-0.022**	-0.061***	-0.025***
受教育程度	0.006	0.010	0.025	0.030	0.082	0.034*
婚姻状况	-0.012	-0.279**	-0.223	0.085	0.257	-0.088
工作类型	0.067	0.078	0.180	0.066	0.022	0.069
子女性别结构						
没有子女	3.290***	3.704***	4.995***	4.299***	4.266***	3.996***
只有男孩	3.268***	3.462***	3.780***	3.903***	4.187***	3.634***

续表

自变量	2010	2012—2013	2015	2017—2018	2021	2010—2021
只有女孩	3.193***	3.356***	3.582***	3.728***	4.324***	3.5-5***
当前阶层认同	0.066***	0.029*	0.053*	0.006	0.048	0.039***
养老责任认同						
主要由政府负责	-0.182	-0.171	-0.264	0.134	0.828***	-0.033
主要由子女负责	-0.074	-0.096	-0.361**	-0.050	0.033	-0.076*
主要由老人自己负责	-0.027	-0.505**	-0.814***	-0.249*	0.253	-0.260***
重男轻女观念	0.021	0.035**	0.022	0.005	0.003	0.014**
生育自由认同	0.063*	0.024	0.035	-0.040	-0.052	0.059***
区域						
东部	0.004	0.032	-0.273*	-0.063	-0.154	-0.019
中部	0.098	-0.022	-0.310**	-0.017	0.039	-0.053
常数	-3.475***	-3.578***	-1.987***	-2.450***	-2.716***	-3.284***
样本	3396	7422	2888	5935	1699	21340
R^2	0.264	0.271	0.333	0.382	0.439	0.313
LR 检验 P 值	0.000	0.000	0.000	0.000	0.000	0.000

注：数据来源于 CGSS。*、**、***分别表示在 10%、5%、1%水平上显著。没有*的系数在回归中没有表现出显著性。

表 5-9　女性意愿生育性别与实际生育性别偏离的二元 Logit 回归分析结果（因变量＝意愿生育性别偏离实际生育性别）

自变量	2010	2012—2013	2015	2017—2018	2021	2010—2021
居住地	-0.132	-0.176**	-0.010	0.044	0.017	-0.102**
年龄	-0.003	0.002	0.013**	-0.006	0.0005	0.007***
初婚年龄	-0.004	-0.024**	-0.057***	-0.001	-0.029	-0.020***
受教育程度	0.003	-0.011	-0.005	0.054	-0.002	0.016
婚姻状况	-0.140	0.071	0.091	0.007	-0.413**	0.093*
工作类型	-0.041	0.145*	0.232*	0.063	-0.105	0.109**
子女性别结构						
没有子女	2.867***	4.038***	4.613***	4.315***	5.243***	4.071***
只有男孩	3.029***	3.404***	3.927***	4.050***	4.244***	3.680***
只有女孩	2.697***	3.100***	3.676***	3.725***	3.728***	3.364***

续表

自变量	2010	2012—2013	2015	2017—2018	2021	2010—2021
当前阶层认同	0.015	0.009	-0.001	-0.017	0.005	0.008
养老责任认同						
主要由政府负责	-0.170	-0.022	-0.049	0.270**	-0.037	0.053
主要由子女负责	-0.231**	0.081	-0.264**	0.013	-0.151	-0.035
主要由老人自己负责	-0.157	-0.246*	-0.153	-0.047	-0.142	-0.094
重男轻女观念	0.003	0.042***	0.038***	0.020**	-0.032	0.011**
生育自由认同	0.062*	0.013	-0.039	-0.041	-0.034	0.051***
区域						
东部	0.080	0.114	-0.059	-0.070	-0.035	0.055
中部	0.223*	0.087	-0.056	0.028	0.209	0.097**
常数	-2.525***	-3.290***	-2.900***	-2.862***	-1.948***	-3.306***
样本	3541	6813	3279	6870	2051	22554
R^2	0.238	0.276	0.338	0.395	0.427	0.321
LR 检验 P 值	0.000	0.000	0.000	0.000	0.000	0.000

注：数据来源于CGSS。*、**、*** 分别表示在10%、5%、1%水平上显著。没有 * 的系数在回归中没有表现出显著性。

第四节 本章小结

基于 CGSS 2010—2021 年的七次五期调查数据，运用多元 Logit 和二元 Logit 模型分别研究生育意愿与生育行为数量偏离和性别偏离的影响因素。基于理论和文献选择了人口学基本特征、社会经济状况、家庭结构、价值观念、区域等方面的因素作为自变量进行分析。研究结果显示：居住地、年龄、初婚年龄、受教育程度、工作类型、子女性别结构、当前阶层认同、养老责任认同、重男轻女观念、生育自由认同、区域等变量对生育意愿与生育行为的数量偏离有显著影响。居住地、年龄、初婚年龄、受教育程度、工作类型、子女性别结构、当前阶层认同、养老责任认同、重男轻女观念、生育自由认同等变量对生育意愿与生育行为的性别偏离有显著的影响。分性别来看，男女之间有共性，也有差异。生育意愿与生育行为数量偏离的影响因素中,居住地、年龄、初婚年龄、工作类型、子女性别结构、当前阶层认同、养老责任认同等变量对男女数量偏离的影响较为一致;受教育程度、婚姻状况、重男轻女观念、生育自由认同、区域等变量对男女数量偏离的影响有差异。生育意愿与生育行为性别偏离的影响因素中,居住地、年龄、初婚年龄、子女性别结构、重男轻女观念、生育自由认同等变量对男女意愿生育性别与实际性别偏离的影响较为一致;工作类型、当前阶层认同、养老责任认同、区域等变量对男女意愿生育性别与实际性别偏离的影响有差异。

总体来看,涉及生育价值观念的变量,养老责任认同、重男轻女观念、生育自由认同对生育意愿与生育行为的数量偏离和性别偏离均有显著影响。具体来看,与养老责任认同为"政府"或"子女"或"老人自己"的群体相比较,养老责任认同为"政府/子女/老人责任均摊"的群体意愿生育数量大于实际生育数量的可能性更大,性别偏离的可能性也更大。重男轻女观念越强的人群意愿生育数量大于实际生育数量的可能性越大,意愿生育性别偏离实际生育性别的可能性也越大。生育自由认同度越高的人群意愿生育数量大于实际生育数量的可能性越大,意愿生育性别偏离实际生育性别的可能性也越大。可见,养老责任认同分摊、重男轻女观念强、生育自由认同度高这三类人群越难将生育意愿转化为生育行为。

第六章

生育意愿与生育行为偏离的价值根源量化分析

第一节 研究设计

一 研究假设

孩子的成本效用理论认为,父母生育孩子的成本是指母亲从怀孕起到把孩子抚养成为自立者所花费的各种费用和支出,以及投入的时间等。成本效用理论将成本分为直接成本和机会成本,前者包括显性的,如抚养费用、教育费用、医疗费用和其他支出等成本;后者包括隐性的,如父母为抚养孩子所损失的时间、工作机会,以及因此影响的收入等。本研究认为除了直接成本和机会成本,还有身心成本,比如抚养孩子带来的疲劳、担心、压力等。生育成本往往会阻碍生育意愿转化为生育行为,不管是生育意愿与生育行为的数量偏离还是性别偏离都可能受到生育成本的影响。因此,提出以下假设。

假设1:生育成本会影响生育意愿与生育行为的数量偏离。

假设1.1:生育的直接成本对生育意愿与生育行为的数量偏离有显著的正向影响。

假设1.2:生育的机会成本对生育意愿与生育行为的数量偏离有显著的正向影响。

假设1.3:生育的身心成本对生育意愿与生育行为的数量偏离有显著的正向影响。

假设2:生育成本会影响生育意愿与生育行为的性别偏离。

假设2.1：生育的直接成本对生育意愿与生育行为的性别偏离有显著的正向影响。

假设2.2：生育的机会成本对生育意愿与生育行为的性别偏离有显著的正向影响。

假设2.3：生育的身心成本对生育意愿与生育行为的性别偏离有显著的正向影响。

成本效用理论认为，既然父母生育孩子花费了成本，那就想要从孩子身上获得效用和收益。总结起来，主要是物质和精神两个方面的效用。物质效用主要是孩子给自己带来的收入、帮助做家务、提供照护等显性的效益，精神效用主要是隐性的精神乐趣等。往往生育效用越高的群体，越能将自己的生育意愿转化为生育行为。因此，生育的物质效用和精神效用也可能会对生育意愿与生育行为的偏离产生影响。基于此，提出以下假设。

假设3：生育效用会影响生育意愿与生育行为的数量偏离。

假设3.1：生育的物质效用对生育意愿与生育行为的数量偏离有显著的负向影响。

假设3.2：生育的精神效用对生育意愿与生育行为的数量偏离有显著的负向影响。

假设4：生育效用会影响生育意愿与生育行为的性别偏离。

假设4.1：生育的物质效用对生育意愿与生育行为的性别偏离有显著的负向影响。

假设4.2：生育的精神效用对生育意愿与生育行为的性别偏离有显著的负向影响。

二 问卷设计

为了探究生育意愿与生育行为偏离的价值根源，本研究将基于孩子的成本效用理论和生育价值的定义，从成本（负价值）和效用（正价值）两个层面进行测量。成本主要包括直接成本、机会成本和身心成本，共15个问题构成，选项均为：完全不担忧（心）、不担忧（心）、一般、比较担忧（心）、非常担忧（心），分别赋值1、2、3、4、5分。直接成本由6个问题构成：您担忧孩子的生育费吗？您担忧孩子的抚养费吗？您担忧孩子的医疗费吗？您担忧孩子的教育费吗？您担忧孩子的结婚费吗？您担忧孩子的住房费吗？机会成本也由6个问题构成：您担心生养孩子会影响工资吗？您担心生养孩子会影响自身工作效率吗？您担心生养孩子会影响自身学习培训机会吗？您担心生养孩子会影响自身晋升机会吗？您担心生养孩子会影响自身消费水平吗？您担心生养孩子会影响自身休闲吗？身心成本由3个问题构成：您担心照料孩子产生的疲劳感吗？您担心孩子成长中可能遇到的风险吗？您担心生育孩子会加剧家庭矛盾吗？效用主要包括物质效用和精神效用，共由9个问题构成，选项均为：完全不同意、比较不同意、一般、比较同意、完全同意，分别赋值1、2、3、4、5分。物质效用由3个问题构成："孩子未来能给我增加收入""孩子能帮着我做家务""孩子能给我养老照护"；精神效用由6个问题构成："孩子能给我增加亲情感""孩子能给我增加乐趣""孩子能给我增加成就感""孩子是维系家庭关系的纽带""孩子能给我维持家庭地位""孩子能给我传宗接代"。

因变量生育意愿与生育行为的偏离，本章主要研究数量偏离和性别偏离，数量偏离是基于意愿生育数量与实际生育数量的偏差，性别偏离是基于意愿生育性别与实际生育性别的偏差。问卷分别调查了实际的孩子数量，以及分性别的数量；意愿孩子数量，以及分性别的数量。考虑到40岁以下大多数人群还未结束生育期，因此，本研究还调查了受访者还计划生孩子的数量，以及分性别的数量。

三 问卷调查

课题组问卷调查时间在2020年9—12月，由于受新冠疫情的影响，问卷调查采取的非随机抽样调查，既有线下调查，也有线上调查。线下主要在成都、重庆等地调查；线上调查对象则来自全国各地。调查对象均为已婚人群。调查员除了笔者本人还有本专业的部分研究生和本科生，在问卷调查之前都由本人进行严格的培训。调查问卷样本分布全国东、中、西部。

四 样本信息

本次调查一共发放问卷2400份，有效回收2228份，有效率

92.83%。有效问卷中,男性占比41.34%,女性占比58.66%。城镇居民占比66.88%,农村居民占比33.12%。从调查对象的年龄来看,最小者19岁,最大者88岁,19—39岁年龄段人群占比53.10%,40—59岁年龄段占比42.64%,60岁及以上占比4.26%,可见调查对象主要是中青年。从受教育程度来看,没有上过学、小学、初中、高中(中专)、大学及以上的比重分别为:2.15%、15.08%、27.42%、26.71%、28.64%。

意愿生育数量的均值为1.91,和CGSS数据比较接近,略低可能是因为调查对象偏年轻化。但是分年龄段来看,意愿生育数量均值差异不大,19—39岁、40—59岁、60岁及以上的意愿生育数均值分别为1.89、1.92、2.04。实际生育数均值为1.33,远低于意愿生育数。分年龄段来看,实际生育数量均值差异较大,19—39岁、40—59岁、60岁及以上的实际生育数均值分别为0.99、1.65、2.51。主要是因为前两个年龄段还有很多人未完成生育,尤其是19—39岁这个年龄段。将还计划生育数的均值加上现有实际生育数均值,得到可能生育数均值为1.59,19—39岁、40—59岁、60岁及以上的可能生育数均值分别为:1.46、1.67、2.51,可见分年龄段的最终生育数均值差异仍然较大,也显示了分年龄段的数量偏离十分明显。

从意愿生育性别的调查来看,期望没有孩子、只有男孩、只有女孩、有男有女的比重分别为1.75%、7.85%、11.76%、78.64%。从实际生育性别的调查来看,没有孩子、只有男孩、只有女孩、有男有女的比重分别为13.42%、30.97%、31.24%、24.37%。将该计划生育的子女性别加上,得到没有孩子、只有男孩、只有女孩、有男有女的比重分别为4.13%、27.96%、29.98%、37.93%。可见,不管是实际生育性别,还是可能的最终生育性别,都与意愿生育性别差距较大。

生育价值的成本效用由五个维度的指标构成,五个二级指标的信效度检验见表6-1。信度分析一般采用Chronbach's α系数来估算。用SPSS分析结果表明,直接成本、机会成本、身心成本、物质效用、精神效用的Cronbach's α系数分别为0.94、0.94、0.84、0.85、0.89,均大于0.8,表明稳定性强,测量的信度良好。效度分析一般采用结构效度分析的KMO值来判断。直接成本、机会成本、身心成本、物质效用、精神效用的KMO值分别为0.90、0.91、0.71、0.72、0.85,均大于0.7,说明量表的结构效度良好。

表6-1　　　　　　　　　　生育价值的信效度检验

指标		信度检验	效度检验
成本	直接成本	0.94	0.90
	机会成本	0.94	0.91
	身心成本	0.84	0.71
效用	物质效用	0.85	0.72
	精神效用	0.89	0.85

注：数据来源于课题组问卷调查数据。

五　具体分析方法

（一）传统方法

基于课题组调查数据，对40岁及以上的人群进行数量偏离的多元 Logit 回归分析和性别偏离的二元 Logit 回归分析，并和上一章的数据结果进行比较。这两种研究方法在上一章已经有所介绍，这里不再重复说明。

（二）预估方法

由于生育意愿与生育行为的实际偏离都是要在生育期结束后，所以选择40岁及以上人群作为研究对象有一定的代表性和科学性。但是针对40岁以下人群，如何进行偏离的研究，本研究认为可以采用预估方法。课题组问卷调查中，设计了还计划生孩子的数量以及性别。因此，针对还没有结束生育期的人群，不管在哪个年龄段都可以测量还计划生育的孩子数量和性别，加上已经生育的孩子数，从而可以预估最终的孩子数；同理，性别也可以预估最终的性别结构。将意愿生育的数量和性别结构与这个预估的最终数量和性别结构相减，即可得到可能的数量偏离和可能的性别偏离。以往的研究对象或是已经结束生育期的人群，或是没有结束生育期的人群，但是其实际子女数量和性别结构都不是最终的数量和性别结构，尤其是后者。因此，这种方法相比以往的研究，研究对象范围更广，生育的数量和性别也更接近最终的行为。

(三) 直接赋分法

针对生育价值的测量，不管是成本还是效用，本研究都设计成类似量表的问题，因而可以直接赋分，成本中的三个维度：直接成本、机会成本、身心成本；效用中的两个维度：物质效用、精神效用，得分均可以直接相加。最终，直接成本得分在6—30分，机会成本得分也在6—30分，身心成本得分在3—15分；物质效用得分在3—15分，精神效用得分在6—30分。成本分值越高，代表生育的成本越高；效用分值越高，代表生育的效用越高。

(四) 主成分分析法

主成分分析法（PCA）是一种降维的统计方法，借助于一个正交变换，将其分量相关的原随机向量转化成其分量不相关的新随机向量，这在代数上表现为将原随机向量的协方差阵变换成对角形阵，在几何上表现为将原坐标系变换成新的正交坐标系，使之指向样本点散布最开的 p 个正交方向，然后对多维变量系统进行降维处理，使之能以一个较高的精度转换成低维变量系统，再通过构造适当的价值函数，进一步把低维系统转化成一维系统。主成分分析是设法将原来众多具有一定相关性的指标（比如 P 个指标），重新组合成一组新的互相无关的综合指标来代替原来的指标。通常数学上的处理就是将原来 P 个指标作线性组合，作为新的综合指标。最经典的做法就是用 F1（选取的第一个线性组合，即第一个综合指标）的方差来表达，即 Var（F1）越大，表示 F1 包含的信息越多。因此，在所有的线性组合中选取的 F1 应该是方差最大的，故称 F1 为第一主成分。如果第一主成分不足以代表原来 P 个指标的信息，再考虑选取 F2，即选第二个线性组合。为了有效地反映原来信息，F1 已有的信息就不需要再出现在 F2 中，用数学语言表达就是要求 Cov（F1，F2）= 0，则称 F2 为第二主成分，以此类推可以构造出第三、第四、……第 P 个主成分。

针对生育价值的测量，考虑到课题组设计的不是标准成熟的量表，对成本的三个维度和效用的两个维度均做主成分分析，综合成一组新的指标分别代表以上维度。从而与直接赋分法进行比较研究。

主成分分析的计算步骤为：

1. 原始指标数据的标准化采集

由于成本的三个维度和效用的两个维度下的每个选项一致，分值均是 1—5 分，因此，已经算是标准化数据。

2. 判断原始指标是否适合主成分分析

基于效度检验，发现五个指标的 KMO 值均大于 0.7，因此，适合进行主成分分析。

3. 提取主成分

判断主成分的个数时要考虑第 j 个特征值的贡献率以及前 m 个特征值的贡献率，e_j 为某一个特征值的贡献率，E_m 是前 m 个特征值的贡献率之和，观察主成分的个数，就是找到特征值大于 1 且贡献率之和大于 80% 条件的特征值有几个。

$$e_j = \frac{\lambda_j}{\sum_{i=1}^{p} \lambda_j}$$

$$E_m = \sum_{j=1}^{m} e_j$$

在确定主成分的数量时，还可以借助碎石图，观察碎石图从哪处开始的斜率趋于平缓，则碎石图平缓之前的指标个数就是所要得到的主成分的个数。观察碎石图也是对提取结果的再次验证。

4. 使用综合指标

按照 m 个主成分的方差贡献率占所提取的主成分的累计方差贡献率的比重，生成综合性指标，最后形成综合性指标与多个指标之间的线性关系，之后可以代入 X 的数值，得到综合性指标数值，然后直接使用。

六　变量设置

（一）因变量

因变量和第五章一样，依然是生育意愿与生育行为的数量偏离和性别偏离两个测量指标。实际在研究中，分年龄段进行了探讨。考虑到 40 岁以下大多数群体还没有结束生育期，而 40 岁及以上群体再生育的概率相对较低。因此，依然选择 40 岁及以上群体，分析其意愿生育数量和性别与实际生育数量和性别之间的差异，即数量偏离和性别偏离。同时，选择了预估方法，考察可能的数量偏离和可能的性别偏离。与上一章一样，生育意愿与生育行为的数量偏离依然分为三类：意愿生育数量小于实际生育数量、意愿生育数量等于实际生育数量、意愿生育数量大于实际生育数量，分别赋值1、2、3分，且将意愿生育数量等于实际生育数量作为参照组。因此，依然采用多元Logit回归分析。生育意愿与生育行为的性别偏离依然分为两类：意愿生育性别不完全等于实际性别、意愿生育性别完全等于实际性别，分别赋值1、0分，前者代表性别偏离，且将后者作为参照组。

（二）关注自变量

生育价值：成本和效用；成本包含三个维度：直接成本、机会成本、身心成本；效用包含两个维度：物质效用和精神效用。自变量的测量采用了两种方法，直接赋分法和主成分分析法进行量化处理。按照直接赋分法，直接成本、机会成本、身心成本、物质效用、精神效用的赋值分别为6—30分、6—30分、3—15分、3—15分、6—30分，前面已经阐释，这里就不再详细解释。主成分分析的分值根据实际处理，得到以下区间分值：直接成本（-5.067到3.431）、机会成本（-4.574到3.992）、身心成本（-3.210到2.796）、物质效用（-3.063到2.963）、精神效用（-3.023到2.446）。

（三）控制变量

除了关注自变量生育价值，还选择了性别、居住地、年龄、初婚年龄、受教育程度、工作类型、子女性别结构、家庭年收入等自变量进行分析。

1. 性别

男性赋值为1分，女性赋值为0分。

2. 居住地

居住地分为城镇和农村，城镇赋值为1分，农村赋值为0分。

3. 年龄

年龄范围为19—88岁。

4. 初婚年龄

初婚年龄范围为16—42岁，个别偏小和偏大的样本，作为奇异值删掉处理。

5. 受教育程度

受教育程度分为没有上过学、小学、初中、高中（含中专）、大学及以上，分别赋值为 1、2、3、4、5 分。

6. 工作类型

工作类型调查包含没有工作、务农、务工、做生意（个体户）、事业单位或公务员、退休等。由于这些工作之间不存在定序关系，同样将以上几类简单处理为两类：目前从事非农工作和其他类型。

7. 子女性别结构

子女性别结构按照当前的子女实际性别分为四类：没有子女、只有男孩、只有女孩、有男有女。将有男有女作为参照组，观测其他三种类型与之差异。

8. 家庭年收入

家庭年收入调查分为五个选项：1 万元以下、1 万—5 万元（不含 5 万元）、5 万—10 万元（不含 10 万元）、10 万—30 万元（不含 30 万元）、30 万元及以上，分别赋值为 1、2、3、4、5 分。

第二节 生育意愿与生育行为的偏离现状分析

一 生育意愿与生育行为的数量偏离现状

（一）总体现状

从生育意愿与生育行为的数量偏离来看（见表 6-2），40 岁及以上群体中，意愿生育数量小于实际生育数量的比重最低，仅为 9.47%，相比上一章的数据低很多，主要是因为调查对象中 60 岁及以上的比重较低。意愿生育数量等于实际生育数量的比重最高，达到 61.05%，意愿生育数量大于实际生育数量的比重为 29.47%。从 19 岁及以上人群来看，可能的数量偏离有些差异，意愿生育数量小于实际生育数量的比重依然最低，仅为 6.60%；但是意愿生育数量大于实际生育数量的比重有所上升，达到 35.82%，主要是因为青年群体中意愿生育数量大于实际生育数量的比重较高；意愿生育数量等于实际生育数量的比重比 40 岁及以上群体低，为 57.59%。

表6-2　　　生育意愿与生育行为的数量偏离现状　　　（单位：%）

分类	数量偏离（年龄≥40岁）	可能数量偏离（年龄≥19岁）
意愿生育数量小于实际数量	9.47	6.60
意愿生育数量等于实际数量	61.05	57.59
意愿生育数量大于实际数量	29.47	35.82
样本	1045	2228

注：数据来源于课题组问卷调查数据。

（二）分男女的数量偏离现状

通过卡方检验男女之间的数量偏离，发现没有显著差异（见表6-3）。从百分比来看，略有差异。不管是40岁及以上群体，还是19岁及以上群体，男性意愿生育数量小于实际生育数量的比重均低于女性；意愿生育数量等于实际生育数量的比重均高于女性；意愿生育数量大于实际生育数量的比重均低于女性。

表6-3　　　　　分男女的数量偏离现状　　　　　（单位：人、%）

性别		数量偏离（年龄≥40岁）				可能数量偏离（年龄≥19岁）			
		1	2	3	合计	1	2	3	合计
男性	计数	42	283	126	451	55	551	315	921
	百分比	9.31	62.75	27.94	100.00	5.97	59.83	34.20	100.00
女性	计数	61	364	169	594	92	732	483	1307
	百分比	10.27	61.28	28.45	100.00	7.04	56.01	36.95	100.00
总计	计数	103	647	295	1045	147	1283	798	2228
	百分比	9.86	61.91	28.23	100.00	6.60	57.59	35.82	100.00
卡方值		0.35				3.45			
P值		0.84				0.18			

注：数据来源于课题组问卷调查数据。1、2、3分别代表意愿生育数量小于实际生育数量、意愿生育数量等于实际生育数量、意愿生育数量大于实际生育数量。

（三）分城乡的数量偏离现状

通过卡方检验城乡之间的数量偏离，发现有显著差异（见表6-4）。不管是40岁及以上群体，还是19岁及以上群体，城镇居民意愿生育数量小于实际生育数量的比重均低于农村居民；意愿生育数量等于实际生育数量的比重也均低于农村居民；意愿生育数量大于实际生育数量的比重均高于农村居民。可见，城镇居民生育意愿与生育行为的数量偏离比农村居民更严重，城镇居民的意愿生育数量更难转化为实际生育数量。这和第四章基于CGSS数据的描述统计分析结果一致。

表6-4　　　　　　　　　分城乡的数量偏离现状　　　　　（单位：人、%）

性别		数量偏离（年龄≥40岁）				可能数量偏离（年龄≥19岁）			
		1	2	3	合计	1	2	3	合计
城镇	计数	28	324	254	606	50	767	673	1490
	百分比	4.62	53.47	41.91	100.00	3.36	51.48	45.17	100.00
农村	计数	71	314	54	439	97	516	125	738
	百分比	16.17	71.53	12.30	100.00	13.14	69.92	16.94	100.00
总计	计数	99	638	308	1045	147	1283	798	2228
	百分比	9.47	61.05	29.47	100.00	6.60	57.59	35.82	100.00
卡方值		125.21				210.63			
P值		0.00				0.00			

注：数据来源于课题组问卷调查数据。1、2、3分别代表意愿生育数量小于实际数量、意愿生育数量等于实际数量、意愿生育数量大于实际数量。

（四）分年龄段的数量偏离现状

通过卡方检验不同年龄段之间的数量偏离，发现也有显著差异（见表6-5）。40岁及以上群体中，相比60岁及以上群体，40—59岁年龄段的群体意愿生育数量小于实际生育数量的比重更低，意愿生育数量等于实际生育数量的比重也更低，意愿生育数量大于实际生育数量的比重更高。19岁及以上群体中，40岁以下的群体意愿生育数量小于实际生育数量的比重最低，意愿生育数量等于实际生育数量的比重也最低，意愿生育数量大于实际生育数量的比重最高。这和第四章基于CGSS数据的描述统计结论分析一致，即随着年龄段的下降，意愿生育数量大于实际生育数量的比重越高。

表6-5　　　　　　　　分年龄段的数量偏离现状　　　　　（单位：人、%）

性别		数量偏离（年龄≥40岁）				可能数量偏离（年龄≥19岁）			
		1	2	3	合计	1	2	3	合计
40岁以下	计数					44	636	503	1183
	百分比					3.72	53.76	42.52	100
40—59岁	计数	66	577	307	950	70	586	294	950
	百分比	6.95	60.74	32.32	100.00	7.37	61.68	30.95	100.00
60岁及以上	计数	33	61	1	95	33	61	1	95
	百分比	34.74	64.21	1.05	100.00	34.74	64.21	1.05	100.00
总计	计数	99	638	308	1045	147	1283	798	2228
	百分比	9.47	61.05	29.47	100.00	6.60	57.59	35.82	100.00
卡方值		99.21				189.40			
P值		0.00				0.00			

注：数据来源于课题组问卷调查数据。1、2、3分别代表意愿生育数量小于实际数量、意愿生育数量等于实际数量、意愿生育数量大于实际数量。

二　生育意愿与生育行为的性别偏离现状

（一）性别偏离的总体现状

从生育意愿与生育行为的性别偏离来看（见表6-6），40岁及以上群体中，意愿生育性别与实际性别偏离的比重有52.63%，意愿生育性别等于实际性别的比重略低，为47.37%。从19岁及以上人群来看，可能的性别偏离略有差异，意愿生育性别与实际性别偏离的比重有51.17%，意愿生育性别等于实际性别的比重为48.83%。从数据来看，性别偏离的比重高于上一章，这可能是本次调查对象年轻化的原因。

表6-6　　　　生育意愿与生育行为的性别偏离现状　　　　（单位：%）

分类	性别偏离（年龄≥40岁）	可能性别偏离（年龄≥19岁）
意愿生育性别与实际性别偏离	52.63	51.17
意愿生育性别等于实际性别	47.37	48.83
样本	1045	2228

注：数据来源于课题组问卷调查数据。

(二) 分男女的性别偏离现状

通过卡方检验男女之间的性别偏离，发现没有显著差异（见表6-7）。从百分比来看，40岁及以上群体中，男性意愿生育性别等于实际性别的比重略低于女性，性别偏离的比重略高于女性。但是19岁及以上群体刚好相反，男性意愿生育性别与实际生育性别偏离的比重略低于女性。

表6-7　　　　　　　　分男女的性别偏离现状　　　　　　（单位：人、%）

性别		性别偏离（年龄≥40岁）			可能性别偏离（年龄≥19岁）		
		0	1	合计	0	1	合计
男性	计数	235	216	451	485	436	921
	百分比	52.11	47.89	100.00	52.66	47.34	100.00
女性	计数	315	279	594	655	652	1307
	百分比	53.03	46.97	100.00	50.11	49.89	100.00
总计	计数	550	495	1045	1140	1088	2228
	百分比	52.63	47.37	100.00	51.17	48.83	100.00
卡方值		0.09			1.40		
P值		0.77			0.24		

注：数据来源于课题组问卷调查数据。0、1分别代表意愿生育性别等于实际性别、意愿生育性别与实际性别偏离。

(三) 分城乡的性别偏离现状

通过卡方检验城乡之间的性别偏离，发现有显著差异（见表6-8）。40岁及以上群体在5%水平上显著，19岁及以上群体在10%的水平上显著。从百分比来看，不管是40岁及以上群体，还是19岁及以上群体，城镇居民意愿生育性别与实际生育性别偏离的比重均高于农村居民。40岁及以上群体中城乡之间差异更明显，可能是受之前较为严格的计划生育政策影响，使得很多城镇居民意愿生育性别不能转化为实际生育性别。这和第四章基于CGSS数据的描述统计分析结论一致，即城镇居民意愿生育性别与实际性别偏离的比重高于农村。

表6-8　　　　　　　　分城乡的性别偏离现状　　　　　　（单位：人、%）

性别		性别偏离（年龄≥40岁）			可能性别偏离（年龄≥19岁）		
		0	1	合计	0	1	合计
城镇	计数	300	306	606	742	748	1490
	百分比	49.50	50.50	100.00	49.80	50.20	100.00
农村	计数	250	189	439	398	340	738
	百分比	56.95	43.05	100.00	53.93	46.07	100.00
总计	计数	550	495	1045	1140	1088	2228
	百分比	52.63	47.37	100.00	51.17	48.83	100.00
卡方值			5.66			3.37	
P值			0.02			0.07	

注：数据来源于课题组问卷调查数据。0、1分别代表意愿生育性别等于实际性别、意愿生育性别与实际性别偏离。

（四）分年龄段的性别偏离现状

通过卡方检验不同年龄段之间的性别偏离，发现有显著差异（见表6-9）。40岁及以上群体中，相比60岁及以上群体，40—59岁年龄段的群体意愿生育性别等于实际生育性别的比重更低，性别偏离的比重更高。19岁及以上群体中，40岁以下的群体意愿生育性别与实际生育性别偏离的比重最高，60岁及以上群体最低。可见，低龄段的群体性别偏离更严重，这和第四章基于CGSS数据的描述统计分析结论一致。

表6-9　　　　　　　　分年龄段的性别偏离现状　　　　　　（单位：人、%）

性别		性别偏离（年龄≥40岁）			可能性别偏离（年龄≥19岁）		
		0	1	合计	0	1	合计
40岁以下	计数				581	602	1183
	百分比				49.11	50.89	100
40—59岁	计数	486	464	950	495	455	950
	百分比	51.16	48.84	100.00	52.11	47.89	100.00

续表

性别		性别偏离（年龄≥40岁）			可能性别偏离（年龄≥19岁）		
		0	1	合计	0	1	合计
60岁及以上	计数	64	31	95	64	31	95
	百分比	67.37	32.63	100.00	67.37	32.63	100.00
总计	计数	550	495	1045	1140	1088	2228
	百分比	52.63	47.37	100.00	51.17	48.83	100.00
卡方值		9.10			12.31		
P值		0.00			0.00		

注：数据来源于课题组问卷调查数据。0、1分别代表意愿生育性别等于实际性别、意愿生育性别与实际性别偏离。

第三节 生育价值现状分析

一 生育价值的总体现状

从生育价值的成本调查来看（见表6-10），40岁及以上群体中，直接成本的均值为19.16分，超过18分，表示直接成本较高；机会成本的均值为17.35分，略低于18分，表示机会成本相对较低；身心成本的均值为8.87分，略低于9分，表示身心成本相对较低。但是，从19岁及以上群体的均值来看，直接成本的均值达到20.31分；机会成本的均值达到18.82分；身心成本的均值达到9.40分，均高于40岁及以上群体的均值。可见，青年群体的生育成本更高。从生育价值的效用调查来看，40岁及以上群体中，物质效用的均值为9.72分，高于9分，表示物质效用相对较高；精神效用的均值为20.58分，也高于18分，说明精神效用也较高。但是，从19岁及以上群体的均值来看，物质效用和精神效用分别为9.11分、19.47分，均低于40岁及以上群体的均值。可见，青年群体的生育效用较低，即当代青年通过生育带来的效用感不强，不如40岁及以上的中老年。这也在某种程度上解释了生育率下降的原因。

表 6-10　　　　　　　　　　生育价值的现状　　　　　　　　（单位：分）

生育价值		年龄≥40 岁	年龄≥19 岁
成本	直接成本	19.16	20.31
	机会成本	17.35	18.82
	身心成本	8.87	9.40
效用	物质效用	9.72	9.11
	精神效用	20.58	19.47
样本		1045	2228

注：数据来源于课题组问卷调查数据。

二　分性别的生育价值现状

从分性别的生育价值来看（见表 6-11），40 岁及以上群体中，生育的成本和效用在男女之间没有显著差异。从具体均值来看，女性直接成本、机会成本、身心成本、物质效用都略高于男性，但是精神效用略低于男性。19 岁及以上群体中，生育的机会成本、身心成本、精神效用在男女之间存在显著的差异，女性的机会成本、身心成本显著高于男性，但是精神效用显著低于男性。此外，女性的直接成本和物质效用的均值也略高于男性。总体来看，女性的生育成本感知高于男性，物质效用也是高于男性，但是精神效用低于男性。可见，男性更看重生育孩子带来的精神享受。女性生育成本感知更强可能是因为在抚育孩子方面，女性直接投入的费用、时间、精力更多。

表 6-11　　　　　　　　　分性别的生育价值现状　　　　　　　　（单位：分）

指标		年龄≥40 岁			年龄≥19 岁		
		男性	女性	方差分析 p 值	男性	女性	方差分析 p 值
成本	直接成本	19.15	19.16	0.98	20.21	20.38	0.52
	机会成本	17.31	17.37	0.88	18.49	19.05	0.03
	身心成本	8.71	8.98	0.14	9.25	9.51	0.05
效用	物质效用	9.61	9.81	0.28	9.02	9.17	0.23
	精神效用	20.64	20.53	0.75	19.73	19.28	0.07
样本		451	594		921	1307	

注：数据来源于课题组问卷调查数据。

三 分城乡的生育价值现状

从分城乡的生育价值来看（见表6-12），不管是40岁及以上群体，还是19岁及以上群体，生育的成本和效用在城乡之间均有显著差异。从具体均值来看，城镇的生育直接成本、机会成本、身心成本均高于农村，但是物质效用和精神效用均低于农村。这也在一定程度上解释了为什么城镇的生育率低于农村，城镇居民的生育意愿和生育行为也都低于农村居民。

表6-12　　　　　　　　分城乡的生育价值现状　　　　　　　　（单位：分）

指标		年龄≥40岁			年龄≥19岁		
		城镇	农村	方差分析p值	城镇	农村	方差分析p值
成本	直接成本	19.84	18.21	0.00	20.91	19.12	0.00
	机会成本	18.43	15.85	0.00	19.80	16.84	0.00
	身心成本	9.37	8.16	0.00	9.81	8.57	0.00
效用	物质效用	9.12	10.55	0.00	8.64	10.06	0.00
	精神效用	19.36	22.25	0.00	18.56	21.29	0.00
样本		606	439		1490	738	

注：数据来源于课题组问卷调查数据。

四 分年龄段的生育价值现状

从分年龄段的生育价值来看（见表6-13），不管是40岁及以上群体，还是19岁及以上群体，生育的成本和效用在不同年龄段之间均有显著差异。在40岁及以上群体中，与60岁及以上群体相比较，40—59岁的生育直接成本、机会成本、身心成本均更高；物质效用、精神效用均更低。在19岁及以上群体中，40岁以下群体的直接成本、机会成本、身心成本都最高，物质效用、精神效用均最低；60岁及以上群体的直接成本、机会成本、身心成本都最低，物质效用、精神效用均最高。这也在一定程度上解释了为什么随着年龄段的下降，生育行为都更低。

表 6-13　　　　　　　分年龄段的生育价值现状　　　　　　（单位：分）

指标		年龄≥40 岁			年龄≥19 岁			
		40—59 岁	60 岁及以上	方差分析 p 值	40 岁以下	40—59 岁	60 岁及以上	方差分析 p 值
成本	直接成本	19.49	15.82	0.00	21.34	19.49	15.82	0.00
	机会成本	17.73	13.46	0.00	20.12	17.73	13.46	0.00
	身心成本	9.06	6.94	0.00	9.87	9.06	6.94	0.00
效用	物质效用	9.54	11.53	0.00	8.56	9.54	11.53	0.00
	精神效用	20.28	23.51	0.00	18.48	20.28	23.51	0.00
样本		950	95		1183	950	95	

注：数据来源于课题组问卷调查数据。

第四节　生育价值对生育意愿与生育行为偏离的影响

一　生育价值对生育意愿与生育行为数量偏离的影响分析

（一）基于生育价值直接赋分的视角

生育意愿与生育行为数量偏离影响因素的多元 Logit 回归分析结果见表 6-14 和表 6-15。模型 1 和模型 2 是 40 岁及以上群体的回归结果，模型 1 只纳入关注自变量生育价值，模型 2 是纳入所有自变量后的回归结果。模型 3 和模型 4 是 19 岁及以上群体的回归结果，模型 3 只纳入关注自变量生育价值，模型 4 是纳入所有自变量后的回归结果。模型 1 到模型 4 的回归结果都显示，生育价值对数量偏离有显著影响，并且从成本和效用的各个维度来看也都很显著。居民生育孩子的成本感知越高，意愿生育数量大于实际生育数量的可能性越大，意愿生育数量小于实际生育数量的可能性越小。不管是 40 岁及以上群体，还是 19 岁及以上群体都得到同样的结果，但是二者有一定的差异。

重点从表 6-15 来看，与"意愿生育数量等于实际生育数量"相比较，19 岁及以上群体直接成本对"意愿生育数量大于实际生育数量"的影响系数较 40 岁及以上群体大，说明年轻人的生育直接成本更加阻碍其生育意愿转化为生育行为。为什么直接成本影响系数更大？可能是青年相对40岁及以上中老年群体储蓄更少，工作更不稳定。从机会成本对"意愿生育数量大于实际生育数量"的影响来看，青年机会成本的影响系数相对较低，可能是因为年轻人很多还没有生育，其感知到的机会成本影响其生育意愿转化为生育行为还不明显。从身心成本对"意愿生育数量大于实际生育数量"的影响来看，青年身心成本的影响因素更大，说明年轻人感知的身心成本更加阻碍其生育意愿转化为生育行为，可能是青年更在意自身的休闲娱乐。从生育效用对"意愿生育数量大于实际生育数量"的影响来看，青年物质效用的影响系数相对中老年较低，可见，年轻人通过物质效用促进其生育意愿转化为生育行为的动力不足，不如中老年人；精神效用的影响系数略高，说明通过精神效用促进其生育意愿转化为生育行为的动力没有下降这。这也间接反映了年轻人越来越不看重子女的物质效用。

此外，还发现居住地、年龄、初婚年龄、受教育程度、子女性别结构、家庭年收入等变量对数量偏离有一定的影响。与农村居民相比较，城镇居民意愿生育数量大于实际生育数量的可能性更大。年龄对数量偏离的影响显示，40岁及以上群体中，年龄越小的群体，意愿生育数量大于实际生育数量的可能性越大；但是19岁及以上群体数据显示不显著。前者之所以显著，可能是因为40岁及以上群体中，年龄较大者生育阶段还未实行较为严格的计划生育政策，因而意愿生育数量多能实现；而年龄相对较小的人群生育阶段正是20世纪80年代后实行较为严格的计划生育政策阶段，因而意愿生育数量大于实际生育数量的可能性较大。后者之所以不显著，可能是因为2013年后生育政策逐渐宽松，生育意愿很少再受到政策制约不能转化为生育行为。从初婚年龄对数量偏离的影响来看，初婚年龄越晚的人群，意愿生育数量大于实际生育的数量的可能性越大，不管是40岁及以上的群体还是19岁及以上的群体都表现如此。从受教育程度对数量偏离的影响来看，40岁及以上群体中受教育程度越高的人群意愿生育数量小于实际生育数量的可能性越小，意愿生育数量大于实际生育数量的可能性越大；19岁及以上群体中，受教育程度越高的人群，意愿生育数量大于实际生育数量的可能性也越大。从子女性别结构对数量偏离的影响来看，40岁及以上群体中，与有男有女的人群相比较，只有男孩或者只有女孩的居民意愿生育数量大于实际生育数量的可能性也越大，但是没有子女的人群没有显著差异，可能是因为没有子女的人群人数太少，比重太低；19岁及以上群体中，与有男有女的人群相比较，没有子女、只有男孩、只有女孩的居民意愿生育数量大于实际生育数量的可能性都越大。家庭年收入对数量偏离的影响显示，40岁及以上群体中，家庭年收入越高的居民意愿生育数量大于实际生育数量的可能性越大；19岁及以上群体中，家庭年收入越高的居民意愿生育数量小于实际生育数量的可能性越小，意愿生育数量大于实际生育数量的可能性越大。该结论和第五章CGSS数据的多元回归分析结论吻合，即当前阶层认同越高的人群，意愿生育数量大于实际生育数量的可能性越大，显示了家庭经济状况对数量偏离影响的一致结论。

总体而言，以上研究发现、居住地、初婚年龄、受教育程度、子女性别结构等变量对数量偏离的影响和第五章CGSS数据的多元回归分析结论基本一致。

表6-14 数量偏离影响因素的多元Logit回归分析结果
（因变量=意愿生育数量小于实际生育数量）
（生育价值直接赋分法分析）

自变量	数量偏离（年龄≥40岁）		可能数量偏离（年龄≥19岁）	
	模型1	模型2	模型3	模型4
直接成本	-0.113**	-0.095*	-0.206***	-0.205***
机会成本	-0.347***	-0.380***	-0.413***	-0.423***
身心成本	-0.343***	-0.383***	-0.249***	-0.289***
物质效用	0.466***	0.402***	0.572***	0.541***
精神效用	0.145**	0.142***	0.200***	0.174***
性别		0.391		0.112
居住地		-0.448		-0.369
年龄		0.025		0.007
初婚年龄		-0.035		-0.030
受教育程度		-0.744***		-0.330
正从事非农工作		-0.171		-0.061

续表

自变量	数量偏离（年龄≥40岁）		可能数量偏离（年龄≥19岁）	
	模型1	模型2	模型3	模型4
子女性别结构				
没有子女		-8.961		-12.614
只有男孩		-0.964		-1.259**
只有女孩		0.620		0.040
家庭年收入		-0.148		-0.310*
_cons	-2.569	0.594	-3.697**	0.263
样本	1045	1045	2228	2228
R^2	0.546	0.662	0.537	0.623
LR检验P值	0.000	0.000	0.000	0.000

注：数据来源于课题组问卷调查数据。*、**、***分别表示在10%、5%、1%水平上显著。没有*的系数在回归中没有表现出显著性。

表6-15　生育意愿与生育行为数量偏离影响因素的多元Logit回归分析结果（因变量=意愿生育数量大于实际生育数量）（生育价值直接赋分法分析）

自变量	数量偏离（年龄≥40岁）		可能数量偏离（年龄≥19岁）	
	模型1	模型2	模型3	模型4
直接成本	0.069***	0.107***	0.089***	0.118***
机会成本	0.161***	0.126***	0.125***	0.089***
身心成本	0.199***	0.190***	0.208***	0.205***
物质效用	-0.314***	-0.258***	-0.211***	-0.166***
精神效用	-0.108***	-0.117***	-0.130***	-0.119***
性别		-0.099		0.032
居住地		1.159***		0.878***
年龄		-0.151***		-0.007
初婚年龄		0.175***		0.074***
受教育程度		0.392***		0.300***
正从事非农工作		-0.047		0.322
子女性别结构				
没有子女		-0.841		1.828***

续表

自变量	数量偏离（年龄≥40岁）		可能数量偏离（年龄≥19岁）	
	模型1	模型2	模型3	模型4
只有男孩		1.564***		2.383***
只有女孩		1.361***		2.262***
家庭年收入		0.447***		0.276***
_cons	-2.149**	-4.343**	-2.667***	-9.473***
样本	1045	1045	2228	2228
R^2	0.546	0.662	0.537	0.623
LR检验P值	0.000	0.000	0.000	0.000

注：数据来源于课题组问卷调查数据。*、**、***分别表示在10%、5%、1%水平上显著。没有*的系数在回归中没有表现出显著性。

（二）基于生育价值主成分分析的视角

通过对直接成本、机会成本、身心成本、物质效用、精神效用五个指标做主成分分析后，得到直接成本1、机会成本1、身心成本1、物质效用1、精神效用1五个新的指标。基于生育价值主成分分析的多元Logit回归分析结果见表6-16和表6-17。从模型1到模型4，也都显示了生育价值对数量偏离的显著影响，五个维度也都有稳定的显著影响。具体来看，直接成本感知越高的群体，意愿生育数量小于实际生育数量的可能性越小；意愿生育数量大于实际生育数量的可能性越大。机会成本、身心成本也是如此。物质效用感知越高的群体，意愿生育数量小于实际生育数量的可能性越大；意愿生育数量大于实际生育数量的可能性越小。从生育价值各维度指标对数量偏离的影响系数大小来看，可得出和直接赋分法相似的结论。从表6-17来看，与40岁及以上群体相比较，19岁及以上群体直接成本对"意愿生育数量等于实际生育数量"的影响系数较大，机会成本影响系数较小，身心成本影响系数较大，物质效用影响系数较小，精神效用影响系数较小。除了精神效用外略有差异，其他都和生育价值直接赋分法后的多元Logit回归分析的结论一致。

此外，也发现居住地、年龄、初婚年龄、受教育程度、子女性别结构、家庭年收入等变量对数量偏离有一定的影响，且影响方向和直接赋分法较为一致。

综上所述，生育价值主成分分析的回归结果显示了与直接赋分法较为一致的结论，进一步证明了研究结果的稳健性。

表6-16 数量偏离影响因素的多元Logit回归分析结果
（因变量=意愿生育数量小于实际生育数量）
（生育价值主成分分析）

自变量	数量偏离（年龄≥40岁）		可能数量偏离（年龄≥19岁）	
	模型1	模型2	模型3	模型4
直接成本1	-0.309**	-0.252*	-0.578***	-0.568***
机会成本1	-0.972***	-1.062***	-1.162***	-1.189***
身心成本1	-0.690***	-0.783***	-0.505***	-0.590***
物质效用1	0.907***	0.772***	1.116***	1.056***
精神效用1	0.657**	0.659**	0.910***	0.807***
性别		0.396		0.120
居住地		-0.454		-0.362
年龄		0.025		0.006
初婚年龄		-0.035		-0.030
受教育程度		-0.751***		-0.330
正从事非农工作		-0.168		-0.069
子女性别结构				
没有子女		-8.995		-12.650
只有男孩		-0.985		-1.290**
只有女孩		0.626		0.033
家庭年收入		-0.154		-0.305
_cons	-7.544***	-5.588**	-8.918***	-6.271***
样本	1045	1045	2228	2228
R^2	0.544	0.661	0.534	0.621
LR检验P值	0.000	0.000	0.000	0.000

注：数据来源于课题组问卷调查数据。*、**、***分别表示在10%、5%、1%水平上显著。没有*的系数在回归中没有表现出显著性。直接成本1、机会成本1、身心成本1、物质效用1、精神效用1分别代表直接成本、机会成本、身心成本、物质效用、精神效用五个指标主成分分析后的数据。

表 6-17　数量偏离影响因素的多元 Logit 回归分析结果
（因变量 = 意愿生育数量大于实际生育数量）
（生育价值主成分分析）

自变量	数量偏离（年龄≥40 岁）		可能数量偏离（年龄≥19 岁）	
	模型 1	模型 2	模型 3	模型 4
直接成本 1	0.206 ***	0.315 ***	0.260 ***	0.340 ***
机会成本 1	0.462 ***	0.366 ***	0.359 ***	0.260 ***
身心成本 1	0.349 ***	0.326 **	0.378 ***	0.370 ***
物质效用 1	-0.617 ***	-0.509 ***	-0.424 ***	-0.338 ***
精神效用 1	-0.488 ***	-0.515 ***	-0.559 ***	-0.505 ***
性别		-0.111		0.032
居住地		1.178 ***		0.883 ***
年龄		-0.151 ***		-0.007
初婚年龄		0.173 ***		0.072 **
受教育程度		0.385 ***		0.296 ***
正从事非农工作		-0.045		0.323
子女性别结构				
没有子女		-0.867		1.879 ***
只有男孩		1.551 ***		2.393 ***
只有女孩		1.351 ***		2.266 ***
家庭年收入		0.447 ***		0.278 ***
_cons	-0.806 ***	-2.584	-1.006 ***	-7.290 ***
样本	1045	1045	2228	2228
R^2	0.544	0.661	0.534	0.621
LR 检验 P 值	0.000	0.000	0.000	0.000

注：数据来源于课题组问卷调查数据。*、**、*** 分别表示在 10%、5%、1% 水平上显著。没有 * 的系数在回归中没有表现出显著性。直接成本 1、机会成本 1、身心成本 1、物质效用 1、精神效用 1 分别代表直接成本、机会成本、身心成本、物质效用、精神效用五个指标主成分分析后的数据。

二　生育价值对生育意愿与生育行为性别偏离的影响分析

（一）基于生育价值直接赋分的视角

生育意愿与生育行为性别偏离影响因素的二元 Logit 回归分析结果见

表 6-18。40 岁及以上群体中，模型 1 显示生育价值的五个维度对性别偏离都有显著影响，但是加入控制变量后，模型 2 显示只有直接成本、物质效用、精神效用对性别偏离有显著影响。模型 3 也显示生育价值的五个维度对性别偏离皆有显著影响，但是加入控制变量后，模型 4 显示只有直接成本、身心成本、物质效用、精神效用对性别偏离有显著影响。具体来看，直接成本感知越高的群体，意愿生育性别与实际生育性别偏离的可能性越高；物质效用感知越高的群体，意愿生育性别与实际生育性别偏离的可能性越小；精神效用感知越高的群体，意愿生育性别与实际生育性别偏离的可能性也越小。机会成本、身心成本对性别偏离的影响不显著。19 岁及以上群体的回归分析略有差异。除了机会成本，生育价值的其他维度对性别偏离的影响都显著。从影响系数大小来看，与 40 岁及以上群体相比较，直接成本的影响系数较大，物质效用的影响系数较小，精神效用的影响系数较大。可见，年轻人的直接成本对性别偏离的影响更明显，说明年轻人的直接成本更加阻碍其意愿生育性别转化为实际生育性别。身心成本也是阻碍年轻人意愿生育性别转化为实际生育性别的重要因素，而中老年人不显著。年轻人通过物质效用，促进其意愿生育性别转化为实际性别的动力也不如中老年群体，但是精神效用的动力相对略强。

此外，研究发现居住地、年龄、子女性别结构对性别偏离有显著影响。居住地和性别结构的影响在 40 岁及以上群体和 19 岁及以上群体中具有较为稳健的影响，但是年龄的影响差异较大。与农村居民相比较，城镇居民意愿生育性别与实际生育性别偏离的可能性更小，该结论和上一章的研究结论较为一致，可能是因为观念、成本等各种因素导致城镇居民意愿生育数量更小，意愿性别偏好更弱。年龄对性别偏离的影响，在 40 岁及以上群体中呈现负向影响，即年龄越小的群体，性别偏离的可能性越大；在 19 岁及以上群体中呈现正向的影响，即年龄越小的群体，性别偏离的可能性越小。可能的原因是 40 岁以上群体中年龄较轻者主要生育阶段处于较为严格的计划生育政策时期，许多意愿生育性别没有完全转化为实际生育性别，因此存在性别偏离的可能性较大。而青年群体的性别偏离较小的原因可能是意愿性别偏好减弱，并且 2013 年后生育政策开始宽松。从子女性别结构对性别偏离的影响来看，19 岁及以上群体中，没有子女、只有男孩、只有女孩对性别偏离均有显著的正向影响,即与有男有女的群体相比较,没有子女、只有男孩、只有女孩的群体意愿生育性别与实际生育性别偏离的可能性更大。但是在 40 岁及以上群体中,没有子女对性别偏离没有显著影响,可能的原因是该群体样本量太少,比重太低。

表 6-18　　性别偏离影响因素的二元 Logit 回归分析
（生育价值直接赋分法分析）

自变量	性别偏离（年龄≥40 岁）		可能性别偏离（年龄≥19 岁）	
	模型 1	模型 2	模型 3	模型 4
直接成本	0.062***	0.060**	0.079***	0.081***
机会成本	0.041*	0.012	0.026*	0.003
身心成本	0.087**	0.072	0.081***	0.088***
物质效用	-0.183***	-0.113**	-0.118***	-0.087***
精神效用	-0.058**	-0.068***	-0.075***	-0.071***
性别		0.240		0.141
居住地		-0.916***		-0.830***
年龄		-0.024*		0.018***
初婚年龄		0.004		-0.015
受教育程度		-0.053		0.084
正从事非农工作		0.078		0.113
子女性别结构				
没有子女		1.164		3.256***
只有男孩		3.732***		4.204***
只有女孩		3.655***		3.828***
家庭年收入		0.112		0.003
_cons	0.251	-0.806	-0.352	-3.457***
样本	1045	1045	2228	2228
R^2	0.225	0.493	0.219	0.502
LR 检验 P 值	0.000	0.000	0.000	0.000

注：数据来源于课题组问卷调查数据。*、**、*** 分别表示在 10%、5%、1% 水平上显著。没有 * 的系数在回归中没有表现出显著性。

(二) 基于生育价值主成分分析的视角

基于生育价值主成分分析视角下性别偏离影响因素的二元 Logit 回归分析结果见表6-19。与直接赋分法的回归结果（见表6-18）一致，模型1和模型3都显示生育价值对性别偏离有显著影响，且生育成本的三个维度皆为正向影响，生育效用的两个维度皆为负向影响。在加入控制变量后，模型2和模型4的回归结果也与表6-18的结果基本一致。依然是在40岁及以上群体中，直接成本1对性别偏离均有显著的正向影响，物质效用1、精神效用1对性别偏离均有显著的负向影响。在19岁及以上群体中，直接成本1、身心成本1对性别偏离均有显著的正向影响，物质效用1、精神效用1对性别偏离均有显著的负向影响。此外，同样显示居住地、年龄、子女性别结构对性别偏离有显著影响。

综上，不管是生育价值主成分分析，还是直接赋值，都显示了其对性别偏离一致的影响，即生育的直接成本和身心成本会阻碍意愿生育性别转化为实际生育性别，物质效用和精神效用会推动意愿生育性别转化为实际生育性别。

表6-19　　　　性别偏离影响因素的二元 Logit 回归分析

（生育价值主成分分析）

自变量	性别偏离（年龄≥40岁）		可能性别偏离（年龄≥19岁）	
	模型1	模型2	模型3	模型4
直接成本1	0.176 ***	0.173 **	0.224 ***	0.232 ***
机会成本1	0.113 *	0.032	0.077 **	0.011
身心成本1	0.167 **	0.139	0.156 ***	0.168 **
物质效用1	-0.357 ***	-0.218 **	-0.240 ***	-0.176 ***
精神效用1	-0.273 ***	-0.312 **	-0.316 ***	-0.305 ***
性别		0.240		0.142
居住地		-0.912 ***		-0.826 ***
年龄		-0.025 *		0.018 ***
初婚年龄		0.004		-0.016
受教育程度		-0.055		0.084
正从事非农工作		0.084		0.113

续表

自变量	性别偏离（年龄≥40岁）		可能性别偏离（年龄≥19岁）	
	模型1	模型2	模型3	模型4
子女性别结构				
没有子女		1.150		3.277***
只有男孩		3.734***		4.209***
只有女孩		3.651***		3.828***
家庭年收入		0.111		0.004
_cons	0.288***	−1.007	−0.022	−3.103***
样本	1045	1045	2228	2228
R^2	0.226	0.494	0.218	0.502
LR检验P值	0.000	0.000	0.000	0.000

注：数据来源于课题组问卷调查数据。*、**、***分别表示在10%、5%、1%水平上显著。没有*的系数在回归中没有表现出显著性。直接成本1、机会成本1、身心成本1、物质效用1、精神效用1分别代表直接成本、机会成本、身心成本、物质效用、精神效用五个指标主成分分析后的数据。

第五节 本章小结

基于相关理论和文献研究，设计了生育意愿与生育行为的调查问卷，并进行调查和数据回收。基于该调查数据，运用多元Logit和二元Logit模型分别研究了生育价值对生育意愿与生育行为数量偏离和性别偏离的影响。同时，为了考察研究结果的稳健性，对生育价值还运用主成分分析法（PCA）进行处理和回归，并将回归结果与直接赋分法的回归结果进行比较。研究结果显示：生育价值对生育意愿与生育行为的数量偏离和性别偏离均有显著影响。具体来看，生育价值中的直接成本、机会成本和身心成本对"意愿生育数量大于实际生育数量"均有显著的正向影响，即认为生育成本越高的居民，意愿生育数量大于实际生育数量的可能性越大；物质效用和精神效用对"意愿生育数量大于实际生育数量"均有显著的负向影响，即认为生育效用越高的居民，意愿生育数量大于实际生育数量的可能性越小。对生育价值主成分分析后的结论也完全一致，进一步证实了生育价值对数量偏离影响的稳健性。该研究结论证实了研究假设1、假设1.1、假设1.2、假设1.3、假设3、假设3.1、假设3.2。生育价值中的直接成本、身心成本对性别偏离均有显著的正向影响,即认为生育的直接成本或身心成本越高的居民,意愿生育性别与实际生育性别偏离的可能性越大;物质效用和精神效用对性别偏离均有显著的负向影响,即认为生育效用越高的居民,意愿生育性别与实际生育性别偏离的可能性越小。对生育价值主成分分析后的结论也完全一致,进一步证实了生育价值对性别偏离影响的稳健性。该研究结论证实了研究假设2、假设2.1、假设2.3、假设4、假设4.1、假设4.2。

第七章

生育意愿与生育行为偏离的价值根源定性分析

第一节 定性分析的研究设计

一 研究方法的选择

上一章对生育意愿与生育行为偏离的价值根源做了定量分析,即采用问卷调查数据探讨了生育价值中成本和效用对生育意愿与生育行为数量偏离和性别偏离的影响。为了进一步深入探讨二者偏离的价值根源,采用定性分析,即运用访谈法进行探索。访谈法是指通过访问员和受访人面对面交谈,并通过总结归纳来了解受访人的心理和行为的基本研究方法。生育意愿与生育行为偏离的价值根源通过访谈法可以得到比问卷调查数据更加深入的信息。访谈法分为两步,第一步,访谈资料收集。首先,提前设计好访谈提纲;其次,对访问员进行培训;再次,选择受访对象;最后,访问员进行访谈并回收访谈资料。第二步,访谈资料分析。先采用定性研究的方法对访谈资料进行处理;后撰写定性研究报告。

二 访谈提纲的设计

围绕生育意愿与生育行为偏离的价值根源,设计了相应的半结构式访谈提纲,既有封闭式问题,也有开放式问题。主要涵盖两部分的问题,第一部分是客观问题,主要包括个人的基本信息调查。比如,被访者城市、年龄、性别、婚姻状况、学历、城乡、职业、家庭收入、目前的孩子数量和理想的孩子数量等。第二部分是涉及生育价值的问题。涉及

"为什么实际生育孩子数量小于理想数量？哪些因素制约？""为什么实际生育孩子数量大于理想数量？哪些因素促成？""您理想的孩子性别和实际孩子性别完全一致吗？如果不完全一致，为什么没有继续生育？""您期望生育第一个孩子的时间比实际生育时间早还是晚，什么原因导致？""您期望生育孩子时间间隔和实际间隔一致吗？如果不一致，为什么？哪些因素影响？（子女数量在两个及以上的父母填答）"等等。

三 访谈资料的收集

本研究的访谈对象主要针对已经完成生育且出现生育意愿与生育行为偏离的人群，有的是数量偏离，有的是性别偏离，还有的是生育时间或生育时间间隔偏离，有的偏离类型只有一项，有的两项或以上。访谈时，针对开放性问题，尽量让受访对象多回答，可以全面深入了解出现偏离的原因，尤其是价值根源。

访谈前，访问员先向受访对象说明研究的具体情况和意义，并交代保密的原则。每次访谈结束后，立即执行录音的文字转换工作，由研究者本人亲自检查和校对。本次访谈时间为2021年4月至7月，考虑到疫情的影响，采用线上线下相结合的访谈，访谈对象来自全国各地，东、中、西部皆有覆盖。

四 访谈资料的整理

后续研究中，首先，对访谈的原始资料进行编号，基于访问员和访谈时间等因素，对每一位访谈对象赋予代号，代号为01—60，便于在后续研究结果中呈现。其次，对每份文字资料进行分析和编码，寻找与研究主题密切相关的内容，进一步找出各段访谈之间的内在联系、共同之处与差异之处，深入反思内在含义，以达到更好的研究目标。

五 访谈资料的基本信息

（一）访谈对象的基本信息

被访谈的60位对象来自四川、重庆、江苏、浙江、广东、河南、山西、福建、云南、新疆等省份，东、中、西部区域均有涉及。受访对象的年龄分布在25—63岁，平均年龄为43.08岁，大多数都已经不想再生育了。从性别分布来看,男性22人,占比36.67%;女性38人,占比63.33%。婚姻状况绝大多数都为有配偶,只有2人处于离婚状态。从文化程度来看,小学有8人,初中有13人,高中有20人,大学及以上有19人。从居住地来看,来自城镇的有43人,占比71.67%;农村的有17人,占比28.33%。从职业分布来看,没有工作的有11人,务农的有4人,务工的有20人,做生意(个体户)的有11人,事业单位或公务员有9人,退休人员有3人,其他工作类型有2人。从家庭收入分布来看,家庭年收入在1万—5万元的有2人,5万—10万元的有19人,10万—30万元的有28人,30万元及以上的有11人。现有孩子数平均为1.45,意愿孩子数为1.93。

(二)访谈对象的生育意愿与生育行为偏离情况

从访谈对象的生育意愿与生育行为偏离情况来看(见表7-1),有的是数量偏离,有的是性别偏离,有的是生育时间偏离,有的是生育时间间隔偏离,还有的同时有两种或两种以上的偏离。这里的生育时间偏离,主要是指理想生育第一胎和实际生育第一胎的时间偏差。生育时间间隔这里主要是指二孩之间的间隔,因为三孩及以上的家庭较少。出现生育意愿与生育行为数量偏离的人群最多,一共有55人,性别偏离的有36人,时间偏离的有23人,生育时间间隔偏离的有12人,主要是因为生育两孩及以上的人数较少。

表7-1　　　　访谈对象的生育意愿与生育行为偏离类型

生育意愿与生育行为偏离类型		人数
数量偏离	意愿生育数量小于实际生育数量	10
	意愿生育数量大于实际生育数量	45
性别偏离	意愿生育性别与实际生育性别偏离	36
时间偏离	意愿生育时间早于实际生育时间	15
	意愿生育时间晚于实际生育时间	8
时间间隔偏离	意愿生育时间间隔小于实际生育时间间隔	8
	意愿生育时间间隔大于实际生育时间间隔	4

注:数据来源于课题组访谈资料。

第二节 生育意愿与生育行为偏离的原因分析

一 生育意愿与生育行为数量偏离的原因分析

(一) 意愿生育数量小于实际生育数量的原因分析

从调查数据和访谈资料来看,显示意愿生育数量小于实际生育数量的群体,往往年龄都偏大。总体来说,意愿生育数量小于实际生育数量的比重较低,尤其在中青年中比重非常低。分析其原因主要有:避孕不当,以及重男轻女、养儿防老、儿女双全等思想观念的影响。

1. 避孕不当

有少数的受访对象谈到避孕不到位导致实际生育孩子数量大于意愿孩子数量。20世纪五六十年代,很多家庭都生育5个、6个,甚至更多,其实意愿生育数量显示并没有那么多。这主要原因之一就是避孕不到位,如不懂避孕、缺乏避孕药具、避孕失败等。而到今天,随着受教育水平的提升,大众的避孕节育知识大大增长。很少再有因避孕不到位出现意愿生育孩子数量小于实际生育孩子数量的现象。

2. 重男轻女

在中国传统社会里,一直有着男尊女卑、重男轻女的思想,很多家庭都认为"嫁出去的女儿,泼出去的水",女儿迟早要嫁人,嫁人后不再是自家的人。重男轻女的观念也会影响父母生男生女的意愿。很多父母为了生育男孩,不管前面几个女孩,都继续生育,从而出现实际生育数量大于意愿生育数量的现象。究其原因,有的是自身重男轻女观念,有的则是受家里老年人的重男轻女思想影响。比如,有位受访对象就因为受家里公婆的观念影响,实际生育数量大于意愿生育数量。

"我和老公理想的子女数量都是2个,但是前面两个都是女儿。公公婆婆重男轻女思想很重,想有个孙子。我丈夫这辈也是家里唯一的男孩。我觉得2个女儿已经足够,老公也觉得可以,可是公公婆婆又逼着生了一个,也好在第三个终于生到了儿子。尽管被罚款了,公公婆婆还是很开心。好在有他们帮忙带小孩。还好第三个是男孩,如果还是女孩,可能他们还想我们生。"(受访者编号60)

因此,即使在政策不允许的条件下,有部分家庭也会为获得男孩而继续生育，使得生育行为高于生育意愿的可能性大大提高。尤其是生活在 20 世纪八九十年代的育龄人群，即现在 60 岁及以上的老年人群，意愿生育数量小于实际生育数量的比重较高。随着"全面三孩"政策的放开，不排除也会有部分青年群体为了生到男孩，出现意愿生育数量小于实际生育数量的可能。

3. 养儿防老观念转变

传统社会里有着传宗接代、多子多福的思想观念，所以中国人口政策在历史上少有限制人口的措施。改革开放之前，工业和服务业还不发达，没有养老保险的家庭，把养老多寄希望于子女。因此，思想里和行动上都主张多生育。改革开放后，经济社会快速发展，人民生活水平得到大大提高，养老保险也全面覆盖。养儿防老的观念也开始发生变化，理想子女的数量也大不如前。因而这部分人群的意愿子女数量小于实际生育数量。从第四章 CGSS 的数据也可以看出，老年组中很多年龄段都存在意愿子女数量小于实际生育数量的情况，年龄组越大，偏离越明显。

"以前，我们都没有保险，就希望多生子女，老了才有依靠嘛。我们总共生了四个孩子，有两个孩子还被罚款了。当时养娃没有那么辛苦，一般是老大带老二，老二带老三……当时在农村里面，有碗饭吃就行。老大的衣服，老二穿，老二穿了，又给老三、老四穿。所以不像现在养娃。现在养娃好辛苦，开销也大，吃穿、读书、看病、买房啥都贵。你问我现在最想生几个，我觉得两个就可以了，最多不能超过三个。"（受访者编号 56）

随着城乡养老保障制度的健全，养儿防老的观念越加淡化。从课题组调查数据也可以看出，同意"孩子能给我增加收入"和"孩子能给我养老照护"的不到三成。

4. 偏好儿女双全

随着男女平等观念的深入人心，人们对待女儿的态度也发生了翻天覆地的变化。从"赔钱货"到"招商银行"，从"泼出去的水"到"贴心小棉袄"。在当代社会里，大多数家庭的女儿也平等地承担了和儿子一样的养老责任，甚至比儿子做得更好，更贴心。因此，很多家庭希望儿女双全。很多调查数据也显示，"一男一女"是大多数人理想的生育数量和生育性别。课题组调查数据也显示，71.5% 的人理想生育状况是"一男一女"。但是实际很难前两胎刚好一男一女,如果不是,很多家庭为了满足儿女都有的期望,不免生育三孩、四孩,甚至更多,从而也会出现意愿生育数量小于实际生育数量的情况。

正如一位女性受访者透露:"我们期望是两个,一男一女。生了一个男孩,想二孩是女孩,结果又是个男孩。但是我和老公都很想要个女儿,所以就又生了一个,终于如愿。为什么那么想再要个女儿?主要觉得女儿更贴心,更懂事。"(受访者编号25)

(二) 意愿生育数量大于实际生育数量的原因分析

1. 经济压力大

从被访谈的意愿生育数量大于实际生育数量的45个对象来看,三分之二以上都谈到抚育孩子的经济压力大导致意愿生育数量不能完全转化为实际生育数量。有的意愿生育数量2个,结果因为经济压力大,只生育了1个;有的意愿生育数量3个,结果只生育了1个或2个。抚育孩子的经济压力,主要反映在教育和住房等方面。随着中国经济社会发展,已经全面建成小康社会,绝大多数家庭都能吃饱穿暖,但是孩子的教育、住房等成为大多数家庭考虑的重要因素。教育投入的经济压力,主要是因为当下教育资源的不均等,很多望子成龙的父母希望子女读更好的学校,有的甚至从幼儿园开始就一路读私立,即使读公立的,也希望子女参加各种课外辅导班。从而教育费用成为当下父母考虑的重要经济成本,成为阻碍意愿生育数量转化为实际生育数量的重要因素。访谈对象中三分之一左右都提到教育资源不均等以及产生费用的压力等问题。除了子女教育产生的经济压力,住房压力也是父母考虑的一个重要因素,访谈对象中一部分也提到家里住房太小。随着城市房价的不断上升,许多家庭只能按揭小户型,而小户型又成为直接阻碍意愿生育数量转化为实际生育数量的一个重要因素。尤其是从农村流动到城镇的人口,子女教育和住房等更加艰难。就正如一位流动人口的真实表达。

"我是2010年大学毕业,留在成都工作,2014年按揭购买了一套两室一厅的房子,2015年结婚,2016年生育了一个女儿。我们最理想的孩子数量是两个,但是因为考虑到经济压力,目前只生育一个孩子。我目前一个月8000元左右,妻子一个月5000元左右,家里按揭一个月4000元左右,虽然看起来每个月还能剩9000元左右,但是家里开销也不少,需要 5000 元左右。如果孩子参加一些辅导班，开销还会更多。现在才中班，到了小学阶段肯定还会参加不少培训班。而且读书只能读公立，私立读不起。考虑到孩子的教育费用压力，不敢生育二孩。而且目前也没有多余的房间住。想买一套大户型，可是目前经济不宽裕。……"（受访者编号 26）

虽然大城市的收入待遇较好，但是生活的经济成本也较高，孩子的生育、养育、教育等各项成本都较高，这些也成为造成居民意愿生育数量大于实际生育数量的主要原因。

2. 年龄太大

改革开放以来，随着经济社会的发展，婚育观念和婚育行为也发生了较大的转变，晚婚晚育的人越来越多。1990 年男女平均初婚年龄分别为 23.57 岁和 22.02 岁，2010 年上升至 25.86 岁和 23.89 岁（张冲、李想，2020a），2020 年男性已经推迟到平均 27 岁左右，女性推迟到平均 25 岁左右。在一些大城市以及几乎所有的特大城市和超大城市，初婚年龄已推迟到男性平均 30 岁以上、女性平均 28—29 岁以上（张翼，2021）。随着初婚年龄的提高，初育年龄势必进一步推迟。国家统计局 2018 年发布的数据显示，1990—2017 年，中国育龄妇女平均初育年龄从 23.4 岁提高到 26.8 岁。女性初育年龄的提高将直接影响其生育数量、生育时间等，也会增加生育的风险。

访谈对象中也有不少谈到想生育 2 个孩子或是 3 个孩子，但是基本上都只生育了 1 孩，主要是因为年龄大了，尤其是"70 后"。1980 年到 2013 年，中国执行的都是比较严格的计划生育政策，2013 年"单独二孩"政策实施，2015 年"全面二孩"政策实施，2021 年"全面三孩"政策实施，但是很多"70 后"已经错过了最佳生育期，或是难以再怀孕，或是怀孕风险高。就像一位女性被访谈者的陈述。

"我今年已经 48 岁，目前只有一个男孩，已经 20 岁。其实我还一直想要个女儿，羡慕那些有儿有女的家庭。但是考虑到自己年龄大了，一直不敢要。女人最佳的生育年龄应该是 30 岁内，但是因为我结婚晚，结婚的时候已经 27 岁，生儿子的时候也已经 28 岁。当时计划生育政策还只能生一个，等放开的时候，我已经 40 多岁了。考虑到年龄大，生育风险高，我们就没有再生了。"（受访者编号 17）

3. 没时间带孩子

课题组调查数据显示，四成居民反映"没人带孩子"是影响居民生育或再生育的主要因素。不少访谈对象也反映养育孩子需要很多时间，而夫妻又要上班，没有时间带孩子。下班或者周末也想休闲娱乐，不愿把所有时间都放在带孩子上。因此，尤其是没有老年人帮助带孩子的家庭，年轻夫妻生育二孩的积极性不高，从而也难以将意愿生育数量转变为实际生育数量。

就像有位访谈对象的问答："现在要把孩子养好养大，实在是太费时间、精力和金钱了，我们都太忙了，没有过多的时间来养育孩子，更愿意把空余时间花在休闲上面。"（受访者编号22）

4. 养育孩子太费心

访谈对象也有谈到养育孩子太费心，要操心子女的生活、学习和健康等。从小就要操心孩子的吃喝，希望孩子吃好穿好。更重要的还要操心孩子的教育，希望孩子从小受到良好的教育，希望孩子从小比别人的孩子强。教育攀比比生活攀比更严重，家长都不愿意自己的孩子输在起跑线上。所以现在的小孩学习很累，但是家长也累。有的从幼儿园开始就需要家长陪同完成家庭作业。不少地方甚至还要求由父母批改学生家庭作业、讲解错题，家庭作业演变成为家长作业（任泽平等，2019）。此外，孩子的健康也是父母担心的重要方面。担心孩子成长中可能遇到的风险。一位女性被访谈者也谈到，为什么没有再生育二孩，主要是太费心。

"虽然现在可以生两个三个了，但是养育孩子，不只是生那么简单，也不只是钱的事，还需要时间陪伴。而且现在的娃娃不好养啊，不像过去，有吃有穿有书读就好了。现在要吃好穿好，更要教育好。说到教育就是最不省心的事。感觉很多时候不只是娃娃在读书，家长也在读书。家长要检查各种作业，参与各种作业，等等。太费心了。"（受访者编号49）

5. 夫妻身体原因

生育的最佳年龄，女性为25—29岁，男性为25—35岁。但是随着男女初婚初育年龄的延迟，很多夫妻错过了生育的最佳年龄。除了生育年龄推迟，环境污染、不良生活方式、生殖卫生保护缺失、生活压力等因素导致不孕不育的比重越来越高。据统计，中国不孕不育的比例约

18.7%，女性不孕占 40%—45%（马堃，2021）。

从访谈对象的回答来看，也有少数的人群表示想要二孩，但是一直没有怀上。有受访对象也谈到环境污染、不良生活方式、生活压力等对生育的影响。"现在的年轻人工作压力大，经常熬夜，不利于个人的身心健康。再加上环境污染，食品安全受到影响。这些都可能影响生育。我和我的丈夫都从事 IT 工作，虽然收入不错，我们俩一年收入大概有 50 万元。老大是个女孩，已经 10 岁。想再生个儿子，但是一直没有怀上，不知道是电子产品辐射，还是经常加班，或是其他因素影响我们，一直不能再生育。"（受访者编号 16）

6. 影响个人事业发展

不少受访对象也谈到为什么没有生育自己理想的孩子数量，主要是担心影响个人事业发展。中国经济的快速发展使得女性劳动参与率显著提高，世界银行公布的数据显示，中国 2017 年女性劳动参与率为 61.49%，同年美国为 55.74%，日本为 50.50%。因此，传统社会里"男主外，女主内"的现象越来越少。尤其是随着中国高等教育的发展，女性受教育机会和受教育水平越来越接近男性，2019 年男性的平均受教育年限为 9.67 年，女性为 8.99 年，差距为 0.68 年，相比 2000 年的差距 1.08 大幅缩小。因此，不管是男性还是女性都开始重视个人的发展。从一位女性受访对象的回答也可以看出。

"我最理想的孩子数量是两个，最好一男一女，但是为什么现在只生了一个孩子，主要是担心再生育一个孩子影响自己事业的发展。生老大时就受到影响，因此后来又重新找了现在的工作，我不想因为再生育，影响现在这份工作。我现在是部门的经理，月收入上万元，工作内容也比较熟悉。担心生老二，影响现在的工作。因为有可能别人会替代我现在的工作，等休完产假来，可能调到其他工作岗位，收入晋升都可能会受到影响。因此，不敢再生育。"（受访者编号 30）

7. 配偶不想生

生育是夫妻二人的事情，不是仅靠一方就能完成的。如果夫妻之间没有达成共识，是很难完成生育行为的。有一些受访对象反映，配偶不想再生育，从而使得实际生育数量小于意愿生育数量。课题组调查数据也显示，配偶不想生是影响生育或再生育的因素之一，占比 11.40%。王红等（2018）的调查数据也显示配偶不想生是影响生育的原因之一。

"我们现在有一个男孩，我还想再生育一个女孩，但是我的妻子不想生了。我的生育观念里觉得应该两个孩子，我自己也有个妹妹。但是我的妻子觉得一个孩子就好了。她觉得再生育一个孩子养起来很辛苦，觉得把一个孩子养好就不容易了。"（受访者编号52）

8. 现有孩子的性别

现有孩子的性别也会影响夫妻是否继续生育。如果第一胎是男孩，有的夫妻可能就不再生育，尽管他们的意愿生育数量是两个，一男一女，但是因为担心继续生还是男孩，因此，放弃生育。为什么担心生育男孩，主要还是现在社会的养育成本重，男孩的心理成本感受更重。如果第一胎是女孩，理想孩子数量是两个的夫妻可能还会继续生育。就像一个男性被访谈者的感受，担心生育两个男孩，所以不敢再生。

"我理想的孩子数量是两个，一男一女。但是因为头胎是男孩，怕再生到男孩，所以不敢再生。两个男孩压力好大嘛，且不说读书的问题，因为男女都要读书。但是男孩未来需要两套房子，还要帮忙娶两个媳妇。想想都觉得压力大，虽然想生，但是不敢再生了。"（受访者编号34）

9. 现有子女不愿意

生育孩子虽然是夫妻之间的事情，但是有时也会受到其他家庭成员的影响，尤其是现有子女的影响。如果现有子女不想父母再生育孩子，可能也会成为阻碍其生育意愿转化为生育行为的原因。从课题组问卷调查"影响您生育或再生育的主要顾虑是什么？"数据显示，有11.8%的人认为现有子女不愿意。"全面二孩"政策实施后，老大阻止父母生二孩的报道频频出现，如离家出走、扬言扔掉弟弟妹妹来威胁父母或是拒绝上学等。本次访谈中也有父母反映类似的情况。

"我和妻子理想子女数量都是两个，之前是因为政策不允许，'全面二孩'政策放开后，我们想再生育。那时老大已经13岁，刚上初一，我们给他说想给他生个弟弟或者妹妹。可是他坚决不同意，甚至说如果我们生老二，他就离家出走。我们问他为什么不愿意，他说怕我们生了老二后，就不爱他了。我们说不会，可是他还是一直不同意，所以这就拖到现在了。现在他都大一了，我们年龄也大了，都快50了，也不想再生育了。"（受访者编号53）

10. 家庭关系不和谐

当前的家庭关系不和谐，尤其是夫妻之间的关系会直接影响生育和再生育。夫妻感情不和，也可能会有离婚的风险，再生育孩子会增加彼此很多负担。以往的研究也显示家庭关系会影响生育（李志、兰庆庆，2017），不仅影响生育意愿，更会影响生育行为。在不考虑其他条件的情况下，大多数的理想生育数量都是两个，但是当家庭关系危机，尤其是夫妻感情破裂，很少有人还会选择继续生育到自己理想的数量。

就正如一个女性的感受："我的理想孩子数量是两个，最好一男一女。我头胎生了个儿子，本来还想再生。但是和丈夫感情一直不好，经常为一些事情吵架，而且感觉他在外面有人。这种情况下，我也不敢再生，怕离婚了自己带两个孩子，压力大啊。现在自己年龄也大了，就更不想再生了。"（受访者编号58）

11. 生育政策影响

调查显示，不少居民都想生育两个孩子，但是受过去生育政策的影响，只能生育1个孩子，尤其是体制内的人群，怕影响工作，就只生育了一个孩子。对于50岁以上的人群，不少都提到意愿生育数量大于实际生育数量是因为当时较为严格的计划生育政策限制。

"我和妻子都希望一男一女，但是过去受计划生育政策的限制，只能生一个。我们都是体制内工作，不想因为超生影响工作，所以就没有再生育。等到国家'全面二孩'政策放开后，我们都50了，女儿也上大学了，我们也就没有再生育了。"（受访者编号59）

二 生育意愿与生育行为性别偏离的原因分析

生育意愿与生育行为性别偏离的原因几乎也和数量偏离一致，意愿生育数量大于实际生育数量的原因多半也影响着性别的偏离，导致意愿生育性别不能完全转化为实际生育性别。意愿生育性别是有男有女，即至少生育两个孩子，但是实际如果只生育了一个孩子，则数量偏离的因素同时也可能是性别偏离的因素。因此，生育意愿与生育行为性别偏离的原因也主要表现在：经济压力大、年龄太大、没时间带孩子、养育孩子太费心、夫妻身体原因、影响个人事业发展、配偶不想生、现有子女不愿意、生育政策影响等方面。除了这些客观条件，生育的性别不受人为因素的影响也是一个重要的原因。因为夫妻很难决定自己生育的是男孩还是女孩，除非是人为的性别鉴定和干预，但这是非法的。

"我想要一儿一女，但是考虑到几个因素，最终只生育了一个男孩。第一，在城市养育两个孩子，经济压力太大；第二，也没有人帮忙带小孩，自己又要上班；第三，再生育一个孩子要更操心；第四，对我们的工作也会有一定影响；第五，怕万一再生一个男孩。基于这些原因，我们选择只要一个男孩，没有继续生育。"（受访者编号46）

三 意愿生育时间与实际生育时间偏离的原因分析

（一）意愿生育时间早于实际生育时间

1. 结婚晚

对于女性而言，最佳生育年龄期在25—29岁。但是现代社会晚婚晚育成为社会的普遍现象。这对于个人、家庭、社会甚至国家有利有弊，在人口出生率高的时代，提倡晚婚晚育可以降低人口出生率；在人口出生率低的时代，虽然不提倡早婚早育，但是晚婚晚育也不值得鼓励和推崇，应该提倡在最佳生育期生育，这样对个人健康更有利。无论主观还是客观原因导致的晚结婚，都直接影响着意愿生育时间与实际生育时间的偏离，从而可能出现意愿生育时间早于实际生育时间的情况。

"我觉得生孩子最理想的时间是25岁左右，但是实际生孩子到28岁了。为什么生那么晚？主要是因为结婚晚了，27岁才结婚。为什么结婚晚？主要是身边的朋友多数也是25岁后才结婚。"（受访者编号02）

2. 经济压力大

也有受访对象反映，因为经济压力大，所以推迟实际生育时间。当前社会，城市生活成本高，对于不少刚结婚的年轻夫妻，结婚意味着要买房，大多数工薪家庭都是按揭，工资一大半在房贷上，而养育子女更是一笔不小的开销。因此，很多年轻夫妻考虑到生育孩子的经济成本，最终选择推迟生育。而这并不是他们内向的理想生育时间，进而出现实际生育时间晚于理想生育时间的现象。小李是一位工薪族，他很无奈地选择过段时间再要小孩。

"我和妻子结婚1年了，我和妻子也想早点生小孩，但是现在条件不允许，主要是经济方面压力挺大。我们两收入一年也有10多万元，但是住房按揭每个月6000元,一个月日常开销也需要4000元左右,一年算下来没有什么剩余。还没有给父母养老钱,反而有时他们还补贴我们,想一想,还是再等两年经济宽裕了再要小孩吧。"(受访者编号32)

3. 工作耽误

许多夫妻结婚后,并没有立即准备生育,而是为了彼此事业发展,选择过一段时间再生育。尽管都知道理想的生育时间不能太晚,但是因为担心生育孩子会直接影响收入和工作晋升,从而被迫推迟生育时间。因此,工作耽误,导致实际生育时间比意愿生育时间晚。

"我和妻子实际生育孩子的时间比期望的晚,我期望26岁左右,刚结婚的时候想要孩子,但是那时候我们的事业才刚刚起步,都不想因为生小孩影响各自事业的发展,所以就推迟了3年左右。但是3年后,发现年龄大了,我老婆也28岁了,属于高龄产妇了,生孩子也特别辛苦。如果让我们再次选择,还是希望早点生孩子。"(受访者编号40)

4. 学习推迟

2020年全国教育事业统计主要结果显示,高等教育毛入学率已经提升至54.4%。也就意味着一半以上的适龄人口都可以进入大学学习。国际上通常认为,高等教育毛入学率在15%以下时属于精英教育阶段,15%—50%为高等教育大众化阶段,50%以上为高等教育普及化阶段。也就意味着我们国家的高等教育已经走向普及化阶段。教育进步大大促进了中国经济社会的发展和人口素质的提升,但是同时也推迟了结婚生育的年龄。大学毕业正常年龄在22岁左右,硕士研究生毕业在25岁左右,博士毕业则要接近30岁。学习的推迟直接影响生育的推迟,尽管很多人可能并不想太晚生育,但是因为读书,使得实际生育时间晚于意愿生育时间。

"我期望生育第一个孩子的时间比实际生育时间早。我认为女性最理想的生育年龄在23—27岁,可是我生孩子时都29岁了。为什么生那么晚?并不是自己不想生得早,而是之前一直在读书,也没有要朋友。等到研究生毕业都26岁了,后来又相了两年亲,才结婚生娃,所以就年龄大了。我也属于高龄产妇了。但是没有办法,之前在读书也不可能结婚生娃啊。"(受访者编号13)

5. 没有及时怀上

还有的夫妻结婚一两年，甚至更长时间都没有顺利怀孕，直接导致实际生育时间晚于意愿生育时间。正如前面讲到的因为身体原因，导致很多夫妻不能及时生育。2019年第23届国际生殖协会联盟大会中相关报道数据显示，中国育龄期人口中不孕不育率为15%—20%。不孕的医学定义为一年以上未采取任何避孕措施，性生活正常而没有成功妊娠。不管是男性不孕不育，还是女性，或是双方原因，都将推迟实际的生育时间。长时间不能怀孕，也将严重影响夫妻感情，家庭和谐。

"我和老公一直想要个孩子，但是结婚5年了，还没有怀上。我的理想生育孩子的年龄是25岁，这五年里，我们没有任何避孕措施，但是就是不能怀孕。也做了一些检查，说没有什么大问题。也吃了不少中药，就是没有一点起色。现在搞得我们压力挺大，父母催促，身边的朋友也一个个当上了爸爸妈妈，我们很羡慕。"（受访者编号07）

（二）意愿生育时间晚于实际生育时间

1. 早婚早育

有一些年轻夫妻，受家庭和传统观念的影响，早婚早育。等到后来面临亲身抚育孩子的压力，以及外在环境的影响，呈现后悔早婚早育的现象，从而使得理想的生育时间晚于实际生育时间。造成早婚早育的原因很多，多发地主要集中在边远乡镇的农村，交通闭塞、文化欠缺、认知局限等是主要的因素。加上婚姻管理工作相对薄弱，相关法律法规宣传不到位等因素也直接造成了早婚早育的情况。但是，随着年轻夫妻外出务工，思想观念发生变化，逐步意识到早婚早育不利于青年人的身心健康、不利于优生优育和提高人口素质，也不利于子女的健康成长。

"如果让我再次选择，我肯定不会那么早生娃。我读书不多，初中毕业，20岁结婚，21岁就当妈妈了，现在娃娃两岁多。当时不懂事，家里面也催促早点结婚。生了娃娃后不久就和丈夫一起外出打工了，娃娃留给公婆在带。也觉得很对不起娃娃，没有尽到妈妈的责任。如果让我再次选择，可能不会那么早生娃，还是希望经济条件好点后再生，反正我们还年轻，我今年还不到24岁。过两年，等经济条件好点，在城里买了房再生可能会更好。"（受访者编号28）

2. 家里催促

生育不仅是年轻人的事，也事关家庭其他成员。一些年轻夫妻在刚刚结婚的时候，都想要过一段"二人世界"，所以暂时不考虑生孩子。也有的夫妻在考虑到有了孩子之后，生活的压力会比较大，所以对于生孩子有些恐惧，甚至非常抗拒。但是老年人不理解，更多从传宗接代的思想观念考虑，催促年轻夫妻"早生娃、早享福"。从而，使得实际生育时间早于理想生育时间。

3. 避孕不到位

避孕不到位也可能导致早生育，从而出现实际生育时间早于理想生育时间。这点和意愿生育数量小于实际生育数量的原因有相似之处，只是结果有差异。前者出现实际生育时间提前，但是不一定会出现意愿生育数量小于实际生育数量的现象，后者出现偏离但不一定生育时间提前。

四 意愿生育时间间隔与实际生育间隔偏离的原因分析

这里的生育间隔是指分娩与下一次怀孕之间的间隔。生育间隔时长会对母婴的健康状况造成影响（Mignini 等，2016）。根据前次妊娠结局，不同人群适宜的最佳生育间隔不同。对于正常妊娠的女性，其最佳生育间隔在 2—5 年。西方一些育儿领域的专家认为两个孩子的理想间隔年龄是 4—5 岁，老大已经经历了婴幼时期，并有一定能力去照顾老二。在人际交往方面，老大对于同龄伙伴的兴趣也会远高于对小婴儿的兴趣，这在某种程度上可以大大缓解老大对于家中添丁的焦虑。中国曾经也采取过生育间隔的生育政策，2002 年吉林、江苏等省份都逐渐开始取消生育间隔政策。至今全面放开三孩政策，也没有限制生育间隔。

（一）意愿生育时间间隔小于实际生育时间间隔

1. 经济压力

许多夫妻连续生育两孩，可能会面临较大的经济压力。尤其是在生育成本较高的今天，一般的工薪家庭连续生育两孩，经济难以承受。通常情况下要等经济条件稍好后，才会生育二孩。这样就导致实际生育时间间隔大于意愿生育时间间隔。

"我们也想早点要老二，但是城里生活压力大，我们生了老大后，经济一下变得紧张不少，家里房间也不够，只有一套两室一厅的房子。所以又过了好几年才生的老二，那时我们经济上宽裕了些，也换了个四室一厅的房子。所以我期望生育孩子时间间隔和实际间隔不一致，理想生育时间间隔小于实际生育时间间隔。"（受访者编号 19）

2. 工作耽误

选择生育两孩的夫妻对子女的意愿生育间隔通常也是 2—5 年，但是现实中也会因为工作原因，难以保证及时生育。比如因为工作晋升推迟生育二孩。

"我期望生育孩子时间间隔和实际间隔不一致，期望生育孩子时间间隔小于实际生育间隔。本来在第一个孩子刚上小学的时候就有打算，但是那个时候事业处于上升期，担心生老二影响工作和晋升，就暂时放弃二孩的打算了。所以就又等了三年才生的老二。"（受访者编号 3）

3. 身体不允许

有的夫妻生育了一孩，就想立即要二孩，但是却因为妻子剖宫产，需要等三年左右才能生育。就像有位女性的回答。

"我们本来很想早点生老二的，但是因为第一个孩子不易顺产，选择剖宫产。医生说需要恢复三年左右才能再生，所以我们就等了三年才要的老二。其实我还是希望两个孩子的时间间隔短一点，他们好一起成长，一起玩耍，没有代沟。"（受访者编号 11）

4. 没有人带孩子

有的夫妻希望孩子之间的生育间隔小，但是却受制于带娃的人手不足，通常要等老大上幼儿园或是小学后，才生育二孩，这样不至于同时照料两个孩子。

5. 政策影响

"单独二孩""全面二孩""全面三孩"政策后，出现了不少高龄产妇生育二孩、三孩的现象。过去由于政策限制，不能生育二孩或者三孩，现在老大已年龄较大，从而使得一孩和二孩，或者二孩与三孩之间的年龄间隔较大。这是政策调整促使实际生育时间间隔大于意愿生育时间间隔。

"我们一直想生老二，但是之前政策不允许。2016 年'全面二孩'政策放开后，我们生了老二，当时我们老大都 10 岁了，所以生老二与生老大的时间间隔就较大，相差 10 岁。我们期望的生育间隔在 3 岁左右。"

(受访者编号37)

(二) 意愿生育时间间隔大于实际生育时间间隔

1. 家庭因素

很多年轻夫妻对于生育二孩的意愿可能不一定很强烈，但是因为家庭因素，比如受长辈多子多福观念的影响，从而选择生育。有的可能也不急于生育二孩，而因为长辈急切想再要孙辈，并以给予经济支持或是直接照护为条件，助推年轻夫妻实际生育间隔小于意愿生育时间间隔。

2. 避孕不当

避孕不当同样也会影响意愿生育时间间隔与实际生育时间间隔的偏离。避孕不当通常会导致二孩或是三孩、四孩等生育提前，从而出现实际生育时间间隔小于意愿生育时间间隔的现象。

第三节 生育意愿与生育行为偏离的价值根源

一 生育意愿与生育行为数量偏离的价值根源

（一）意愿生育数量小于实际生育数量的价值根源

为什么实际生育数量会大于意愿生育数量，前面分析了避孕不到位、重男轻女、养儿防老、儿女双全等原因。从价值层面理解，根源还是在于生孩子的物质效用和精神效用。物质效用方面，认为孩子能"养儿防老"，给自己晚年生活带来保障；精神效用方面，如"传宗接代""贴心小棉袄"等，给自己带来乐趣、亲情、维系家庭关系。因此，出现意愿生育数量小于实际生育数量的价值根源还是认为生育子女的效用大于成本。

（二）意愿生育数量大于实际生育数量的价值根源

当前，越来越多人意愿生育数量大于实际生育数量。无论是调查数据还是访谈数据，都显示，随着年龄段的下降，这一比例在提高。归纳意愿生育数量大于实际生育数量的原因，不难发现主要还是生育的成本影响。一是直接成本，即生养孩子的花费较大，尤其是养的成本。从调查数据和访谈资料来看，大多数人反映孩子的教育费用、住房费用较高。"影响您生育或再生育的主要顾虑是什么？"的调查数据显示，认为经济压力大的占比最高，达到75.13%。意愿生育数量大于实际生育数量的访谈对象大多也提到经济压力大是没有再生育的主要原因。二是机会成本，即因为生育孩子而影响自己的事业发展。前面生育顾虑的调查数据显示，28.01%的受访者反映影响个人事业发展。访谈资料也显示部分受访对象担心影响自己的工作，而没有再生育。三是身心成本，即因为养育孩子而花费的心思或产生的压力。生育顾虑的调查数据显示，65.22%的受访者反映养育孩子太费心，可见身心成本也是影响生育的主要因素。访谈资料也显示不少受访对象提到因为觉得养育孩子太费心，所以没有将自己的生育意愿完全转化为生育行为。

二 生育意愿与生育行为性别偏离的价值根源

生育意愿与生育行为性别偏离的原因和数量偏离的原因类似，大多数人主要也是因为意愿生育数量没有完全转化为实际生育数量，从而导致意愿生育性别没有完全转化为实际生育性别。分析其价值根源，也主要是生育成本所致，即生育的直接成本、机会成本和身心成本。其中，直接成本最突出，经济压力大在受访对象中反映普遍，养育孩子太费心也是主要原因，影响个人事业发展也被部分受访人员提到。

三 意愿生育时间与实际生育时间偏离的价值根源

意愿生育时间与实际生育时间偏离的类型分为意愿生育时间早于实际生育时间和意愿生育时间晚于实际生育时间两类，前者占比更大。意愿生育时间早于实际生育时间的价值根源主要是生育的经济成本和机会成本。经济成本主要表现在经济压力大，被迫推迟实际生育孩子的时间；机会成本主要表现在工作耽误，怕影响个人事业发展，因此，推迟生育孩子时间。意愿生育时间晚于实际生育时间的价值根源主要是家庭成员的物质效用和精神效用，尤其是家庭中长辈的精神效用在起作用，直接表现为家庭催促。为什么家庭会催促，主要是因为长辈有"养儿防老"或者"多子多福"或者"传宗接代"等传统生育观念。

四 意愿生育时间间隔与实际生育间隔偏离的价值根源

意愿生育时间间隔与实际生育间隔偏离类型也分为两类：意愿生育时间间隔小于实际生育时间间隔、意愿生育时间间隔大于实际生育时间间隔，前者占比更大。意愿生育时间间隔小于实际生育时间间隔的价值根源也是生育的直接成本和机会成本，即表现在经济压力大和工作耽误。意愿生育时间间隔大于实际生育时间间隔的主要原因则是家庭成员，尤其是长辈催促。

第四节　本章小结

通过分析60位受访对象的资料发现，生育意愿与生育行为的数量偏离主要表现为意愿生育数量大于实际生育数量，这一点和问卷调查数据一致。在数量偏离的人群中，60岁以下人群意愿生育数量大于实际生育数量的人口比重明显更高。数量偏离的价值根源，主要在于生育的直接成本、机会成本和身心成本，直接成本方面主要反映经济压力大，表现在养育孩子的教育、住房等费用高；机会成本方面主要表现在生育孩子可能影响个人事业发展，工作晋升、收入待遇等方面；身心成本则主要表现在养育孩子太费心，没有足够时间和精力带娃。生育意愿与生育行为的性别偏离，即意愿生育性别与实际生育性别不完全一致，主要是很多夫妻意愿生育有男有女，结果只生育了一个男孩或是一个女孩，这点和意愿生育数量大于实际生育数量有一些共同之处，即价值根源也较为一致。但是也有少数是生育两个及以上男孩或是两个及以上女孩，意味着数量不偏离，只性别偏离，因为子女性别本身是很难人为选择的。生育的时间偏离主要表现在意愿生育时间早于实际生育时间，其价值根源也是生育的直接成本和机会成本。直接成本主要表现在经济压力大，被迫推迟实际生育孩子的时间；机会成本主要表现在工作耽误，怕影响个人事业发展。生育的时间间隔偏离主要表现在意愿生育时间间隔小于实际生育时间间隔，其价值根源也多是直接成本中的经济压力和机会成本中的工作耽误。

第八章

促进生育的国际经验借鉴

探讨了生育意愿与生育行为的现状、影响因素，尤其是价值根源，更要思考如何解决该问题。如何解决中国低生育率问题，重点是如何促进居民生育意愿转化为生育行为。可以站在全球化的视角，环顾其他国家在低生育大趋势下，如何促进生育，如何保障生育意愿转化为生育行为。本章主要从北美洲、亚洲、欧洲等国家梳理促进生育的国际经验，这些区域的大多数国家都面临着和中国类似的持续低生育问题。因此，借鉴这些国家促进生育的政策经验，可以为中国制定相应政策建议提供参考。

第一节 北美国家

一 美国：提供良好的社会福利，保障妇幼健康发展

2010年以前，美国长期保持着较高的人口自然增长率，总和生育率也基本处于生育更替水平上下，发展相对平稳。但是，2010年以后，美国的总和生育率持续下降，2020年的总和生育率已经下降至历史最低，仅为1.63。为应对生育率的下降，美国政府采取了一系列措施，比如提供优质的社会福利、营造良好的生活环境等，促进居民生育意愿转化为生育行为。

（一）提供产假福利，满足家庭照料需求

美国是世界上唯一一个没有在全国范围内实行统一法定带薪产假的发达国家。但20世纪70年代到80年代初期，美国部分地区就已经出台了产假福利政策。联邦政府在1993年签订的《家庭和医疗假期法》中也

规定，女性如果在雇用人数超过 50 人的大中型企业或公司工作，怀孕时可以获得最多 12 周的产假，而且男性也能享有至多 12 周的无薪产假（柯洋华，2017）。另外，美国现行法律规定，部分特殊职业群体可以申请产假。例如，兵役人员可以休 12 周的带薪假来照顾新的孩子（包括领养），而联邦文职人员则可以休 12 周的无薪假，在这期间按应计年假或病假支付工资。除此之外，美国部分州以及社会企业也根据自身情况提供产假福利。

在企业层面，美国许多企业愿意提供较长的带薪产假作为员工福利。例如雅虎（8 周带薪产假和 500 美元的婴儿护理费用）、Facebook（脸书）（16 周带薪产假和 4000 美元的婴儿护理费用）和 Google（谷歌）（18 周到 22 周的有薪产假）等。2012 年 Institute for Women's Policy Research（美国妇女政策研究所）的报告显示，20% 的美国企业为员工提供 11 周（含 11 周）以上的有薪产假。另外，很多企业还设有年假购买制度，允许员工捐献产假给公司统一调配，在休假制度上给予员工充分的灵活性。在各州层面，美国目前有 6 个州（包括华盛顿特区）出台了相关法律保障新生儿父母带薪产假，并已经实施了照顾新生儿或者患病家庭成员的产假和家庭事假。加州提供 6 周带薪产假和 6 周无薪产假，法律还规定雇员只要每月缴纳年收入 0.8% 的保费购买州伤残保险基金，每年可以享受 6 周的有薪家庭事务假，用于照料新生儿、患有重病的父母、儿女或是配偶，在有薪事务假期间，雇员领取薪水的 55%；新泽西州提供 6 周产假，其间可以获得三分之二平日工资的薪水；华盛顿特区，将从 2021 年开始提供 12 周产假；纽约州目前提供至多 12 周带薪休假给家中有新生儿的职工，男女皆可覆盖；马萨诸塞州从 2020 年开始，提供 12 周产假；罗得岛州提供 4 周产假，并获得平时工资的 60%。

总体而言，美国的产假并不算长，但是各州政府和企业提供的相对零散的产假制度确实在一定程度上满足了部分女性产后自身恢复和照料家庭的需求。同时它也鼓励了部分女性通过努力工作以换取更好的产假福利。

（二）建立完备的幼儿托育体系，促进幼儿健康成长

美国是较早开始关注并重视幼儿托育事务的国家，其 0 岁到 3 岁婴幼儿托育服务呈现出市场化特征，奉行补缺理念，从而鼓励父母均进入市

场就业。在政府管理层面，美国婴幼儿的保育和早教事业由卫生和公共服务部主要负责。另外，儿童家庭管理局（The Administration for Children and Families，ACF）管理的"儿童保育和发展基金"（Child Care and Development Fund）也会向低收入家庭提供托育补贴、早教券等福利（主要用于支付早教和托儿费用）（孙勇，2018）。在托育服务模式层面，美国的托育服务项目倡导实现保教一体化，使0岁到3岁婴幼儿在接受日常托管的同时，也可获得早期教育服务。在托幼机构设施层面，美国有庞大且完备的托育服务体系，低龄婴幼儿可以通过多种方式获得托育服务。包括私立性质的家庭日托、日托中心、托儿所，以及公立或私立的幼儿园（杨雪燕等，2019）。在托育服务行业规范上，美国托育服务的供给机构必须在获得经营许可证之后才能进入托育市场。并且无论是联邦政府的开端计划还是公立与私立的托育服务供给机构均对托育服务从业者有较高的专业资质要求。总体来讲，美国政府和社会提供的托育服务从管理层面、服务模式、机构设施到行业规范的设置都相对科学和合理。

（三）实行税收优惠政策，完善儿童福利保障制度

美国是世界上较早使用儿童税收优惠政策保障儿童福利的国家之一，其现行的儿童税收优惠政策主要包括儿童照顾费用税收抵免（CDCC）、劳动所得税收抵免（EITC）、儿童税收抵免（CTC），皆与纳税人的收入水平和养育子女的数量有关。

儿童照顾费用税收抵免主要是对纳税人抚养的每位13岁以下儿童抵免一定比例的照顾费用，抵免费用的比例按照年收入在1.5万美元以下、1.5万—4.3万美元、4.3万美元以上分别分为35%、34%—20%、20%三个不同的层次（蔡秀云等，2019）。现行劳动所得税收抵免优惠政策则更适用于低收入和中等收入家庭，特别是对于抚养儿童的纳税人优惠力度显著。享受这项政策的个人或家庭必须满足两个基本条件：一是被抚养人的年龄为19岁以下（全日制学生还可放宽至24岁以下）；二是被抚养人与纳税人须共同居住半年以上。儿童税收抵免政策（CTC），针对养育儿童的家庭，给予每个儿童每年200美元的儿童税收抵免。要享受这项政策也必须具备两个条件：一是被抚养儿童必须是美国公民或永久居民身份，且与纳税人一起生活超过半年；二是被抚养儿童在纳税年度的年龄在17岁以下。此外，该政策还针对不同收入水平的纳税人设置不同的

收入门槛。根据美国的《减税与就业法案》，2018年CTC的收入门槛为年收入2500美元，也就是说，年收入高于2500美元的纳税人，才有资格获得该项抵免。同时根据该法案规定，儿童税收抵免政策的实施年限为2018年开始到2025年底结束。

（四）开展妇幼保护项目，提升妇女儿童健康水平

为促进孕妇、哺乳期妇女和五岁以下儿童的营养健康，美国1972年推出了WIC（Women, Infants and Children）试点计划，并在1974年将其列为一项永久性公共健康计划。该计划由美国联邦政府和各个州政府支持，为中低收入家庭免费提供营养与健康教育、健康食品咨询以及其他服务。包括为符合资格的家庭免费提供健康食品（发放的食品券）、营养教育、母乳喂养支持和转介医疗保健等服务。

美国各个城市还推出护士—家庭合作计划（NFP）项目，从孕妇开始到婴儿满两岁，会有护士每一周或两周进行一次家访。主要有三个目的：一是保障孕妇饮食营养，预防药物滥用，提高妇女健康水平；二是丰富父母的科学育儿知识，减少儿童受伤、被虐待和被忽视现象的产生，提高家庭育儿水平；三是关注妇女产后生活和计划，促进女性产后的学业或事业发展（刘文等，2015）。

除此之外，美国还不断增加在妇幼照护和幼儿教育上的财政投入，试图提高父母的抚养能力，促进妇女儿童的健康发展。例如2010年颁布的《平价医疗法案》，通过了"母婴和幼儿教育家访计划"。该计划囊括健康家庭项目、亲子家庭项目、家长教师项目等6个覆盖健康、教育、照护等领域的子项目，为育儿家庭提供了充分的保障（姚德超等，2020）。

（五）推出灵活的工作政策，缓解职场女性工作生活压力

为缓解女性家庭—工作的矛盾冲突，美国专门出台了《联邦雇员弹性和压缩的工作时间表法案》，推出灵活工作政策和工作分享项目。并且针对有3岁以上儿童的单亲家庭出台"就业机会和基本技能培训计划"项目，通过提供就业技能培训，提高女性就业能力，推动女性获得就业机会，减轻职场单亲妈妈的工作压力。1978年颁布的《妊娠歧视法》也对保障女性就业权利做出了相关规定：一是工作单位雇主要按对待身体不能工作的职员标准对待职员中的新生儿母亲，并允许产后女性职员恢

复其产前的工作岗位；二是在休假期间残疾保险政策必须涵盖"怀孕相关残疾"。

就业的灵活性在很大程度上减轻了女性的家庭照料负担，保障了女性的就业选择权，所以数十年来，美国女性的就业率一直维持在较高的水平。根据美国劳工部统计，排除农业与自雇人士，2019年12月女性受雇者比男性受雇者多出10.9人，整体劳工中的女性受雇者占比自2010年以来首次超过男性，女性失业人数占女性劳动力比例也从2010年的8.62%下降到2019年的3.62%。

二 加拿大：完善育儿社会支持体系，减轻家庭养育负担

加拿大2019年的总和生育率是1.56，属于次超低生育水平的国家。但是从家庭政策角度来看，加拿大政府有一系列生育友好型政策。例如，妇女劳工生育与育儿两性共同责任政策，在此政策下建立法律制度保障妇女在怀孕、分娩与育婴期间的工作与两性平等权。

（一）鼓励新生儿父母共享产假，推动两性共担育儿责任

加拿大产假分为两个部分：一部分是母亲的分娩假，主要由各省劳工法规定，休假时长不尽相同，但大多维持在15周左右；另一部分是父母的育儿假，若父母分开申请则分别可以休35周假期，若同时申请则必须共享该35周。另外，按照2017年开始实行的产假标准，父母还可以选择两种方式的产假福利：一种是标准父母福利，即在新生儿出生之日起52周内，父母可以领取35周的津贴，津贴是平时工资的55%，最高543加元/周；另一种是延长父母福利，即在新生儿出生后一年半内，父母领取津贴的时间可以延长到61周，但只能获得平时工资的33%，最高326加元/周。从2019年3月起，新的父母共享计划还规定，若父母愿意同时留在家中陪伴孩子，则有权申请在35周育儿假的基础上获得新增5周的共享假期，其间也可以领取就业保险提供的相关福利。该措施的调整，可以看出加拿大政府对待家庭责任的态度，以及促进父母双方更平等分担育儿责任的意图。

（二）提供财政支持和现金补助，缓解育儿经济压力

加拿大针对育儿家庭经济上的援助主要包括：假期津贴、育儿补贴（新生婴儿奖励金、儿童福利金、儿童税收福利等）、教育补助等。

首先，在假期津贴方面，妇女劳工请产假期间，由就业保险提供产假津贴，雇主不支付薪水只保留其职位。孕妇正常可以享受产假、育婴假、病假合并后最高65周的合并津贴，但是申请资格受工作时长、工资水平、过去是否缴纳过一定水平的就业保险费的影响。

其次，在育儿补贴方面，加拿大在第二次世界大战结束之后，就出台了新生婴儿奖励制度，通过为育儿父母发放新生婴儿奖励金，减少家庭生育孩子的经济开支，从而激发育龄家庭的生育热情。该制度规定家中有16岁以下孩子都可以按月到政府领取补贴（侯世毅，2015）。到1988年，正常情况下，一个有新生婴儿的家庭最高可以获得8000美元的补贴。另外，加拿大还为育儿家庭每月提供"加拿大儿童福利金"（俗称"牛奶金"），一直到孩子18岁皆可领取。"牛奶金"由加拿大税务局负责管理和发放，发放金额与家庭及抚养的子女数、家庭净收入状况相关联。加拿大就业与社会发展部数据显示，2016年到2017年，加拿大一共有360万家庭享受到"牛奶金"，并且政府还在逐渐提高"牛奶金"的发放金额。除新生儿奖励金、"牛奶金"之外，加拿大政府还推出"联邦政府托儿补贴计划"，专门帮助有6岁以下子女的家庭分担养育子女的费用。符合条件的家庭每个子女每月可领100加元的应税补助金。抚养18岁以下身心残障子女的家庭还可获得"残障儿童补助"，并且这项补助也是免税的。

在子女的教育花销上，加拿大政府专门制定了一系列家庭政策，帮助父母有效地为子女教育进行储蓄。其一，父母、祖父母和其他亲友可向孩子的"注册教育储蓄计划"账户中存钱。在孩子上大学之前，每个孩子的账户中最多可存5万加元，所获利息不必缴税。其二，为鼓励家长为子女教育储蓄，政府还会通过"加拿大教育储蓄补助"项目为"注册教育储蓄计划"的账户提供补贴。这种补贴会根据亲友存入账户金额的多少以及家庭纯收入的多少有所差异，但每个孩子最多可得到7200加元的补贴金额。其三，"加拿大教育基金"则专门针对领取"国家儿童福利金补助"的低收入家庭。当这类家庭在"注册教育储蓄计划"下开户，政府就会打入500加元至其"注册教育储蓄计划"的账户上，之后也会每年打入100加元至该账户，该补贴会一直提供至孩子满15岁。

(三) 完善托育设施建设，满足家庭托育需求

加拿大的儿童早期教育总体上遵循"托幼一体化""保教合一"的发展原则，从而保障了儿童成长过程中能够获得连续稳定的发展。

在法律保障层面，加拿大1983年就曾颁布《儿童托育法案》，促进托育事业发展。近年来，面对托育设施不足的情况，加拿大联邦政府又协调各级政府，联合各地企业，发起"托育空间行动"，扩建更多的托育场所，不断完善托育设施建设，满足更多家庭的托育需求（谢棋楠，2012）。另外，加拿大是由各省掌握地区内的教育管理自主权，因此各省政府可以因地制宜出台相关政策措施来规范当地的托育服务市场。例如不列颠哥伦比亚省出台了《儿童照护许可章程》《儿童照顾补助法案》《不列颠哥伦比亚省儿童照顾法案》等，以法律形式促进省内的托育服务事业更加具体和完善（姜丽云、洪秀敏，2018）。

在托育服务体系建设上，加拿大为学龄前儿童提供的托育服务主要分为日托照料和幼儿园教育，包含正规和非正规的托育，主要为5岁以下的儿童提供服务（胡雅莉，2019）。正规的托育分为家庭式的托育服务和机构的托育服务，包括日托中心（主要接收4个月到5岁的儿童入托）、临时托育、家庭式托育（一般是3岁以下儿童）、学前班等形式。在性质上既有公立的，又有私立的；既有公益性质的，也有营利性质的，皆受政府严格管控。公立性的日托中心主要是政府资助建立的托育机构或一些非营利性的社会机构，相对而言，要比以私立日托中心及家庭式日托服务为主的私立机构能接收的儿童数量更少（邓敏，2018）；而非正规的托育则主要是一些非正规的家庭式托育（刘中一，2017）。

第二节　亚洲国家

一　日本：建立生育保障制度，消除女性生育障碍

日本是公认的少子化和人口老龄化问题十分突出的国家，20世纪70年代后期，日本便面临生育率大大低于生育更替水平的局面。为了提高生育率，日本逐渐建立一系列保障制度，采取了一系列针对性措施。虽然仍未摆脱低生育率现状，但是总和生育率有所回升。

(一) 修订相关法案，完善育儿休假制度

日本在 1991 年就颁布了《育儿照护休假法》，使育儿休假制度化和规范化，之后又多次修订该法，从而不仅女性可以享受 14 周产假和 12 个月的育儿假，男性也可以在子女出生后 8 周内休假。特殊情况下，育儿假还可延长至孩子满一岁半，夫妻双方在休假期间可以获得工资 40% 的补贴。2003 年，日本制定了《少子化社会对策基本法》积极应对少子化问题。2004 年又在此基础上通过了《少子化对策大纲》，进一步推进育儿休假制度，鼓励父亲也参与子女的养育之中，共同承担育儿责任。2017 年 1 月，日本开始实施《育儿、护理休业改革法》，进一步完善了育儿休假制度，在一定程度上减轻了女性的养育负担（丁英顺，2019）。

(二) 提供育儿货币援助，减轻育儿家庭经济负担

日本女性生育可以获得一次性 42 万日元的育儿补助金。另外，为有效减轻育儿家庭经济负担，日本还为养育儿童的家庭提供儿童津贴。儿童津贴制度自 1972 年开始实施，为低收入家庭 3—6 岁的儿童每月发放 4000—6000 日元的补贴。2010 年，该制度取消了家庭收入限制，抚养 0—15 岁的青少年每月都可以领取 1.3 万日元的津贴。2012 年以后政府又进一步加大补贴力度，养育一个 3 岁以下儿童的家庭每月可以领取 1.5 万日元补贴，抚养两个及以内 3—15 岁青少年的家庭每月可以领取 1.0 万日元补贴，抚养三个及以上 3—15 岁青少年的家庭则可每月领取 1.5 万日元补贴。这些补贴全部由社会来承担，直接发到儿童父母手中（李薇，2017）。

(三) 大力发展托育事业，消除职场女性后顾之忧

要消除职场女性后顾之忧，帮助女性平衡工作和生活，大力发展托育事业是一项必不可少的工作。为此，日本在 1994 年、1999 年和 2004 年先后推出了三次"天使计划"，不断完善妇幼保健设施、保育所、儿童短期照管和教育。2006 年，又颁布《关于推进为学龄前儿童提供综合性教育、保育等的法律》（又称《认定儿童园法》），规定"认定儿童园"可以为学龄前子女提供"保教一体化"服务，同时还可以为本地区育儿问题提供咨询服务和聚会场所等（陈丽，2019）。2008 年制订"新待机儿童零作战"计划，目标是把需要获得保育服务但由于设施和人力资源不等而导致需求无法得到满足的"待机儿童"清零。在计划开

展过程中，政府不断增加投入，扩建0—3岁幼儿保育所，改善保育设施，推广多种保育模式。逐步设置了认可保育所、认定儿童园、小规模保育、家庭保育、事业所内保育、居宅访问型保育、地方单独事业的保育室等多种保育机构。成立了儿童家庭局、设立儿童咨询所、儿童委员会、保健所等专门的儿童保护机构，逐步建立了较为完备的托育体系（和建花，2018）。

（四）改善就业环境，应对女性职场困境

日本将缓解女性工作与家庭责任的冲突作为一项重要的施政方针，不仅不断调整生育政策，完善产假制度和儿童公共托育服务，还着重关注女性面临的就业困境，在女性就业方面给予了相应的政策帮扶，以期减轻职业女性的生养代价，提升生育水平。包括通过制定一系列的制度措施消除女性工作中的性别歧视，拓宽女性就业空间，帮助女性提高工作能力，为女性提供灵活的工作形式，以此来保障女性生育之后重返就业岗位。

在消除女性就业性别歧视方面，日本政府制定了一系列法律措施保障女性和男性享有同等的就业机会。例如，法律规定在女性孕、产假以及哺乳期内，企业不得辞退女性员工；女性在产后有权申请休"育儿假"，在休假期间，政府为其承担保险费用支出，而企业必须正常计算其工龄，不得因休假将其辞退。在提升女性就业能力方面，日本开展了"妇女就职活动"，在各级政府部门设立"雇用促进中心""妇女就业援助设施"，每年举办6期妇女再就业培训班，推动女性进入就业市场。在拓宽女性就业空间方面，日本政府大力发展第三产业，为产后女性创造更多就业岗位和就业机会，并提供无偿的资金支持，以鼓励女性生育之后进入第三产业自主创业，提升女性就业率。在改善雇佣环境方面，为解决少子化问题制定的《少子化对策基本方针》《少子化社会对策基本法》《少子化社会对策大纲》等，都有意通过改善雇佣环境、生活环境等来促进生育。例如，需要照顾3岁以下孩子的员工，可以向公司申请每天工作时间缩短至6小时；需要照顾学前儿童的员工，一个月加班累计不超过24小时等。

二 韩国：健全生育保障体系，降低家庭生育成本

20 世纪 60—80 年代，韩国的生育率急速下降，到 20 世纪 90 年代初降至生育更替水平以下并保持着持续下降的趋势（杨菊华、杜声红，2017）。为此，韩国政府从 1996 年开始，实行"新人口政策"，不再控制人口数量，而是重视提升人口质量和保障国民福利（郭熙保、袁蓓，2015）。2005 年开始正式实施鼓励生育政策，主要涵盖经济支持、生育产假、婴幼儿照料、就业支持、医疗保健等方面。

（一）完善生育带薪休假制度，提供产假基本补贴

在生育休假上，韩国主要为新生儿父母提供三种假期，分别是女性分娩假、男性陪产假和父母育儿假。在女性分娩假方面，韩国政府为初育女性提供 90 天的带薪产假，二孩或三孩以上则为 120 天。韩国劳动法还规定，雇佣单位需要在女性休产假期间支付前 60 天的全额薪水，后 30 天由政府提供不超过 150 万韩元的经济补贴。在男性陪产假方面，韩国从 2013 年开始实行男性陪产假制度，休假时长为 5 天。在育儿假方面，韩国的双职工夫妇在子女未满 6 岁前，均可申请各一年的育儿假期。政府还规定，从 2014 年开始，第一次休育儿假的职工，每人每月可以获得工资 40% 的补贴。第二次休假的职工则可在前三个月领取相当于员工平均工资的育儿假补贴。

（二）优化托育机构设置，提高托育服务质量

为提高人口出生率，韩国致力于发展托育服务，1991 年颁布的《婴幼儿保育法案》使得韩国的托育服务事业得到迅速发展，逐渐形成完备和高质量的托育体系。

在托幼机构设置上，韩国的托幼机构类型较为多样化，主要包括：国立和公立托幼机构、法人托幼机构、民间托幼机构、职场托幼机构、家庭保育等（张玉美、金英爱，2018）。运营和管理模式实行幼儿园和托儿所分离的二元化体制。幼儿园主要接收 3 岁到学龄前儿童入学，注重发挥教育职能，受教育部管理；托儿所则主要对 0—6 岁儿童实施保育，受社会福利部门管理。

在提供服务的时间上，韩国托幼机构可以为符合条件的儿童提供全日托育、小时制托育、放学后托育、上下学托育等照管服务。在儿童早

期教育模式上,《婴幼儿保育法案》将0—3岁婴幼儿纳入学前教育范围,从而使0—3岁婴幼儿保育服务内容从纯粹的"保育"发展为"保""教"结合模式,促进儿童的早期成长发展。早教机构还针对不同年龄段的儿童设置了不同的培养目标。其中0—3岁婴幼儿的幼儿之家教育模式,主要根据其自身发展特点,培养其基本的生活技能和社交技能。而3—6岁儿童的幼儿园教育模式,则是对经过0—3岁幼儿之家教育后的儿童进行的下一阶段教育,帮助其获得更好的发展(张晶,2014)。

在托育的费用支出方面,韩国政府给予养育适龄儿童的家庭一定的托育费用补贴,补贴水平根据家庭的收入水平不同而有所差异,即家庭收入水平越高,政府给予的补贴力度越小,家庭收入水平越低,政府给予的补贴力度越大(朱荟、苏杨,2019)。除此之外,韩国还出台相关政策,鼓励家庭隔代照料,以此来减轻父母的"照顾负担"。

(三)提供多种经济支援,降低家庭育儿成本

韩国主要以提供现金资助和减少相关支出的方式为育儿家庭提供经济支援,范围主要涵盖养育、托幼、父母休假期间的收入损失、税收、医疗等方面。例如,0—5岁婴幼儿可享有每月20万韩元的幼儿园保育费或家庭养育津贴、专门设置针对低收入家庭的照料津贴以及隔代家庭补贴、双职工的父母在休育儿假和产假期间获得的产假补贴或其他替代工资等(马春华,2020)。2020年底,韩国政府再对鼓励政策加码:从2022年起,针对1岁以下婴儿家庭,每月给予30万韩元补助;2025年还将进行一次上调,调至每个月给予50万韩元。除此之外,韩国政府将一次性发放200万韩元的生育补贴。

(四)立法保障男女就业平等,促进产后女性再就业

韩国政府一直致力于改善女性就业环境,提高女性的就业率,包括法律保障女性平等就业、营造家庭友好型工作环境,促进女性就业及职业中断女性再就业、提倡弹性工作制度等。

在保障女性平等就业方面,韩国《劳动基准法》明确规定,女性享有平等的就业权以及带薪产假等生育相关福利。在促进女性就业和再就业方面,2007年颁布《家庭友好社会环境建设促进法》要求相关企业、机构和组织相互合作,共同营造家庭友好型工作环境、生活环境等。2010年又专门针对女性就业问题颁布《职业中断女性再就业促进法》,鼓

励企业开展就业培训班、实施就业实习项目，促进职业中断女性再就业。除此之外，韩国还专门设置支持女性就业的"新就业中心"，地方政府也在各地区开办区域性的协助就业机构等，全方位支持女性参与就业（汤兆云、邓红霞，2018）。在提倡弹性工作方面，除了法律保障职工父母带薪分娩假、陪产假、育儿假外，韩国政府还出台《男女雇佣平等与支持工作家庭平衡法》，提倡父亲参与育儿事业以及要求企业支持母亲兼顾工作与家庭。在具体的工作中，也做出详细规定为需要照顾低龄儿童的生育女性在工作时间、工作方式和工作地点等方面提供便利。

到目前为止，韩国的生育支持政策对其总和生育率的提升作用不大，但在一定程度上有效地遏制了自20世纪90年代初以来持续走低的态势。

三 新加坡：制定家庭友好型生育支持政策，减轻家庭生育顾虑

新加坡的生育支持政策由社会和家庭发展部统筹管理。20世纪80年代中期后，新加坡政府逐渐意识到持续的低生育水平可能会给国家发展带来危机，所以开始制定和实施鼓励生育的政策。到2000年，新加坡政府进一步出台结婚与生育配套的政策，增加生育相关福利的投入，加大鼓励生育的力度。目前，新加坡的生育政策主要包括促进婚配和生育、帮助减轻养育负担、倡导性别平等和平衡工作与家庭等方面（刘玮玮，2020）。

（一）提高休假方式灵活性，平衡女性生育与职业发展

在产假方面，新加坡女性享有16周产假，其中前8周是强制性产假，薪水由工作单位支付，后8周为非强制性产假，薪资由政府支付。另外，为了帮助双职工家庭的父母兼顾工作与家庭，不仅女性可以享受带薪产假，男性也可享有2周带薪陪产假。若男女双方愿意，女性还可以将自己的产假与男性分享，使男方可以享受4周的共享产假（杨昕，2016）。这一产假制度既关注到女性照顾家庭的需求，也避免女性因过多休假而影响职业发展。

（二）发放生育现金补贴，降低家庭育儿经济成本

为激励育龄家庭积极生育，新加坡推出了父母生育后税收减免或返还、幼儿津贴、儿童托育补贴、女性生育津贴、新生儿保健储蓄补助等多项经济补贴政策，以减轻育儿家庭经济负担。

其一，新加坡政府不断调整生育后税收减免和返还政策，一方面提高退税金额和在职母亲子女税款减免比例，另一方面放宽直至取消享受退税和减税的母亲的年龄、学历限制。女性第一胎的生育退税为5000新元，第二孩为1万新元，第三孩及以上为2万新元，在职母亲生育第一胎可获得15%税款减免，第二孩为20%，第三孩及以上均为25%。

其二，为奖励生育，同时减轻育儿家庭的经济负担，新加坡不断增加补贴投入，生育前两胎，可以获得8000新元幼儿津贴，生育三孩以上可以获得1万新元。在之后，政府还会每月给予托幼家庭一定的托育补贴，包括基本托儿补贴和基本托婴补贴。从2008年起，每个家庭可以建立儿童发展账户，政府首先会给每个孩子充入3000新元，之后会根据父母存入的金额给予一定补贴，前两胎最高3000新元，第三、第四胎最高9000新元，第五胎及以上则最高1.5万新元，主要用于儿童未来成长发展的开支。

(三) 健全幼儿托育服务体系，减轻育儿家庭照料负担

新加坡的幼儿教育推行"保""教"结合的模式，并且对托育机构采取幼托一体化管理体制。早期教育分为托儿所和幼儿园两个部分，分别由社会及家庭部和教育部管理。其中托儿所的类型主要有私立托儿所、商业机构托儿所、员工福利托儿所、社会福利型教会托儿所等。一般可以提供全日制和半日制服务，接收18个月及以下的婴儿。近年来，新加坡政府还在积极筹建公共的婴幼儿托育机构，增设长期或者临时的婴幼儿托管服务，不断完善托幼服务体系，大大减轻了育儿家庭照料负担。

(四) 推行弹性工作制度，缓解家庭—工作冲突

除了通过鼓励共享产假、提供现金补贴、大力发展托育事业、支持隔代照料等外，缓解家庭—工作冲突、保障女性就业权利也是新加坡促进女性生育的重要举措。为此，2004年新加坡政府专门成立了1000万新元的工作与生活平衡发展基金，专门用于促进私营企业或机构的职员维持工作与生活平衡，以及发放工作与生活平衡津贴，以现金奖励形式激励雇主推行弹性工作制，并让更多员工参与弹性工作。2019年政府又加大财政投入力度，拨款1亿新元保障工作与生活平衡津贴计划的施行。同时为充分保障产后女性顺利回归工作岗位，将整个怀孕期作为生育保护期，要求企业和机构保留女性职工生育期间的工作职位，避免职业女

性因生育而被辞退。

截至目前,新加坡的生育支持政策在提高生育水平方面尚未起到明显作用,其总和生育率依旧呈下降趋势,2019年总和生育率只有1.2,低于世界平均生育率。但是,家庭友好政策推动了女性的社会劳动参与,女性就业率有所提升。

第三节 欧洲国家

一 瑞典:建立完善的生育支持体系,有效降低家庭生养成本

从20世纪70年代开始,瑞典总和生育率下降并长期维持在2.0以下,到20世纪90年代后期,急剧下降至1.5左右。政府于是推出了一系列鼓励生育的高福利家庭政策,取得了较为显著的效果。主要涉及产假福利、现金补贴、托幼服务、保障女性就业权利等方面。相比于2000年的1.56,近年瑞典的总和生育率回升至1.8左右,有了较大的提升,可见其生育支持政策产生了非常显著的积极效果。

(一)发放高额怀孕补贴,保障女性孕期健康权益

瑞典政府充分保障在职女性享有带薪育产假权利,同时还为在职孕妇提供健康权利保护。首先,《父母亲产假法》规定,在职新生儿父母可享受长达16个月带薪休假,同时政府还引进两性平等的补贴机制,激励父母双方共享育儿假期,在新生儿父母16个月的带薪休假中,法律规定父亲必须休两个月(杨菊华、杜声红,2017)。其次,瑞典还专门为孕妇发放高额怀孕补贴,只要女性怀孕了,政府会补贴孕妇每月7000克朗,正常来讲,女性十月怀胎基本就能拿到政府给予的7万克朗补贴。另外,为避免在职孕妇怀孕期间因负担较重工作或者工作对自身和胎儿造成危险,孕妇可以要求雇主为其调换岗位,否则孕妇可获得长达5周的怀孕补贴。

(二)实行普惠的现金补贴政策,减轻儿童养育负担

为减轻儿童养育负担,瑞典政府针对抚养16岁以下儿童的家庭,实行普遍的现金补贴政策。补贴金额标准依据家庭养育孩子的数量不同而有所差异,补贴范围主要涵盖育儿津贴、儿童津贴、照顾者津贴等。

在育儿津贴方面,瑞典法律规定,新生儿父母在育儿假期间可以获

得育儿津贴。前 13 个月获得工资 80% 的育儿补贴，最高每月 3.7 万克朗，后 3 个月则可每天领取 180 克朗（赵金鹏，2019）。在儿童津贴方面，瑞典从 1948 年开始就实行儿童津贴制度，16 岁以下的儿童每月可领取 1050 克朗的儿童补助。若生育超过 1 个孩子，还可以获得另外的家庭补助（阚唯等，2018）。在儿童照顾者津贴方面，瑞典政策制定历史上对此存在过一些争议，该政策也曾被废除过一段时间，到 2008 年，政府再次推出这一政策，允许市政府为照顾 1—3 岁孩子的父母提供 3000 克朗的免税福利，鼓励其在家照顾子女，而非把孩子送到公共托育机构（Earles，2011）。

（三）健全幼托一体化管理体制，满足差异化托育需求

瑞典早在 20 世纪 80 年代就完成了幼托整合，是较早实行幼托一体化管理体制的国家，实行"保""教"结合的早期教育模式，以满足不同年龄段儿童的照护和受教育需求。幼儿教育机构主要包含学前学园、家庭式托儿所、学前班、开放式幼儿园等类型。其中，学前学园大都为政府开设，以政府补助或非营利为主，托育的学费也主要由中央和地方政府承担，家庭只需支付较少的部分。提供的是全日制托育服务，招收 1 岁到 5 岁的婴幼儿。家庭式托儿所主要由获得执照的保姆在家中照料儿童，收托年龄在 1—12 岁。学前班由政府设置并负担学费，收托 6 岁的幼儿，为其提供半日制的服务。开放式幼儿园则主要针对贫困和低收入地区与家庭，不限收托年龄，并为其提供免费服务（陈梁，2020）。

OECD（经济合作与发展组织）数据显示，2017 年瑞典 0—2 岁婴幼儿入托率达到 46.6%，仅次于法国的 56.3%。婴幼儿入托率的提升，有效减轻了职业女性的家庭照料负担。

（四）促进职场性别平等，保障女性就业权益

瑞典女性的就业率在 OECD 国家中一直处于较高的水平，并且从 1990 年以来，基本维持在 84% 以上。其男性与女性就业率之间的差距也是所有 OECD 国家中最小的。这主要源于瑞典在促进女性就业和保障性别平等方面采取了有效的政策。例如，通过实施两性平等的就业政策和家庭政策，帮助女性实现工作与家庭照料责任的平衡，为其灵活工作提供方便（张晓东、陈仁兴，2020）；通过政府主导的公共服务事业为女性提供大量的就业岗位和就业机会，促进了女性就业率的提升等。

二 俄罗斯：完善生育保障制度，提升国民生育意愿

俄罗斯一直以来把促进人口总量的增长作为一项重要的施政方针。2007年普京为应对持续走低的人口出生率，签署了一系列旨在促进生育的优惠政策和相关法律。在此之后，政府不断增加财政投入，加大鼓励生育的力度，给予生养孩子的家庭丰厚的现金补贴和物质奖励，完善学前教育体系，缓解女性就业与家庭照料之间的矛盾，全方位促进育龄人口的生育行为。在意识形态方面则注重在社会培养和形成稳定的家庭价值观，转变国民的生育观念，强化人们的生育意愿（庄晓惠，2019）。近年来，俄罗斯的总和生育率虽然还处于世界各国中的较低水平，但是在多种生育政策激励下，其总体下降趋势得到一定程度的缓解，甚至还出现一段时间的回升，2015年俄罗斯总和生育率为1.77，而在2006年，仅为1.31。

（一）加强法制宣传，营造积极的生育氛围

在政治和法律层面上，21世纪初，普京政府针对俄罗斯面临的人口危机，先后制定了《母亲法》《健康规划》《2015年人口政策构想》等法律。后又出台了《2025年前人口政策构想》等文件，进一步明确了人口政策的主要目标，要求各级政府带动社会共同致力于人口发展，解决人口危机。在转变生育观念上，一方面，俄罗斯政府积极强调家庭的重要性以及个人在家庭和社会中的重要责任，促进社会形成牢固的家庭价值观。同时举办各种鼓励生育的大型社会活动，制造舆论强势，倡导和鼓励年轻的夫妇积极生育。另一方面，政府也采取实际行动向生育多个子女的家庭授予"光荣父母勋章"，由总统为其授勋，对其进行表彰。这些法律和措施不断推动生育行为光荣的理念在人们心中扎根，从而在一定程度上强化或增加了社会的生育意愿。

（二）增加生育福利财政投入，激发育龄人群生育积极性

在鼓励生育的家庭福利政策方面，俄罗斯保持着较大的财政投入。2007年到2018年，政府为积极生育的女性建立了"母亲基金"，生育两个或者两个以上子女的母亲将可以获得25万卢布，且不必缴纳个人所得税。所得津贴适用范围包括住房贷款偿还、房屋翻修、缴付子女教育费用、积攒养老金储蓄等。各地方政府也努力从经济上帮助年轻母亲，比

如，莫斯科市投入13亿美元作为生育奖励。女性在30岁前生育第1个孩子即可一次性获得1.6万卢布的奖金，若生第3个孩子，奖金可达3.2万卢布。2015年的大型新闻发布会上普京表示已有650万俄罗斯家庭得到了母亲基金。该项目从实施以来取得了较为明显的激励效果，项目实施后，俄罗斯的人口出生率有了大幅度的提高，生育三个或三个以上孩子的家庭也一度出现明显的增长。

（三）延长女性产假时间，保留女性工作岗位

俄罗斯是全球产假最长的国家，女性员工的产假长达4年多，其中包括全薪产假、半薪产假、无薪产假三个阶段。一胎产妇能够享受140天（产前70天和产后70天）的全薪产假，用人单位需要全额支付产妇在产假期间的薪水，后18个月为半薪产假，其间可以领取工资40%的产假津贴，由国家社会保险基金支付。若生育双胞胎、多胞胎或者出现了难产等情况，产假还会在原来的基础上相应延长。等到子女一岁半以后，如果母亲有意愿继续留在家中照看孩子，可以继续享受无薪产假，一直到子女年满四岁半。产假时间算入工龄，雇主必须在此期间保留她的工作岗位，女性可以随时要求返回工作岗位继续工作。

（四）实行幼保一体化制度，加强婴幼儿托育服务供给

为了充分整合利用现有资源，保障托育服务的供给，俄罗斯通过联合托儿所和幼儿园，使学前教育机构和管理实现一体化。其中，托儿所包含公立托儿所、私立托儿所以及机关和企事业单位主办的托儿所等，主要接收2个月到3岁的儿童，为其提供托管服务。近年来，公立托儿所依靠相对优惠的收费标准、较为完善的设施建设和离家距离近等优势逐渐成为俄罗斯大多数父母的普遍选择。幼儿园则是学前教育的主要场所，根据俄罗斯《学前教育机构基础条例》幼儿园可分为六种主要类型，包括幼儿园、普通发展型幼儿园、补偿型幼儿园、照料和保健型幼儿园、联合型幼儿园与儿童发展中心等。可接收2个月到7岁的婴幼儿入园，为不同特征的儿童提供针对性的服务，有效促进儿童成长发展。

三 英国：实施多元经济补贴政策，构建完善的生育支持体系

英国是实行自由主义家庭政策体制的国家，构建了完善的生育支持政策体系，主要包括产假津贴、生育津贴、孕妇健康补助金、儿童福利

金、儿童信托基金、儿童税收抵免等。

（一）完善产假制度，保障生育福利

英国政府从多方面采取政策完善产假制度。在产假时长方面，英国为女性雇员提供长达一年的法定产假，其中前 39 周为带薪产假，后 13 周为无薪产假；为男方提供 2 周的法定带薪陪产假以及最长 26 周的额外父亲陪产假。休假期间，企业和雇主不得开除生育女性及其伴侣，也无权剥夺雇员在岗位上的相关福利，更不得对其进行歧视，否则视为违法。在休假期间的工资方面，在法定带薪产假和陪产假期间，雇主需支付满足申领条件的女性雇员及其伴侣相当于平时工资 90% 的产假津贴，之后可以向政府申请 92%—103% 的产假工资补助。对于非雇员的劳动者，政府也为其提供其他的福利补助，从而保障其生育期间的基本收入和营养健康。在休假方式方面，还通过分割和共享产假等方式提高女性休假的灵活性，旨在保障女性工作的稳定性和连续性。

（二）建立完善的儿童福利体系，充分保障儿童福祉

英国是一个高度重视儿童福利制度建设的国家，相关福利政策在世界上起步较早，形成了较为完善的儿童福利体系。过去数年中，英国针对儿童及其家庭发放多种经济补贴，包括儿童福利金、孕妇营养补助金、家庭津贴、儿童信托基金等全方位保障儿童福祉。儿童福利金和孕妇营养补助金没有条件限制，都是普惠性的政策。前者与家庭儿童的胎次顺序有关，通常可以领取到孩子 16 岁（特殊情况可延长至 18 岁），后者则是在每位孕妇怀孕期间发放的一次性丰厚补助，用于改善新生儿健康水平。家庭津贴主要是针对低收入家庭的一项补助，补贴标准与家庭收入和养育儿童的数量有关。儿童信托基金由英国政府从 2003 年开始组织建立，账户建立之初，政府会给予一笔启动资金，之后儿童家庭每年存入一定的金额，封闭运行至该儿童年满 18 岁，其间政府也可以将其市场化运作，使每个孩子未来有一笔可支配的财产。除此之外，英国还通过颁布并实施《儿童法案》，以税收抵免、儿童照料补贴等形式进行慷慨的儿童福利投资，有效缓解了育儿家庭的经济压力（姚德超等，2020）。

（三）推动职场性别平等，增加女性就业机会

生育不仅会显著降低女性的劳动参与率，而且会限制就业女性的工作时间、精力投入和劳动收入水平（张抗私、谷晶双，2020）。所以较长

的产假虽然可以满足女性健康恢复需求以及对新生儿的照料需求,但是长时间离开工作岗位会导致女性在职场中面临更大的歧视和排斥、更高的就业门槛、获得更少的职业上升机会,从而增加女性就业的难度。在这一问题上,英国制定了较为有效的预防和应对政策。例如,出台《性别不合格法》确定反对和消除性别歧视,并于1970年和1975年在劳动市场中分别颁布《平等工资法》和《性别歧视法》,意在促进男女就业平等,保障男女职工同工同酬。从20世纪80年代起,英国还开展了大量帮助女性再就业的项目,增加女性就业机会和提高女性就业能力,保障女性就业权利,减轻了生育女性的后顾之忧。

(四)实施幼托一体化改革,完善婴幼儿托育服务体系

面对托幼服务内容不完善、行政管理混乱等问题,英国1997年开始实行0—6岁幼托一体化改革。在法律层面上,1998年颁布文件《应对保育挑战》明确将学龄前儿童"保教一体化"制定为国家战略。2003年后又相继出台了《每个儿童都重要》《儿童法案》《儿童保育法案》等法律文件明确强调了将学前儿童服务范围进一步充实和完善。同时,还增加了"确保开端"计划、幼儿教育券计划等辅助性项目,以确保政策实施效果。在行政管理层面,英国婴幼儿保育和早期教育管理部门经历了从分离到整合的过程。1997年前,0—3岁婴幼儿保教事业和3—5岁幼儿的教育事业分别由社会安全部门和教育就业部门主管。1997年之后两者的管理部门经历多次变更,一直到2002年英国将儿童早期教育、保育服务和"确保开端"项目计划一同归于"确保开端办公室"统一管理,较大程度上解决了托幼服务体系行政管理混乱的问题。在托幼服务设施建设上,英国设有托儿所、全日班托儿所、保姆或居家保姆、混合型幼托中心以及幼托绩优中心等托育服务机构,其中保姆或居家保姆式托育是最为普遍的一种托育方式,适用于相对低收入家庭的2岁以下婴幼儿。在托幼机构的规范和监管上,英国政府将早期基础阶段教育体系(Early Years Foundation Stage,EYFS)作为重要参考,制定审核评判0—5岁儿童保育和早期教育机构的注册及督导标准,以此来保障托幼服务机构的质量和规范,为儿童提供连续的学习和发展体系。

四 法国：推行鼓励生育的综合性政策，建立生育友好型社会环境

20世纪70年代，法国的总和生育率就已降至生育更替水平之下。为鼓励年轻家庭多生孩子，政府推行产假、现金补贴和儿童保育等综合性政策，减少生育障碍，促进人口发展。

（一）实施差异化的产假制度，鼓励生育多孩

法国从1977年开始推行育儿休假制度，到2017年2月，女性生育第一孩、第二孩可休产前6周、产后10周，共16周带薪假期，生育三个孩子及以上则可以休产前8周、产后18周，共26周带薪假期。其中产前2周和产后6周为必休假期，之后的时间可根据本人意愿选择上班。除了母亲可以休产假外，生育女性的丈夫或同居者也可申请带薪陪产假。2020年9月22日，法国总统府爱丽舍宫宣布，父亲陪产假将从现行的2周延长到4周。该措施将被纳入2021年法国社会保障融资法案，从2022年7月正式实施。另外，在孩子3岁之前，父母双方还可以申请育儿假，共同承担照料和养育儿童的责任。根据申领方式的不同以及养育孩子的数量差异，育儿假期长短也有所不同。

（二）发放差别性经济补贴，提供多种生育福利

法国针对养育孩子的家庭发放经济补贴，且种类较多。主要包括婴幼儿补贴、家庭补贴、家庭补充补贴、新学年补贴等。新婴幼儿补贴涵盖了出生补贴、基础补贴、育儿分担补贴、养育方法自选补贴等内容，从多个方面减轻育儿家庭的经济负担。家庭补贴针，针对有2个及以上未满20岁孩子的家庭，按照家庭收入的多少，分满额、50%、25%三个等级发放补贴。家庭补充补贴，针对养育3个3岁以上、未满21岁孩子的低收入家庭发放补贴，补贴金额与孩子数量、是否单亲、是否双职工家庭有关联。学年补贴针对的是养育6—12岁学生的低收入家庭，在新学年开始之前根据家庭收入和孩子数量给予差别性补贴。除此之外，在日常生活福利方面，政府还为多子女的家庭提供住房补贴、教育补助资金、半价电影票和车票等福利。并基于"大家庭税收"政策，按养育孩子的数量为家庭减免税收。

（三）增强托幼服务供给，完善托幼服务设施

法国一直以来较为重视托幼服务的建设，并将0—3岁幼儿的托育政

策作为家庭政策的重要内容，积极完善托幼服务体系。

2004年法国政府开始实施"托儿所计划"，计划在全国范围内增加2万个托幼名额，同时鼓励企业积极兴办托儿所，满足企业职工子女就近入托的需求，并对响应号召兴办0—3岁托儿所的企业提供免税优惠政策。面对幼儿入学率不高的问题，法国政府还强调幼儿园接收0—3岁儿童的重要性，提出继续发展0—3岁公共托幼服务的要求。除积极扩大托儿所容量之外，政府也在积极发展多种类型的托育方式，为育儿家庭提供自由和多样化的选择。目前的托幼服务设施类型主要有保育学校、保育所、认定保育妈妈及其他保育设施（田中景，2020）。

（四）积极推动职场性别平等，打造家庭友好型企业氛围

虽然法国政府并不鼓励女性外出工作，但仍积极创造条件，保障女性基本的就业权和选择权。一方面，政府制定和完善一系列生育保障制度和福利制度，如构建完善的社会托幼设施，提供多样化的儿童照料服务形式，满足不同家庭的差异化需求，减少职业女性的后顾之忧，保障产后女性能尽可能回到工作岗位；另一方面，针对愿意亲自履行儿童照料责任的母亲，政府规定企业可以为其停薪留职3年专门照料儿童。除此之外，法国政府还联合企业打造家庭友好型企业氛围，以法律形式推动职场中就业机会、就业培训、就业升迁等方面的性别平等。为雇员制定灵活的工作时间、推动女性获得职业升迁、鼓励男性使用带薪陪产假等。2017年，法国女性劳动参与率为50.6%，仅与男性劳动参与率相差9.6个百分点，远远小于OECD国家平均差距。

五　德国：完善生育福利制度，减轻女性生育顾虑

德国从20世纪50年代开始，便十分注重家庭发展，1953年成立联邦家庭事务部，负责与生育相关的诸多家庭事务。到1970年，德国成为生育率最早跌破生育更替水平的发达国家。政府于是相继出台了一系列鼓励生育的政策，主要涵盖产假制度、现金补贴、托幼服务、促进工作与生活平衡等方面。随着生育支持政策的推行与实施，德国生育率下降的趋势得到扭转，从1995年前后就开始逐渐小幅回升，目前总和生育率已摆脱极低生育水平，2016年至今保持在1.5左右。

(一) 保障女性产假权益，满足家庭照料需求

德国推崇家庭照料，鼓励由母亲在家照看孩子，是最早建立产假制度的国家。其"产假"分为母亲个人的生育假和父母两人的育儿假，最长可以休至孩子满3岁。其中，母亲生育假共14周，包括分娩前6周、分娩后8周，如果遇到早产、多胞胎等情况，产后休假时间还可延长至12周。按照通常情况来讲，在分娩前6周除非孕妇自愿要求继续工作，否则雇佣单位不得强制其工作。分娩后8周则为必休假期。生育假期间，孕妇的养老、医疗等社会保险费用由公司照常缴纳，收入也由医疗保险和公司共同支付。此外，还有育儿假44周，其间补偿率为65%。

(二) 提供多种经济补贴，降低家庭生育经济成本

为减轻生育经济负担，德国面向育儿家庭发放多种经济补贴。一是生育津贴，由公司和政府共同支付补贴，补贴标准为产妇休假前3个月的平均净收入，补贴时间通常为孕妇休生育假期间。二是"父母金"，在新生儿出生一年内，若父母停职在家照料孩子，则可每月领取月净收入67%的补贴，最高可达1800欧元。如果父母双方都休假，总计可以领取最多14个月补贴，如果只有一方休假，则最多只能领12个月补贴。补贴由政府支付，企业和雇主不需要承担。三是儿童津贴，德国多次调整儿童补贴标准，提高补贴金额，到2019年1月，每个家庭的第一、第二个孩子每月可以获得204欧元的儿童补贴，第三个孩子每月可以获得210欧元，第四个孩子每月可以获得235欧元。补贴从孩子出生开始一直到年满18岁（未完成学业的孩子最多可延长补贴时间至年满25岁）。四是儿童医疗费用津贴，德国规定婴儿出生后及成长发育的各个阶段都需要进行特定的身心检查，若儿童患病，保险公司会支付其全部医疗费用。五是其他生育相关补贴，包括免税补贴、养老金补贴等。

(三) 扩大家庭日托中心建设，增强幼儿照护服务供给

发展儿童早期教育与照护体系是促进女性就业和再就业以及帮助女性实现工作—生活平衡的重要举措。2001年，德国颁布《育儿假改革法案》，并先后采取了日托服务行动、未来教育与儿童照护投资公约、儿童照护资助行动、儿童照护津贴制度等多项改革措施，为家庭儿童照料提供支持。2005年，德国又颁布《日托扩充法案》，支持扩大3岁以下儿童托管，同时在全国范围内大量新建托幼中心，加强对各州、市政府公共

托幼机构的资金支持。在具体的实践过程中，主要由联邦家庭、老年、妇女和青年事务局负责相关事务的管理，地方政府也会因地制宜提供不同的服务，家长需提前向青年事务局申请0—3岁日托服务名额，3—6岁幼儿入托也需通过青年事务局的资格认定。3岁以下儿童还可通过家庭式托育在私人家中获得照料服务，提供照料服务的人员必须经过专门培训并得到儿童服务中心批准才可经营。

（四）推行就业帮扶政策，帮助产后女性顺利就业

德国政府虽然建立了相对完善的生育保障制度和福利制度，减轻了家庭的经济负担和女性的育儿负担，但是产后女性还是面临着严重的就业歧视和职场竞争压力。为此，德国政府采取了很多就业帮扶政策，比如发起"成功家庭"商业项目，鼓励企业支持家庭友好政策。同时，为产后女性提供培训信息与建议指导、安排就业培训课程，给予其心理和精神辅导等服务，帮助女性恢复和提升就业能力，确保其产后顺利重返岗位，实现自我价值。

第四节　本章小结

从促进生育的国际经验来看，政策主要涵盖保障休假、提高经济补贴、提供托幼服务、加强女性就业支持四个方面。美国、英国等国家的产假相对较短，俄罗斯等国家的产假相对较长，日本、德国的育儿假也较长。从这些国家提出的政策来看，很多都是出于解决生育价值的问题，降低父母的生育成本，不管是直接成本，还是机会成本，甚至身心成本都有所涉及，促进生育效用，主要是经济支持，提供经济补贴。比如，提高经济补贴，既降低了生育的直接成本，又获得了一定的经济收益。提供托幼服务，也是保障了生育后的照护支持，降低了父母因为照顾子女而产生的机会成本，甚至降低了因自己长时间照料子女产生的身心成本。加强女性就业支持也是降低了女性因为生育而产生的机会成本。虽然中国在生育支持方面已经做了很多努力，出台了很多政策，但是这些国际经验也值得我们借鉴和参考，进而更好地保障居民生育意愿转化为实际生育行为。

第九章

保障生育意愿转化为生育行为的政策建议

生育意愿与生育行为的偏离在当前已成为不争的事实，主要表现为意愿生育数量大于实际生育数量，意愿生育性别偏离实际生育性别。研究发现，生育价值是造成生育意愿与生育行为偏离的根源，一方面，孩子的生育、养育和教育成本越来越高，子女逐渐成为"高昂消费品"，影响着育龄夫妻的生育行为；另一方面，随着经济社会的不断发展，居民收入不断增加，养老保障体系逐渐完善，生育子女的效用递减。正是这一增一减，导致越来越多居民的生育意愿难以转化为实际生育行为。因此，在中国生育水平持续走低的今天，要想扭转生育意愿与生育行为的偏离，促进人口长期均衡发展，不仅要从政策上放开生育，更需要从多方面采取保障和支持措施，降低生育成本，以提高育龄群体的生育积极性。在生育政策的整体性配套措施设计上，应参考和围绕当前的婚育价值观、生育经济压力、子女照料负担、女性自身职业发展压力等方面的实证依据，推动新型婚育文化建设，完善生育支持体系，降低子女生育成本，从而促进"全面三孩"政策的有效落实。

第一节 加强新型婚育文化建设，助推三孩政策有效实施

随着平均受教育水平的提高和现代化语境下"个人主义"思想的凸显，现代人的婚育观念已极大程度从"利他"转向了"利己"，"结婚生

子"也逐渐成为许多年轻人心中的备选项而非必选项。尤其在当前个人生活压力增加，生育成本大幅提高的情况下，三孩生育政策下的现实和预期压力又进一步强化了"90后""00后"生育主力对婚育的畏惧和焦虑情绪（宋健等，2021）。2021年5月31日，中共中央政治局召开会议，审议《关于优化生育政策促进人口长期均衡发展的决定》，其中提到要将婚嫁、生育、养育、教育一体考虑，加强适婚青年婚恋观、家庭观教育引导。因此，有必要以实施三孩政策为契机，积极进行宣传教育，推进新型婚育文化建设。

一 加强人口文化宣传教育，转变人口是负担的观念

中国自20世纪70年代起生育率开始呈现下降趋势，到21世纪初总和生育率已经远远低于国际公认的世代更替水平，2020年总和生育率仅为1.3。根据课题组人口预测，不管是低方案、中方案，还是高方案下，未来10年，中国人口都将继续保持负增长状态。"全面三孩"政策正是在这样一个严峻的人口背景下提出的。实施三孩政策可以在一定程度上缓解中国快速加剧的老龄化和少子化，促进人口长期均衡发展。因此，需要加强人口文化宣传教育，呼吁大家认清人口形势，转变人口是负担的观念。

从国际经验上看，为了树立生育观念，俄罗斯政府曾在大街小巷张贴了大量宣传海报，还提出了"国家需要你们创纪录的生育"等口号，甚至将生育至少3个小孩定位为"爱国责任"，以呼吁和鼓励国民积极生育。结合中国当前的人口形势来看，还需要大力宣扬生育及其配套政策，达到人人皆知、口口相传的效果，从而增强生育及其配套政策的知晓度、认知度。

一是利用微博、微信、抖音等影响力较大的网络媒体渠道，以鼓励适龄结婚生育为主要目的，以图文、短片等为主要形式，以生育政策、人口形势等为主要内容进行人口文化宣传教育，强调人口与国家经济社会发展的重要联系，提高公民的人口危机意识和爱国意识。

二是利用每年7月11日的"世界人口日"，在全国范围内开展生殖健康、妇女保护、人口发展等主题活动。通过面向社会征集专题影视、动漫、文章和绘画作品等形式，吸引国民对人口问题的关注和重视。

三是通过中央人民广播电台、中央电视台综合频道等电视平台设立人口相关栏目，利用中国人口宣传教育中心门户网、中国家庭网等网络平台刊登相关内容，积极传播人口知识，增强人们对结婚和生育的理性认识。

二 树立科学的婚育观，提升青年婚育积极性

从 20 世纪后半叶开始，先进科技的发展和多元文化的碰撞使人们的婚育观受到了极大的影响，世俗化、个人主义、自由主义、性别平等和性解放等新观念不断涌现，诸多革命性思潮和社会运动都给传统婚育文化与家庭观念带来了巨大的冲击和震撼。并且伴随着社会保障机制的逐渐完善，人们多子多福、养儿防老等思想观念也渐渐淡化，大多数青年群体开始追求个性化生活，导致不婚主义和丁克家庭越来越多（张兴月，2018）。由此可见，婚育观念是影响生育的重要因素，转变婚育观念至关重要。

（一）引导积极正向的婚恋观，提升适龄青年婚嫁意愿

婚恋观通常包括人们择偶的偏好、家庭内部关系的处理原则等。在择偶方面，不同的时代背景下，不同个体的择偶偏好有所差异。但不可否认的是，古往今来人们在配偶的选择上都在追求最佳模式。传统社会男女择偶大都讲究"门当户对"，"父母之命，媒妁之言"，即选择家世和背景相近的配偶。而近现代社会大部分人秉持的是以爱情为基础的婚恋观，即强调男女双方相互深入了解，具有相同的思想价值观，在精神上相互契合、相互需求，最终实现感情和生活的稳定。在家庭内部关系方面，过去传统社会奉行的主要是"男主外，女主内""男尊女卑"等思想，男性在家庭中占据主导地位。而现代社会，随着女性受教育程度和社会经济地位的提升，以及男女平等的进一步实现，女性在婚姻家庭中的地位和话语权也大大提高。尽管如此，当今社会，"夫妻关系"和"婆媳关系"等依然是各种家庭矛盾的起点，家庭纠纷、婆媳矛盾、婚内出轨、家庭暴力等一度成为公众视野下的舆论焦点，负面影响不断。正是基于以上现实，许多适婚青年，尤其是"90 后""00 后"开始对婚姻家庭产生消极的认知，在结婚问题上变得越发谨慎。再加上近年来，婚嫁陋习、天价彩礼风气逐渐兴起，结婚成本不断提高，导致"恐婚"人群逐渐增加,"单身主义"思想广泛传播,社会整体的婚育年龄不断上升。

鉴于此,提出引导积极正向的婚姻观念,提升适龄青年婚嫁意愿。其一,加强正向婚恋文化建设,倡导健康、包容和理性的择偶观,提高年轻人的婚恋欲望。其二,弘扬"风雨同舟、相濡以沫、责任共担、互敬互爱、互相包容"的婚姻理念,鼓励积极建立和维系平等和谐的婚姻家庭内部关系。其三,规范网络和社交媒体对婚姻家庭的正面、理性讨论,杜绝刻意"污名化"婚姻的行为,打破年轻人对婚姻的刻板印象。其四,对婚嫁陋习、天价彩礼等不良社会风气进行严格治理,坚决抵制此类物化婚姻和女性的行为。其五,传承发扬中华优秀传统婚俗文化蕴含的人文精神、道德规范,拒绝"攀比式"婚姻,降低现代人结婚成本。

(二)构建科学的生育观,提高育龄群体生育行为

生育观是人们对于生育行为的看法,即对生育数量、性别、生育年龄和时间间隔的偏好和选择,也是支配人们实际生育行为的内在动力。与传统农耕社会的"养儿防老""多子多福"观念不同,现代人的生育观普遍呈现"儿女双全""晚婚晚育""少生优育",甚至"不婚不育"等特点。相关研究发现,20世纪80年代以来的生育文化、当代社会极高的生育成本、现代人个性化的生活追求等是现代生育观的主要成因,而这也决定了当前生育模式的内生、稳固和常态化属性(张淑燕等,2021),仅仅依靠政策的放宽,无法有效地提高生育水平,必须从文化和观念层面着手,构建科学的生育价值观,提升育龄群体的生育行为。

一是做好青年群体生育观的舆论引导。加强社会舆论监督,从现有观点和言论中分析青年群体的生育困境,寻找恰当的舆论切入点,进行积极引导。利用好主流媒体的影响力,及时对网络上有关生育的情绪化表达进行纠正和回应,避免一些消极、偏执言论进一步影响年青一代的生育观。发挥各领域权威专家、媒体人等意见领袖的社会责任,通过鼓励理性发声引导青年群体正确认识生育问题。此外,还可以从生理特点、母婴健康、优生优育等多方面出发,积极提倡女性在最佳年龄生育,既能提高生育质量,也能尽量避免因错过最佳生育年龄而阻碍生育意愿实现的情况发生。

二是加强青年群体生育观的教育引导,提高青年群体对生育价值的正确认识。当前,青年群体的生育观大多是在父辈"传宗接代"思想和

新兴生育文化共同影响下逐渐形成的，部分群体对于生育及其结果的认知存在着矛盾。例如，许多年轻人既将生育视为禁锢人生的枷锁、阻挡事业前进的障碍，认为个人有生育自由的权利；同时在内心深处又不自觉认同生育是家族延续的方式以及衡量个人生命是否完整的标准。在现实和传统思想的交织下，生育观念矛盾的化解，需要借助文化教育的力量。因此，相关部门应通过开展系统的生育文化教育，引导青年群体树立生育责任理念，正确认知生育及其结果的价值和意义，从而帮助青年群体形成科学文明的生育观，使之成为更加理性自觉的生育决策主体。

三是加强多子女养育文化宣传。调查发现，当问到"影响您生育或者再生育的主要顾虑是什么"时，有11.18%的调查对象表示现有子女不愿意。而事实上，很多父母也担心在有限的家庭资源和经济条件下，养育多个孩子会导致无法兼顾子女间的公平问题，造成对孩子的亏欠或降低孩子的养育质量，从而抑制了自身再生育行为。因此，一方面，可以强调多子女养育对促进儿童情商、社交等非认知能力发展的重要作用；另一方面，可以通过提供多子女养育的教育指导，帮助父母树立良好的育儿心态、掌握科学的育儿知识，以此激发生育二孩、三孩的积极性（李婷，2021）。

（三）推进家庭文化建设，重塑青年群体家庭价值观

所谓"家庭文化"，是指家庭价值观念及其认可的态度和行为等，通常包括婚姻及恋爱程序、夫妻关系、两性劳动分工、亲子关系、离婚、儿童教养、家庭团结等。家庭在个人婚恋观、生育观的形成中发挥着重要的作用，许多人结婚时间、生育时间、生育数量、生育的性别偏好都受到家庭的影响，如今随着家庭功能和家庭观念弱化，丁克家庭越来越多，传统意义上"三代同堂""四世同堂"的家庭越来越少。可见，家庭文化对于人口文化建设有着重要意义。在生育率持续下降的大背景下，有必要继续推进家庭文化建设，重塑青年群体家庭价值观。

一方面，可以积极借鉴日本、韩国等国家的相关经验，鼓励工作单位开展家庭工作平衡计划，帮助员工思考和正确看待家庭同工作间的关系、调节工作和家庭的冲突、适应工作和家庭的双重角色过渡，缓解由于工作家庭关系失衡而给员工造成的压力。后续还可以考虑逐渐将"亲子节""家庭日"等列为国家法定节日，以此强调家庭的重要性，并呼吁

适当回归家庭，享受亲情，重视培养和维持婚姻家庭中的夫妻关系、亲子关系等，从而构建幸福和谐的家庭文化。

另一方面，可以在全国范围内积极开展家庭文化宣传和家庭观重建活动，不断强调家庭作为社会的细胞和个人立足社会的基本单元，对个体身心成长和事业各方面发展的重要作用，以及在促进国家和社会发展过程中发挥的重要职能，提高个体对家庭生活共同体的认同感。还可以通过在社区、学校等场所定期组织家庭集体性文体娱乐活动，突出当前时代背景下，婚姻、养育子女及维持良好家庭关系带来的快乐和丰富的情感体验，以此提升人们对家庭的归属感。此外，还需加强普及婚姻家庭知识，提高家庭成员思想道德和文化素质，提升家庭整体发展能力。

第二节 加快构建积极生育支持体系，营造良好生育环境

生育支持政策体系涵盖了生育保障、生育福利、生育救助等重要方面。中共中央、国务院《关于优化生育政策促进人口长期均衡发展的决定》提出，到2025年要基本建立积极生育支持政策体系。

加快构建积极生育支持体系既有利于促进家庭幸福、社会和谐，努力实现人民群众对美好生活的向往；也有利于推动解决群众在生育养育方面的实际困难和后顾之忧，促进生育意愿转化为生育行为。当前中国生育支持体系还处于积极探索和完善阶段，人们普遍反映比较多的"生不了""不想生""不敢生"等问题，在现实中主要体现在以下五个方面。一是育龄人群生育能力下降，不孕不育症患病率提高。二是生育休假制度不完善，年轻父母难以平衡家庭与工作的矛盾。三是子女养育成本高，家庭负担重。四是托育服务供给不足，婴幼儿"入托难""入托贵"等问题亟待解决。五是社会性别平等意识弱，女性在劳动市场中的权益得不到有效保障。因此，针对以上问题，应加快构建积极生育支持体系，营造良好生育环境。

一 提高孕前优生服务水平，做好生育障碍和出生缺陷防治工作

确保更多夫妻有能力生是解决"不想生"和"不敢生"问题的前提。

结合访谈资料和现实生活发现，虽然许多家庭有强烈的生育意愿，但由于夫妻身体原因无法生育，这不仅阻碍了生育意愿转化为实际生育行为，而且严重降低了人们的生活幸福感。另外，自古以来，妇女生育就被称为"闯鬼门关"。女性不仅在怀孕期间承受着精神上的紧张和生理上的疼痛，而且在分娩时不得不面临许多风险，婴儿死亡或出生后被查出患有先天疾病等更是成为许多家庭难以弥补的缺憾。伴随着科技的进步和医疗技术的发展，男女在生理上的生育障碍已经有了较为科学系统的预防和治疗方法，女性生育的风险也大大降低，孕育过程痛苦在一定程度上有所减弱，孕妇和婴儿的健康也能得到更好的保障。中国在推动人口发展的过程中，十分重视提升人口质量，尤其是孕妇和儿童安全健康。而提高孕前优生服务水平正是防治生育障碍、提高生育水平、降低生育风险、促进孕妇和儿童健康发展、提升中国人口综合素质的重要保障。

（一）加强生殖保健宣传和指导，提高不孕不育预防能力

由于环境污染、生活方式不规律、生活压力增加、生育年龄推迟、生殖保健知识缺乏等影响，不孕不育群体越来越庞大。2019年《中国妇幼健康事业进展与展望报告》提示，中国不孕不育人数近5000万人，高达10%—15%。过去很长一段时间内，国家在妇幼保健服务方面已开展大量工作，如设置了妇幼保健院、开展母婴安全计划等。这些措施在一定程度上降低了重大妇科和儿科疾病的患病率，有效推动了各种疾病的及早发现和及时治疗。但是，目前对于预防不孕不育的关注较少，绝大多数人的生殖保健知识相对缺乏。调查数据显示，89.99%的人都希望社区为其提供生殖保健的咨询、指导和技术服务，但是仅20.42%的人表示社区为其提供了该项服务。因此，还需要积极开展生殖保健服务，提高育龄人群生殖健康水平和生活质量，从而提升中国不孕不育症的防治能力。一方面，建议丰富生殖保健知识宣传形式，联合各地区妇联、工会等组织机构通过开展健康讲座、免费诊疗等一系列主题活动，在全国范围进行生殖健康教育，推广生殖健康概念，普及生殖健康知识；另一方面，建议应尽快落实孕育能力提升专攻计划，组建专家团队开展助孕活动，严格做好婚前卫生指导、卫生咨询和医学检查服务，加快普及生殖健康管理知识，提升育龄人群孕育能力。

（二）规范人类辅助生殖技术应用与管理，提高不孕不育治疗能力

不孕不育不仅带来很多家庭问题，而且造成个人巨大的心理压力。随着不孕不育人群逐渐庞大，人类辅助生殖技术（Assisted Reproductive Technology，ART）作为一项能够有效解决生育障碍的新技术以及实现优生的重要手段而备受瞩目。中共中央、国务院《关于优化生育政策促进人口长期均衡发展的决定》明确指出，要规范人类辅助生殖技术应用，建设供需平衡、布局合理的人类辅助生殖技术服务体系，开展孕育能力提升专项攻关，规范不孕不育诊治服务。在此背景下，政府应严格按照《人类辅助生殖技术管理办法》对提供人类辅助生殖技术服务的各类医疗机构进行规范和监管，对机构内的人员、技术、设施条件等进行严格审查。从而促进人类辅助生殖技术的安全、合理、有效应用，为不孕不育症患者提供有效治疗。同时，还需建立健全不孕不育治疗补助政策，支持不孕不育患者及时到正规医院就医，提高不孕不育治疗成功率。

（三）做好优生健康检查和筛查，提高出生缺陷防控意识

孕前优生检查是增强计划备孕夫妇孕前风险防范意识，提高优生水平、保障产妇和儿童安全健康的重要环节。调查数据显示，94.57%的人认为，社区应该为其提供孕前优生健康检查服务，但实际只有26.17%的人表示社区提供了相关服务。因此，地方政府应重视基层妇幼保健部门硬件设施建设和更新，及时补齐相关服务供给短板。同时，扩大出生缺陷防治相关知识普及深度和广度，增加免费提供出生缺陷防控咨询服务，提高出生缺陷预防意识。除此之外，还可以促进相关部门共同协作，开设专项门诊，优化健康检查方式，丰富健康检查内容，从而为育龄夫妇提供筛查、诊断、治疗一体化服务流程。

二 健全生育休假制度，促进两性共担养育责任

生育休假是保障育龄劳动者权益的重要制度。目前许多国家已形成较为完善的生育休假制度，其有关生育的假期通常包括女性的产假、男性的陪产假以及父母的育儿假。中国现行法定产假仅为98天，父亲的陪产假和父母的育儿假也缺乏全国性统一规定。随着三孩政策的实施，有必要在休假制度上做出相应的调整，促进两性共担养育责任。

（一）延长产假时间，规范产假相关待遇

产假是女性职工因为生育而暂时离开岗位的合法假期，其设立的目的是满足女性产后身心恢复及必要的新生儿照料所需。从国际经验来看，不少国家规定了较长的产假，例如法国女性生育一孩、二孩可享受16周带薪产假，生育三个孩子以上可享受26周带薪产假；俄罗斯女性生育之后可以获得长达4年的产假；瑞典为在职新生儿父母提供16个月的共享育儿假；加拿大提供50周合并假等。调查数据显示，虽然95.51%的调查对象希望工作单位能为其提供产假，但是依然有13.55%的调查对象表示单位没有提供产假，并且当被问到在生育方面希望获得哪些支持时，44.34%的调查对象都表示希望能够享受更长的产假。可见，部分地区、部分单位没有严格按照相关规定给予女性合法的产假待遇，产假时长也未能满足大部分人的实际所需。

因此，建议根据女性生育子女的数量适当延长产假，为在职女性提供不少于半年的带薪法定产假时间，确保女性有足够的时间进行产后恢复和婴幼儿照料。同时，允许部分地区或用人单位根据实际情况在法定产假基础上给予生育女性一定的奖励假、额外产假或哺乳假，帮助解决女性生育过程中的实际问题。另外，严格要求各企业和用人单位根据《劳动法》《女职工劳动保护特别规定》相关规定完善女性产假待遇，确保女性职工合法权益。

（二）实施带薪父亲陪产假，营造男女平等的社会氛围

陪产假是男性配偶在女方休产假期间，可获得一定时间陪伴、照料对方的权利。新生儿诞生前后，产妇和婴儿都需要精心护理，因此男性配偶在新生儿孕育过程的陪伴和照料显得尤为重要。鼓励和倡导男方享受一定的假期，有助于维持夫妻间感情稳定，促进家庭和社会和谐，帮助女性更好地完成产后调理和恢复，同时有助于营造男女平等的社会氛围。韩国从2013年开始便实行男性陪产假制度，休假时长为5天；新加坡男性在配偶产假期间可以享受两周的带薪陪产假；英国新生儿父亲也可以申请在女性生产后休2周的法定带薪父亲陪产假以及最长26周的额外父亲陪产假以履行家庭照料义务；法国2020年宣布将父亲陪产假从现行的2周延长到4周。中国《劳动法》等法律法规没有对男性陪产假做出相关规定，虽然部分省市自行制定了休假政策，划分了休假标准，但

是休假时长普遍较短，基本在 30 天以内，不少地区的父亲陪产假仅为 7 天，对于父亲参与孕妇陪护和育儿的鼓励作用有限。因此，建议在全国范围内实行带薪父亲陪产假制度，并将产假时间延长到至少 1 个月，确保产妇和新生儿能够得到更好的照料。

（三）落实父母育儿假制度，弥补儿童照料中的角色缺位

鼓励父母双方共同参与育儿，既有利于儿童健康成长，也可以减少女性受到的就业歧视。中国一直以来没有实行全国性的育儿假制度，因此产假在部分时候还承担了育儿假的照料功能。2019 年 5 月 9 日，国务院发布了《关于促进 3 岁以下婴幼儿照护服务发展的指导意见》，鼓励有条件的地区探索试行育儿假。近年来，陆续有一些地区出台了地方性的"育儿假"政策。例如辽宁省、福建省和宁夏回族自治区鼓励用人单位对依法生育的夫妻，在子女 3 周岁以下期间，每年给予夫妻双方各 10 日育儿假；江苏省人大在 2018 年通过的《江苏省妇女权益保障条例》中提到"在女方产假期间，鼓励男方所在用人单位安排男方享受不少于五天的共同育儿假"等。这些措施为中国制定科学、合理的育儿假政策提供了必要的参考，为进一步落实育儿假制度奠定了良好的基础。但是目前各个地区提供的育儿假时长普遍较短，且休假期间父母的权益保障相关措施也还未健全完善，难以充分满足父母对儿童临时性照料的需求。建议尽快将育儿假及相关待遇纳入社会保险，并逐步尝试将育儿假休假时间扩展到儿童 0—6 岁，使父母双方在孩子 6 岁以前可分别享受至少半年的带薪假期，休假期间的薪资待遇由保险基金支付，且支付水平不低于平时工资的 2/3。生育多个孩子的父母还可以进一步延长休假时间，在规定的休假时长内允许父母双方轮流分开休假，保证儿童获得父母更长的实际照料时间。

三 提高生育经济支持，释放育龄人群生育意愿

生育经济支持通常包含生育补贴、生育奖励、税收优惠或减免、生育福利等。从国际经验来看，为了缓解持续下降的生育率，激励人们积极生育，部分西方国家早在多年前就逐步探索出了适合本国发展的福利体系，制定了许多慷慨的补助政策，主要包含生育津贴、儿童津贴、托幼津贴、教育补贴等。调查数据显示，75.13% 的育龄人群都表示经济压

力是其生育或再生育的最大顾虑,同样地,在问到"在生育孩子方面最希望获得的支持是什么"时,82.81%的人选择了"更多的生育津贴和补助"。可见,良好的经济水平已经逐渐成为大部分人生育的硬性条件,想要充分释放人们的生育意愿,积极提高生育经济支持势在必行。对于西方福利国家已经形成的一套较为完备的儿童或家庭福利制度,中国需要在借鉴国际经验的基础上根据社会现实制定更有利于解决中国人民实际生育困难的经济支持体系。

(一)健全生育保险制度,落实生育保险相关补贴

中国目前在生育方面的直接经济支持主要是嵌套在生育保险中的生育补贴(产假补贴)、生育医疗费用、孕妇营养补助等。针对调查对象所反映的工作单位未提供生育补贴,以及希望获得更多生育津贴和补助的现象,建议经办机构加大对用人单位参保情况的监管力度,依法规范参保职工生育相关待遇,妥善解决生育保险金发放过程中的空缺、拖欠、不足额等问题。同时,加大补贴力度,并将生育三孩的相关医疗费用和津贴待遇纳入生育保险范围,依据家庭收入水平、子女数量和年龄划分生育补贴发放比例(于也雯、龚六堂,2021)。

(二)制定普惠性生育补贴政策,缓解育儿经济压力

从国际经验来看,国外生育经济补贴政策起步较早,并且大都是普惠型福利。例如,日本女性生育可以一次性获得42万日元的育儿补助金,同时抚养3—15岁青少年的家庭还可以领取1.5万日元的儿童补贴;新加坡给予生育孩子的家庭税收减免(或返还)、幼儿津贴、儿童托育补贴、女性生育津贴、新生儿保健储蓄补助等多项经济补贴政策,激励育龄家庭积极生育;英国、法国、德国面向育儿家庭发放多种经济补贴,包括但不限于儿童津贴、生育津贴、家庭津贴等,全方位保障儿童福祉。从国内来看,2021年7月28日,攀枝花市公布地方新政,对按政策生育二孩、三孩的攀枝花户籍家庭,每月每孩发放500元育儿补贴金,直至孩子3周岁,成为全国首个带头发放育儿补贴的城市。可以从政策上鼓励更多的城市学习,并逐步推广至全国。另外,后续跟进的过程中还可以适当增加其他类型的补助,如婴幼儿的托育补贴、隔代照料补贴、儿童营养补助、入学补助等,逐步形成一套覆盖儿童成长全过程的完备的生育经济支持体系,有效缓解育儿家庭的整体经济负担。

四 加强托育服务体系建设，减轻家庭照料负担

幼儿入托率和生育率具有正向关系，育儿机构的完善和普及，可以有效缓解婴幼儿照料和社会劳动参与的冲突，降低生育的机会成本，从而提高生育率。2019年5月9日，国务院发布了《关于促进3岁以下婴幼儿照护服务发展的指导意见》，鼓励支持有条件的幼儿园开设托班，招收2—3岁的幼儿，推进"幼有所育"。国家卫健委最新数据显示，当前中国0—3岁的婴幼儿约4200万，其中1/3有较强的托育服务需求，但是3岁以下婴幼儿入托率仅为5.5%左右，且托幼机构普遍收费较高，不少中低收入家庭只能望而却步。面对社会普遍的婴幼儿照护压力，需要尽快补齐0—3岁婴幼儿托育服务设施短板，同时增加托育服务的便利性和可及性，减轻家庭照料负担。

（一）扩大托幼园所建设规模，增强托育服务供给力度

从目前社区托育设施供需状况来看，调查数据显示，81.06%的人希望社区提供婴幼儿日间照料中心，但实际上只有11.67%的调查对象表示社区提供了该项服务；90.35%的人都希望社区能够提供社区幼儿园，但是只有50.94%的调查对象表示社区提供了社区幼儿园；76.93%的调查对象都认为社区应该提供放学后管护服务，但是只有18.04%的调查对象表示社区提供了相应服务。可见，社区作为人们最为熟悉的日常生活环境，是一个备受育儿家庭信赖的托育场所，但是其目前在相关服务的供给方面明显能力不足。建议一方面扩大托幼园所建设规模和数量，充分利用社区等活动场所，大力提供婴幼儿照护服务，鼓励通过建立社区日间照料中心、完善社区幼儿园、增加社区放学后照管服务，满足居民就近入托的需求；另一方面还需不断推进供给侧深化改革，大力兴建企业、商业区等周边的托幼园所，满足不同职业人群临时托育需求。

（二）健全普惠托育服务体系，减轻托育经济负担

为满足群众庞大的托育需求，近年来，各地托育机构日渐新增，但是由于一些营利性机构在建设过程中房租和用人成本过高，收费标准也随之提升，部分地区部分托育机构收费甚至超过万元每月，远远超出普通中低收入家庭的可承受范围。中共中央、国务院《关于优化生育政策促进人口长期均衡发展的决定》提到要大力发展多种形式的普惠托育服

务，推动建设一批优质、普惠、方便可及的托育服务机构。为此，应加快建立健全多元激励政策，引导鼓励社会各界力量积极参与托育事业，帮助解决场地、用工、资金等方面的问题。一方面，由政府重点支持和出资，在部分场所设立示范性的托育服务机构承担指定的功能和完成特定的收托任务，引领地区普惠托育服务体系发展；另一方面，依托社区周边场所，建立一批专业的、嵌入式的托育服务设施，提供全日托、半日托、计时托、临时托等多样化的普惠托育服务，满足家庭多层次、多样化的服务需求。还可以支持有条件的用人单位在工作场所提供福利性托育服务，缓解职工父母幼儿照护压力。

（三）规范托幼服务市场，提升托育服务质量

托育服务市场规范和托育服务质量不仅关系到行业的兴衰，而且对儿童的安全健康和未来发展有重要影响。在促进托育事业发展的过程中不能一味追求提高婴幼儿入托率，而忽视托育服务质量的提升。

在托幼服务市场规范方面，政府应加强立法，规范托育市场发展。针对托育机构注册资质和运营情况制定严格的审核评判标准，强制要求托育机构完善相关资质，获得经营许可后才可进入市场。同时设立专门的监管部门，定期对托育机构进行评估和审核，不断推动托育机构专业化和规范化发展。

在提升服务质量方面，应不断加强人才和设施建设，提高专业化服务水准。一方面，加大专业人才培养力度，依法逐步实行从业人员专业资格准入制度，不断强化机构内部人才力量；另一方面，加强托育中心基础设施建设，充实和完善基础设备、环境等硬件条件，提高婴幼儿安全保障和生活质量。除此之外，还可以提倡在充分了解不同家庭需求偏好的基础上，合理安排课程服务，制定灵活托管时间，提高托育服务专业化程度。

在托幼服务模式方面，可以鼓励和支持有条件的部分地区部分园所率先推行"托幼一体化"管理和教育模式，促进托管和早教结合，激发儿童潜能，满足连续发展需求。

五 保障女性就业权益，降低生育机会成本

由于孕育分娩以及产后恢复周期较长，职场女性在生育之后不得不

面临职业中断。因而用人单位在招聘时常常拒绝录用已婚未育女性，或者在女性职工怀孕后将其解雇、降薪、调岗，从而造成职业女性选择生育就需要付出较大的机会成本。过去，无论是日本、韩国、新加坡等亚洲国家，还是英国、法国、美国等欧美国家都在促进性别平等，保障女性就业权益方面推出了多种政策措施，取得了良好的成效。中国劳动法虽然也规定了禁止对女性就业歧视和对女职工的特殊保护，但是由于缺乏严格的监督机构与惩罚措施，部分女性在职场仍然无法获得平等的薪资待遇以及晋升机会。保障女性平等就业权益还需付出更多努力。

（一）改善女性就业环境，推动职场性别平等

对于生育女性来说，个人职业发展和家庭责任无法兼顾是难以避免的巨大困境，而职场对女性的"隐形歧视"又带来了另一重焦虑，许多女性在意识到这一点后一再推迟生育年龄，甚至逐渐成为"丁克族"。因此，改善就业环境是帮助职场女性摆脱家庭和事业两难困境，减轻职场压力的重要措施。

改善女性就业环境，其一，要倡导积极的企业和社会文化，正确认识女性能力，提升尊重女性意识。其二，建议政府联合企业打造家庭友好型企业氛围，根据职工实际情况推行有利于照顾婴幼儿的灵活休假和弹性工作制度，帮助女性更好地平衡家庭和事业。同时，鼓励企业和雇主为职场女性提供各种关怀设施、亲子福利等，提升女性职场幸福感。其三，建议加强政策推动男女就业平等，在劳动市场中出台反对和消除职场性别歧视的法律法规，依法规范用人单位就业机会、就业培训、就业升迁、薪资待遇等方面性别平等，充分保障男女同工同酬。

（二）加强女性职工权益保障督查，完善女性平等就业维权体系

保障女性就业权益除了需要健全完善相关立法外，还需要严格的监督机制和广泛的维权渠道。因此，一方面要加强相关部门执法督查力度，提升执法人员执法能力，落实《女职工劳动保护特别规定》相关要求，定期开展女职工生育权益保障专项督查；另一方面，拓宽女性就业维权渠道，号召各级地方工会、妇女联合会、妇女法律援助站为女性免费职工法律咨询和援助服务。完善电话投诉、网络举报、法律诉讼等维权受理流程，及时对相关投诉进行处理和反馈，缩短维权办案周期。除此之外，还需促进相关部门联合参与，主动对企业、用人单位履行劳动法律

法规的情况进行监督和审视，及时向劳动监察部门进行举报、投诉。

（三）推出产后再就业专项帮扶计划，提升女性社会劳动参与率

产后再就业是女性生育之后面临的新一轮困境。许多女性在生产之后心态以及工作能力等方面发生一系列变化，使其短期内难以恢复到正常工作状态，甚至被迫进行职业转型或失业。因此，建议在各级政府、社区、街道办事处成立"妇女就业帮扶中心"，定期开展妇女就职活动，积极为有意重返岗位的产后女职工提供培训信息与建议指导、安排就业培训课程、开展心理和精神辅导等服务，帮助产后女性快速恢复和提升就业能力，顺利重返岗位，实现自我价值。另外，还可以将生育友好作为评估用人单位承担社会责任的重要标准，鼓励用人单位给予产后女性平等就业机会，或由政府主导公共事业，开设第三产业，为产后女性提供大量的工作岗位，提升女性社会劳动参与率。

第三节　降低养育直接成本，减轻家庭生育负担

生孩子只是生育的第一步，后期的养育同样很重要。子女的养育成本是普通家庭在做出生育决策时不得不多番衡量的问题，成本越高，生育意愿转化为生育行为的可能性越低。通常，养育一个孩子需要付出的直接成本包括抚育、教育、医疗、结婚、住房等诸多方面。相关研究显示，住房、教育、医疗等直接成本是压抑生育行为的"三座大山"（任泽平等，2019）。调查数据显示，当问到在生育中最希望得到哪些支持时，选择"均衡教育资源"的人占67.95%，选择"降低房价和物价"的人占60.28%，选择"均衡医疗资源"的人占54.94%。可见，要提升人们的生育行为，必须从教育、住房、医疗等方面入手，降低养育子女的直接成本，减轻家庭的生育负担。

一　完善住房保障体系，解决家庭住房问题

随着人口社会的不断发展，住房需求不断增加，城市房价持续上涨，部分发达城市的房价已经远远超出了人们的承受范围，为人们的生活造成了极大的负担，并且住房成本增加势必会对生育产生挤出效应，从而

阻碍人们的生育意愿转化为生育行为，特别是流动人口的生育。因此，有必要完善住房保障体系，解决人口增长和房价上涨伴随而来的住房问题。

（一）完善住房支持政策，降低家庭住房成本

住房是人类生存的刚性需求，是家和安稳的象征，因此无论房价多高，住房都是人们必须解决的问题。这也造成了家庭抚养多个子女以及为子女结婚购房需要背负巨大的住房经济负担，进而导致许多普通家庭迫于"每多生一个儿子就要多挣一套房子钱"的压力而放弃再生育。而且即使顶着压力生了二孩或多孩，对于收入不高和本身负担较重的家庭来说，一旦在住房上投入过多，势必会减少孩子生活、教育等方面的支出，从而降低孩子的生活质量和培养质量。鉴于此，有必要采取政策措施将家庭购房和租房成本控制在可承担范围，从而降低住房费用对生育行为的抑制作用，提高人们的生活质量。

一方面要继续将稳定房价作为政策调控的重点，加强对现有房地产的宏观调控，让房价稳定在符合国情以及居民经济可承受范围内。继续执行一、二线城市差异化限购政策，积极响应"房子是用来住的，不是用来炒的"号召，坚决抵制炒房行为，让全体人民住有所居。

另一方面要扩大住房补贴范围，鼓励地方政府在配租公租房时，根据养育未成年子女负担情况实施差异化租赁和购买房屋的优惠政策，对符合当地住房保障条件且有未成年子女的家庭，可根据未成年子女数量在户型选择等方面给予适当照顾。另外，还可以设立多子女家庭、贫困家庭专项购房补贴，对积极响应政策生育三孩的家庭，可以在其买房时根据家庭收入水平和现有房产情况发放一定额度的现金补贴，降低家庭住房经济负担。

（二）大力发展社会保障性住房，满足日益增长的住房需求

发展社会保障性住房不仅可以缓解住房成本对生育产生的挤出效应，还可以在一定时期内调整房价，使其保持平稳或缓慢上涨。从公共福利思想来看，保障性社会住房是解决居民住房问题的关键，将社会保障性住房纳入住房政策中有助于缓解居民的生活压力，为低收入者提供过渡性住房，从而改善居民的生活环境和生活状态，促进生育意愿转化为有效的生育行为。因此，在不断调控房地产行业的同时也应加快拓展社会

保障性住房，为大中城市的部分中低收入家庭，以及进城务工人员、流动人员解决住房困难问题。例如，成都市住建局 2021 年 8 月印发《关于鼓励国有企业加快发展保障性租赁住房的实施方案》鼓励市、区（市、县）两级国有企业积极参与保障性租赁住房建设，支持国有企业将自有存量住房盘活后用于保障性租赁住房，解决新市民、青年人等群体的住房困难问题。建议其他地区也积极制定和出台符合当地发展需求的住房政策，尝试采用让小产权住房以及集体性的产权住房向社会性住房转换、激励社会各界协同参与、增强融资多元性等方式，增加保障性租赁住房的多渠道供给。同时，加快二手房资源的流转，及时满足部分家庭因为孩子数量增加需要改善住房类型的需求。

二　优化教育资源配置，推动教育资源均等化

俗话说"再苦不能苦孩子，再穷不能穷教育"，教育在现代社会发展中处于基础性和先导性的地位，是人民群众最关心的问题之一。随着社会的发展，国家对高学历人才的需求也越来越大。但是当前中国教育资源分配不均，"教育市场化"风气加剧阶层固化，促使越来越多家长为了"不让孩子输在起跑线上"不惜耗费巨大的金钱力量加入资源竞争行列，"教育内卷效应"愈演愈烈。如今，不仅教育公平没有充分实现，而且家庭教育负担越来越重，学生和家长在资源竞争的过程中更是身心俱疲。"90 后""00 后"作为未来的生育主力军，在见证并认清当前的教育现状后，对生育、养育和教育好一个孩子的意愿和信心也逐渐瓦解。因此，有必要继续加快优化教育资源的配置，推动教育均等化发展，让每一个孩子都拥有平等的教育资源，同时减少家庭的教育支出，缓解教育焦虑。

（一）严肃整顿校外培训机构，提高公办学校教学质量

近年来，各类校外培训机构发展迅猛，虽然在一定程度上满足了部分中小学生对学习的补充性需求。然而，一些培训机构却以"应试"为导向，开展学科类培训。这种做法严重违背了教学规律和青少年成长发展规律，对学校正常的教育教学秩序产生了不良影响。此外，这也进一步加重了中小学生的课外负担，增加了家庭的经济负担。这一现象在社会上引起了强烈的反响。2021 年 7 月，中共中央办公厅、国务院办公厅印发了《关于进一步减轻义务教育阶段学生作业负担和校外培训负担的

意见》(简称"双减"),要求各地区各部门结合实际认真贯彻落实。这是中国为改善当前教育生态环境做出的重大决策,目前部分地区已经按照相关要求对小学和初中学科类培训班进行了严格的整顿。但是在后续实行过程中还需关注和解决以下问题:一是各地区要尽快明确合法合规办学细则,并成立专门的监管部门,将校外办学机构纳入监管范围,严厉打击违法违规办学行为;二是充分考虑当前培训机构下岗教师的再就业问题,由政府统筹协调,将有意愿继续从事教育工作的优秀下岗教师召回或引进正规学校,避免人才浪费;三是加强校内任教教师教学能力培训,促进教育信息交流和共享,及时调整更新教育方法,提升学校教育水平,避免影响学生正常的学习发展。

(二)促进优质教育资源分配均衡,缩小城乡和区域间教学差距

教育资源配置公平是实现教育公平的前提和内在要求,但是就目前而言,中国城乡和区域间教育资源差距较明显。首先在硬件设施上,城区的大多数学校已经实现了信息化、数字化的教学,但是城郊特别是农村地区学校的硬件设施还局限于传统教学设施,少数地区的教学设施甚至无法满足正常的教学需求。因此,建议加大教育财政支持力度,解决部分地区教育经费短缺问题,改善农村地区办学条件。不断优化农村和偏远地区教育设施,推进信息化教育的全面覆盖。其次在师资力量上,城乡间和区域间的差距也十分明显,建议通过完善教学制度、整合教育资源等方式,促进城乡教育协同发展。例如,以一个城市为单位,倡导"一荣俱荣,一辱俱辱"的城乡教学整体观,增加"跨校兼课""一对一帮扶"等改善师资力量不均衡现象,从而缩小城乡和地区之间的教育水平差距。最后,各地区教育部门还需继续推动入学就读布局均衡化分布,严格根据居民居住的区域进行划分,实行"划片招生,就近入学",从而有效解决家长盲目跟风择校的问题,同时保障进城务工子女能够得到平等的教育机会和优质的教育资源。

(三)适当调整当前教育补贴方式,增加学龄前公共教育支出

中国目前实行九年制义务教育政策(小学六年,初中三年;部分地区为小学五年,初中四年),学龄前、幼儿园、高中和大学阶段的教育和生活费支出主要由家庭负担。《2017中国家庭教育消费白皮书》抽样统计数据显示,中国学前教育阶段、义务教育和高中阶段、大学阶段的教育

支出已分别占家庭年收入的 26%、21%、29%。另外，在调查研究中发现，虽然 90.35% 的人都认为社区应该建立社区幼儿园，但是近年来，部分地区公立幼儿园供给不足，许多家庭只能选择昂贵的私立幼儿园，最终导致学前教育阶段的家庭教育支出高昂。

基于此，提出以下建议：其一，将学前教育纳入义务教育的范畴，并将义务教育年限延伸至高中阶段，扩大入学后补贴范围和力度（杨华磊等，2020）；其二，规范公办和民办教育各项收费标准，增加城乡教育补助经费，减轻家庭教育费用负担；其三，增强公立幼儿园供给，进一步增加城镇社区配套园所数量，提高普惠性民办和公办幼儿园覆盖率，控制好办学规模及收托标准，严格实行政府定价（或指导价），使更多幼儿家庭切实受益。

三 完善医疗资源配置，做好相关医疗卫生保障

医疗保障水平不仅关系到民生发展，而且对国民生育行为存在重要影响。2019 年 3 月 25 日，国务院办公厅印发《关于全面推进生育保险和职工基本医疗保险合并实施的意见》提出推进生育保险和职工基本医疗保险合并实施，为医疗保障制度的完善奠定了基础。在生育的直接成本中，医疗和卫生相关费用占据了相当大一部分，并直接关系到妇女和孩子的健康水平。健全和完善医疗保障体系，不仅能缓解家庭经济压力，还能保证妇女和儿童获得更好的医疗条件，从而消除家庭后顾之忧，促进居民积极生育。因此，要加快完善医疗卫生保障制度，提升国民的生育行为。

（一）促进医疗资源均衡配置，增加医疗资源的可及性

当前，中国的医疗资源配置还存在城乡和区域差异，部分地区"看病难，看病贵"的问题没有得到有效解决。调查也发现，医疗资源不均衡是人们生育的重要顾虑。针对以上问题，提出以下建议：一是要提高基层医生待遇，扩大基层医疗队伍建设，满足部分地区基本的公共卫生医疗需求；二是要加快补齐县级以下生育相关公共服务设施短板，缩小城乡和区域差距，增加医疗资源的可及性；三是要推动妇产科和儿科建设，加强对儿科和妇产科医生的培养，为妇产科和儿科储备后续力量，提升对高龄和危重症孕产妇的救治能力，降低生育风险和母婴死亡率。

(二）增强妇幼保健服务供给，提升母婴健康水平

从国际上来看，部分国家在提升母婴健康水平方面都提供了大量的针对性服务。例如，美国开展多项妇幼保健项目，为符合资格的新生儿家庭免费提供营养教育、母乳喂养支持和转介医疗保健服务，为产后女性提供免费的心理疏导等服务。德国也免费提供产后女性心理和精神辅导、新生儿护理和保健服务，保障产妇和儿童身心健康。总结以上国际经验，建议中国继续增强妇幼保健服务供给，提升优生优育服务水平，逐步实现为孕产妇和婴幼儿免费提供完善的基本卫生服务，包括产妇孕期健康管理服务、产后访视、产后健康管理，以及新生儿家庭访视、新生儿满月健康管理、婴幼儿健康管理、学龄前儿童健康管理等，全方位保障女性产后恢复以及儿童健康发展。此外，还可以定期组织育儿专家为新生儿家庭免费提供上门的健康教育指导服务，传授育儿知识，帮助"新手"父母科学养育孩子。

(三）健全少儿医疗保障政策体系，降低医疗费用支出

孩子的医疗费用是影响生育的直接成本之一。相比成年人，儿童的免疫能力弱、抵抗能力低，并且各项器官、身体机能尚未发育健全，是各类疾病的高发阶段，住院风险也较高。中国目前的基本医疗保险虽然覆盖面较广，2022年基本医保已覆盖13.45亿人，即95%以上的人口，但是儿童医疗保障水平依然较低。普通儿童门诊费用难以通过城乡居民医疗保险进行报销，而且即使患重大和长期疾病，基本医保目录外的诊疗服务项目和药品需要自费，患儿家庭医疗经济负担仍然较重。鉴于此，提出以下建议：一是全面落实新生儿"落地参保"政策，提高新生儿及时参保率；二是适当降低儿童的参保费用，同时提高儿童基本医保报销比例和门诊大病报销水平，满足儿童重大疾病保障需求；三是积极探索建立专门针对儿童的补充医疗保险，加大对基本医保外儿童特需服务的保障力度，满足儿童多元化医保需求，降低基本医疗保险报销后儿童自付费用，减轻家庭医疗负担。

参考文献

一 著作

［法］阿尔弗雷·索维，1983，《人口通论》，查瑞传等译，商务印书馆。

［美］M. 薄兹、［英］P. 施尔曼，1991，《社会与生育》，张世文译，天津人民出版社。

［美］戴维·波普诺，2005，《社会学》，李强等译，中国人民大学出版社。

［美］加里·斯坦利·贝克尔，2011，《家庭论》，王献生、王宇译，商务印书馆。

［英］马尔萨斯，1992，《人口原理》，朱泱等译，商务印书馆。

陈强，2014，《高级计量经济学及 Stata 应用（第二版）》，高等教育出版社。

陈蓉，2020，《我国大城市居民生育意愿和生育水平变迁趋势研究——以上海市为例》，上海交通大学出版社。

陈胜利、张世琨，2003，《当代择偶与生育意愿研究——2002 年城乡居民生育意愿调查》，中国人口出版社。

费孝通，1998，《乡土中国 生育制度》，北京大学出版社。

风笑天，2018，《社会研究方法（第五版）》，中国人民大学出版社。

顾宝昌、马小红、茅倬彦，2014，《二孩，你会生吗？》，社会科学文献出版社。

国家统计局国民经济综合统计司，2010，《新中国六十年统计资料汇编》，中国统计出版社。

李薇，2017，《西方国家家庭补贴制度：基于三种福利体制的比较》，社会科学文献出版社。

李永胜，2002，《人口统计学》，西南财经大学出版社。

刘少杰，2012，《国外社会学理论》，高等教育出版社。

刘铮，1985，《人口理论教程》，中国人民大学出版社。

马克思、恩格斯，1995，《马克思恩格斯选集（第4卷）》，人民出版社。

毛泽东，1991，《毛泽东选集》第四卷，人民出版社。

石智雷，2016，《超低生育率与未来生育政策导向》，武汉大学出版社。

佟新，2010，《人口社会学》，北京大学出版社。

王广州、胡耀玲、张丽萍，2013，《中国生育政策调整》，社会科学文献出版社。

吴忠观，1997，《人口科学辞典》，西南财经大学出版社。

吴忠观，1994，《人口学》，重庆大学出版社。

杨菊华、谢永飞，2016，《人口社会学》，中国人民大学出版社。

张冲，2015，《中国人口结构对住房需求的影响研究》，西南财经大学出版社。

张俊良、郭显超，2015，《人口长期均衡发展研究：理论与实证》，西南财经大学出版社。

郑杭生，2013，《社会学概论新修（第四版）》，中国人民大学出版社。

郑真真、张春延，2017，《生育意愿与生育行为》，社会科学文献出版社。

朱秋莲，2015，《新中国人口生育政策变迁研究》，湖南师范大学出版社。

Becker G. S. ed., 1993, *A Treatise on the Family*, Boston: Harvard University Press.

Caldwell J. C. ed., 1982, *Theory of Fertility Decline*, London: Academic Press.

Easterlin R. A. and Crimmins E. M., eds., 1985, *The Fertility Revolution*, Chicago: University of Chicago Press.

Leete R. ed., 1999, *Dynamics of Values in Fertility Change*, Oxford: Oxford University Press.

Leibenstein H. ed., 1957, *Economic Backwardness and Economic growth*:

studies in the theory of economic development, New York: Wiley Press.

二 期刊论文

蔡秀云、徐乾、李雪臣,2019,《美国儿童税收优惠政策探讨及对我国的借鉴》,《税务研究》第4期。

曹艳春,2017,《全面二孩政策背景下从生育意愿到生育行为:基于SSM的影响因素及激励机制分析》,《兰州学刊》第2期。

陈功、索浩宇、张承蒙,2023,《以人口高质量发展支撑中国式现代化——系统观念下生育支持政策体系设计》,《中央社会主义学院学报》第4期。

陈丽,2019,《日本儿童及育儿援助新制度对中国婴幼儿照护服务的启示》,《宁波教育学院学报》第5期。

陈蓉,2018,《从生育意愿与生育行为的转变看我国大城市全面两孩政策的实施效应——以上海为例》,《兰州学刊》第4期。

陈卫、靳永爱,2011,《中国妇女生育意愿与生育行为的差异及其影响因素》,《人口学刊》第2期。

陈友华,2016,《全面二孩政策与中国人口趋势》,《学海》第1期。

崔应令,2023,《生育支持的制度、观念与文化建设:人口均衡发展的路径探索》,《理论月刊》第8期。

邓敏,2018,《中加0~3岁婴幼儿早期发展服务体系的对比及启示研究》,《文化创新比较研究》第23期。

丁英顺,2019,《日本应对低生育政策再探讨》,《东北亚学刊》第2期。

董兰兰、焦树国,2007,《当代研究生生育观调查——以南开大学为例》,《人口与社会》第4期。

方大春、裴梦迪,2018,《居民二孩生育意愿的影响因素研究——基于CGSS 2015数据的经验研究》,《调研世界》第9期。

风笑天、张青松,2002,《二十年城乡居民生育意愿变迁研究》,《市场与人口分析》第5期。

龚顺、马墨琳、赵梦婷,2023,《当代中国青年生育态度与行为不一致研究》,《中国青年社会科学》第5期。

顾宝昌,1992,《论生育和生育转变:数量、时间和性别》,《人口研究》

第 6 期。

顾宝昌等，2011，《生育意愿、生育行为和生育水平》，《人口研究》第 2 期。

郭志刚，2008，《中国的低生育水平及其影响因素》，《人口研究》第 4 期。

韩雷、田龙鹏，2016，《"全面二孩"的生育意愿与生育行为——基于 2014 年湘潭市调研数据的分析》，《湘潭大学学报》（哲学社会科学版）第 1 期。

韩永江，2005，《生育观影响因素的经济分析》，《人口学刊》第 2 期。

何文炯、杨一心、王璐莎、徐琳，2014，《中国生育保障制度改革研究》，《浙江大学学报》（人文社会科学版）第 4 期。

和建花，2018，《部分发达国家 0—3 岁托幼公共服务经验及启示》，《中华女子学院学报》第 5 期。

侯佳伟、黄四林、辛自强等，2014，《中国人口生育意愿变迁：1980—2011》，《中国社会科学》第 4 期。

胡雅莉，2019，《加拿大儿童早期教育体系对"幼有所育新发展"的启示》，《牡丹江大学学报》第 2 期。

计迎春、郑真真，2018，《社会性别和发展视角下的中国低生育率》，《中国社会科学》第 8 期。

贾志科、罗志华、风笑天，2019，《城市青年夫妇生育意愿与行为的差异及影响因素——基于南京、保定调查的实证分析》，《西北人口》第 5 期。

姜丽云、洪秀敏，2018，《加拿大婴幼儿托育服务的特点与启示——以不列颠哥伦比亚省日托中心为例》，《学前教育》第 10 期。

靳永爱、钱岳、陈卫，2015，《家庭经济地位与生育行为：宏观环境的调节效应》，《人口与发展》第 2 期。

阚唯、梁颖、李成福，2018，《国际鼓励生育政策实践对中国的启示》，《西北人口》第 5 期。

柯洋华，2017，《美国家庭福利政策的历史、原则和经验》，《社会政策研究》第 4 期。

邝利芬、程同顺，2016，《"全面二孩"生育政策下女性基本权利的保障——基于性别公正的视角》,《天津行政学院学报》第4期。

乐菡、杨昕,2023,《夫妻生育分歧对家庭生育行为的影响研究——解释生育意愿和生育行为偏离的新视角》,《人口学刊》第4期。

李芬,2018,《二孩政策下生育对女性职业发展的瘢痕效应——基于全国十二城市的实证研究》,《河北学刊》第6期。

李建民,2004,《生育理性和生育决策与我国低生育水平稳定机制的转变》,《人口研究》第6期。

李建伟,2014,《我国人口出生率的影响因素及其发展趋势》,《发展研究》第9期。

李婷,2021,《以三孩及其配套政策为契机 大力推进新型婚育文化建设》,《人口与健康》第8期。

李志、兰庆庆,2017,《二孩政策背景下生育压力与生育倾向的调查研究》,《科学决策》第4期。

李壮,2016,《青年农民生育意愿的特征及其对策研究——基于对全国2313个青年农户的调查》,《青年探索》第6期。

梁宏,2018,《从生育意愿到生育行为:"全面两孩"政策背景下二孩生育决策的影响因素分析》,《南方人口》第2期。

刘爱玉,2008,《流动人口生育意愿的变迁及其影响》,《江苏行政学院学报》第5期。

刘兵、李玲、卢奇飞、黄艳苹,2013,《新时期高校女生生育观多维视角分析》,《学校党建与思想教育》第4期。

刘庚常,2010,《关于当前生育影响因素的思考》,《人口学刊》第1期。

刘玮玮,2020,《新加坡生育政策的变迁、成效及启示》,《人口与社会》第5期。

刘文、涂歆恬、刘方,2015,《美国系列早期儿童干预项目的经济学分析》,《幼儿教育·教育科学版》第7期。

刘毓,2012,《大学生生育观念调查》,《教育与职业》第34期。

刘中一,2017,《家庭式托育的国际经验及其启示》,《人口与社会》第3期。

卢海阳、邱航帆、郑逸芳,2017,《女性二胎生育意愿的影响因素研究——基于就业性质和养老观念的视角》,《南方人口》第3期。

吕红平、邹超，2018，《实施"全面两孩"后家庭支持政策改革与完善研究》，《人口与发展》第 2 期。

马春华，2020，《儿童照顾政策模式的形塑：性别和福利国家体制》，《妇女研究论丛》第 5 期。

马堃，2021，《中西医结合诊治肾虚血瘀型排卵障碍性不孕（不育）优势的探究》，《中国中药杂志》第 11 期。

马小红，2011，《趋同的城乡生育意愿对生育政策调整的启示——基于北京市城乡独生子女生育意愿的比较研究》，《人口与发展》第 6 期。

马志越、王金营，2020，《生与不生的抉择：从生育意愿到生育行为——来自 2017 年全国生育状况抽样调查北方七省市数据的证明》，《兰州学刊》第 1 期。

茅倬彦，2009，《生育意愿与生育行为差异的实证分析》，《人口与经济》第 2 期。

茅倬彦、罗昊，2013，《符合二胎政策妇女的生育意愿和生育行为差异——基于计划行为理论的实证研究》，《人口研究》第 1 期。

穆光宗，2020，《当代青年的"恐育"心理和生育观》，《人民论坛》第 22 期。

穆滢潭、原新，2018，《"生"与"不生"的矛盾——家庭资源、文化价值还是子女性别？》，《人口研究》第 1 期。

潘丹、宁满秀，2010，《收入水平、收入结构与中国农村妇女生育意愿——基于 CHNS 数据的实证分析》，《南方人口》第 3 期。

彭松建，1989，《伊斯特林有关生育供给与需求分析理论》，《中国人口科学》第 4 期。

卿石松、丁金宏，2015，《生育意愿中的独生属性与夫妻差异——基于上海市夫妻匹配数据的分析》，《中国人口科学》第 5 期。

邱红燕、任杨洁、侯丽艳，2019，《生育意愿与生育行为差异及其影响因素分析》，《中国公共卫生》第 11 期。

任泽平、熊柴、周哲，2019，《中国生育报告 2019》，《发展研究》第 6 期。

沈笛、张金荣，2018，《新型生育文化对"全面二孩"政策的影响及启示》，《海南大学学报》（人文社会科学版）第 3 期。

石贝贝、唐代盛、候菡，2017，《中国人口生育意愿与男孩偏好研究》，《人口学刊》第 2 期。

石人炳，2021，《包容性生育政策：开启中国生育政策的新篇章》，《华中科技大学学报》（社会科学版）第 3 期。

史雅静、张灵聪，2016，《生育价值观探究》，《河北北方学院学报》（社会科学版）第 1 期。

宋健、阿里米热·阿里木，2021，《育龄女性生育意愿与行为的偏离及家庭生育支持的作用》，《人口研究》第 4 期。

宋健、陈芳，2010，《城市青年生育意愿与行为的背离及其影响因素——来自 4 个城市的调查》，《中国人口科学》第 5 期。

宋健、陈文琪，2022，《育龄夫妇生育意愿的满足情况及家庭特征的影响——基于生育三维视角的实证分析》，《人口研究》第 5 期。

宋健、胡湛、杨菊华等，2021，《解读三孩生育政策　推动构建包容性配套支持措施》，《妇女研究论丛》第 4 期。

孙勇，2018，《美国幼儿托育服务的困境分析及政策启示》，《外国中小学教育》第 8 期。

汤兆云、邓红霞，2018，《日本、韩国和新加坡家庭支持政策的经验及其启示》，《国外社会科学》第 2 期。

田中景，2020，《日本和法国的少子化对策及启示》，《人口学刊》第 2 期。

童琦、张进辅，2004，《不同职业青年生育价值观的特征》，《南京人口管理干部学院学报》第 3 期。

童玉英，2014，《社会性别视角下的黎族农民生育观——基于对海南省头塘村的田野调查》，《云南民族大学学报》（哲学社会科学版）第 3 期。

王红、聂晶、尚佳等，2018，《全面二孩政策下四川省生育状况及意愿现状调查》，《中国妇幼健康研究》第 12 期。

王金营、戈艳霞，2016，《全面二孩政策实施下的中国人口发展态势》，《人口研究》第 6 期。

王金营、马志越、李嘉瑞，2019，《中国生育水平、生育意愿的再认识：现实和未来——基于 2017 年全国生育状况调查北方七省市的数据》，《人口研究》第 2 期。

王晶、杨小科，2017，《城市化过程中家庭照料分工与二孩生育意愿研究》，《公共行政评论》第2期。

王军，2015，《生育政策调整对中国出生人口规模的影响——基于生育意愿与生育行为差异的视角》，《人口学刊》第2期。

王军、柏楚乔、黄晓莹，2017，《中国城市女性生育二孩的成本—收益分析》，《青年探索》第5期。

王军、王广州，2016，《中国低生育水平下的生育意愿与生育行为差异研究》，《人口学刊》第2期。

吴莹、卫小将、杨宜音等，2016，《谁来决定"生儿子"？——社会转型中制度与文化对女性生育决策的影响》，《社会学研究》第3期。

肖富群、风笑天，2010，《性别平等与生育选择——农村独生子女与非独生子女的比较研究》，《中国青年研究》第7期。

肖竹，2020，《生育观与地方教育变革》，《中南民族大学学报》（人文社会科学版）第1期。

谢棋楠，2012，《加拿大妇女劳工生育与育儿两性共同责任政策》，《中华女子学院学报》第1期。

徐超、吴玲萍，2018，《高等教育影响居民二孩生育意愿吗？——来自CGSS数据的证据》，《公共财政研究》第3期。

徐俊，2008，《中国人生育观念研究：回顾与展望》，《人口与发展》第6期。

徐楠、顾雪非、向国春，2020，《中国儿童医疗保障政策述评》，《卫生经济研究》第3期。

徐巧玲，2019，《收入不确定与生育意愿——基于阶层流动的调节效应》，《经济与管理研究》第5期。

徐天琪、叶振东，1994，《城乡人口生育意愿差异分析》，《南方人口》第2期。

薛继亮、李楠，2020，《蒙汉民族混居地区生育水平的代际差异和趋同性研究——基于内蒙古地区的实证》，《中央民族大学学报》（哲学社会科学版）第2期。

杨凡，2016，《家庭关系现代化对农村妇女男孩偏好的影响研究》，《妇女研究论丛》第3期。

杨华磊、胡浩钰、张文超等，2020，《教育支出规模与方式对生育水平的影响》，《人口与发展》第 2 期。

杨菊华，2015，《单独二孩政策下流动人口的生育意愿试析》，《中国人口科学》第 1 期。

杨菊华，2008，《意愿与行为的悖离：发达国家生育意愿与生育行为研究述评及对中国的启示》，《学海》第 1 期。

杨菊华、杜声红，2017，《部分国家生育支持政策及其对中国的启示》，《探索》第 2 期。

杨昕，2016，《低生育水平国家或地区鼓励生育的社会政策及对我国的启示》，《西北人口》第 1 期。

杨雪燕、高琛卓、井文，2019，《典型福利类型下 0—3 岁婴幼儿托育服务的国际比较与借鉴》，《人口与经济》第 1 期。

杨瑛、武俊青、陶建国等，2002，《已婚流动妇女的婚姻及生育状况分析》，《中国计划生育学杂志》第 11 期。

姚从容、吴帆、李建民，2010，《我国城乡居民生育意愿调查研究综述：2000—2008》，《人口学刊》第 2 期。

尤丹珍、郑真真，2002，《农村外出妇女的生育意愿分析——安徽、四川的实证研究》，《社会学研究》第 6 期。

于潇、梁嘉宁，2023，《中国家庭生育模式代际传递研究》，《吉林大学社会科学学报》第 2 期。

于也雯、龚六堂，2021，《生育政策、生育率与家庭养老》，《中国工业经济》第 5 期。

张冲、陈玉秀、廖海亚，2019，《中国育龄妇女二孩生育意愿的影响因素研究——基于 CGSS2015 年数据分析》，《人口与社会》第 5 期。

张冲、李想，2020a，《女性初婚年龄与离婚风险》，《西北人口》第 1 期。

张冲、李想，2020b，《女性生育意愿与生育行为偏离的影响因素》，《中国卫生统计》第 6 期。

张冲、万新月，2019，《教育进步降低了人口出生率吗？》，《统计与信息论坛》第 7 期。

张航空，2012，《流动人口的生育意愿与生育行为差异研究》，《南方人口》第 2 期。

张进辅、童琦、毕重增，2005，《生育价值观的理论构建及问卷的初步编制》，《心理学报》第 5 期。

张晶，2014，《韩国 0—6 岁婴幼儿早期教育及其启示》，《中国教育学刊》第 1 期。

张抗私、谷晶双，2020，《生育对女性就业的影响研究》，《人口与经济》第 5 期。

张淑燕、刘爽、孙新宇，2021，《社交媒体中新生代生育观呈现——基于"杨丽萍微博热搜事件"的内容分析》，《人口与社会》第 2 期。

张琬翌、张云垛、乔文俊，2016，《城乡居民生育意愿的影响因素研究——基于 CGSS2010 数据的实证分析》，《湖北农业科学》第 18 期。

张晓东、陈仁兴，2020，《"瑞典模式"缘何经久不衰？——来自"人民之家"价值观的新诠释》，《山东社会科学》第 11 期。

张兴月，2018，《鼓励按政策生育二孩的配套政策体系思考》，《西北人口》第 5 期。

张兴月、张冲，2015，《农村居民生育意愿及其影响因素——基于社会保障的视角》，《农村经济》第 11 期。

张银锋、侯佳伟，2016，《中国人口实际与理想的生育年龄：1994—2011》，《人口与发展》第 2 期。

张原、陈建奇，2015，《变迁中的生育意愿及其政策启示——中国家庭生育意愿决定因素实证研究（1991—2011）》，《贵州财经大学学报》第 3 期。

赵金鹏，2019，《OECD 国家生育假期政策对我国的启示》，《劳动保障世界》第 24 期。

周长洪，2007，《生育观念的概念逻辑模型》，《南京人口管理干部学院学报》第 2 期。

周晓蒙，2018，《经济状况、教育水平对城镇家庭生育意愿的影响》，《人口与经济》第 5 期。

周云，2016，《中日两国生育意愿、生育水平及影响因素比较》，《人口与社会》第 1 期。

朱洪翠、刘冰，2020，《新时代大学生生育观研究》，《黑龙江高教研究》第 4 期。

朱荟、苏杨，2019，《基于激励相容理论的韩国生育政策实践检视——兼论对中国的启示》，《人口与经济》第 3 期。

庄晓惠，2019，《社会生态系统视域下中俄人口问题及政策比较研究》，《学术论坛》第 6 期。

庄亚儿、姜玉、王志理等，2014，《当前我国城乡居民的生育意愿——基于 2013 年全国生育意愿调查》，《人口研究》第 3 期。

Abdul-Salam S., Baba S. S. and Jabir H., 2018, "The Impact of Mothers Education on Fertility in Ghana", *International Journal of Probability and Statistics*, Vol. 7, No. 2.

Ahammed B., Kabir R., Abedin M., Ali M. and Islam A., 2019, "Determinants of different birth intervals of ever married women: evidence from Bangladesh", *Clinical Epidemiology and Global Health*, Vol. 7, No. 3.

Axinn W. G., Ghimire D. J. and Smith-Greenaway E., 2017, "Emotional variation and fertility behavior", *Demography*, Vol. 54, No. 2.

Begall K. and Mills M. C., 2013, "The influence of educational field, occupation, and occupational sex segregation on fertility in the Netherlands", *European Sociological Review*, Vol. 29, No. 4.

Bongaarts J., 2001, "Fertility and Reproductive Preferences in Post-Transitional Societies", *Population and Development Review*, Vol. 27.

Bongaarts J., 2002, "The End of the Fertility Transition in the Developed World", *Population and Development Review*, Vol. 28, No. 3.

Chen M. and Yip P. S. F., 2017, "The Discrepancy Between Ideal and Actual Parity in Hong Kong: Fertility Desire, Intention, and Behavior", *Population Research and Policy Review*, Vol. 36, No. 4.

Davis K., 1963, "The theory of change and response in modern demographic history", *Population Index*, Vol. 29, No. 4.

Earles K., 2011, "Swedish Family Policy-Continuity and Change in the Nordic Welfare State Model", *Social Policy & Administration*, Vol. 45, No. 2.

Feldmann L., 1997, "Education for Girls Credited for Drop in Teen Birth Rates in Third World", *Christian Science Monitor*, Vol. 89, No. 55.

Gauthier A. H., 2002, "Family Policies in Industrialized Countries: Is There Convergence?", *Population*, Vol. 57, No. 3.

Hagewen K. J. and Morgan S. P., 2005, "Intended and Ideal Family Size in the United States, 1970 – 2002", *Population and Development Review*, Vol. 31, No. 3.

Harknett K. and Hartnett C. S., 2014, "The gap between births intended and births achieved in European countries, 2004 – 07", Population Studies, Vol. 68, No. 3.

Harwood-Lejeune A., 2001, "Rising Age at Marriage and Fertility in Southern and Eastern Africa", *European Journal of Population*, Vol. 17, No. 3.

Hoffman L. W., Thornton A and Manis J. D., 1978, "The value of children to parents in the United States", *Journal of poPulation*, Vol. 1, No. 2.

Leridon H., 2008, "A new estimate of permanent sterility by age: Sterility defined as the inability to conceive", *Population Studies*, Vol. 62, No. 1.

Lutz W. and Skirbekk V., 2005, "Policies addressing the tempo effect in low-fertility countries", *Population and Development Review*, Vol. 31, No. 4.

Margolis R. and Myrskylä M., 2015, "Parental Well-being Surrounding First Birth as a Determinant of Further Parity Progression", *Demography*, Vol. 52, No. 4.

McDonald P., 2010, "Low Fertility and the State: The Efficacy of Policy", *Population and Development Review*, Vol. 32, No. 3.

Merli M. G. and Morgan S. P., 2011, "Below Replacement Fertility Preferences in Shanghai", *Population*, Vol. 66, No. 3 – 4.

Mignini L. E., Carroli G., Betran A. P., Fescina R., Cuesta C., Campodonico L., De Mucio B. and Khan K. S., 2016, "Interpregnancy interval and perinatal outcomes across Latin America from 1990 to 2009: a large multi-country study", *BJOG: An International Journal of Obstetrics and Gynaecology*, Vol. 123, No. 5.

Miller W. B., 1995, "Childbearing Motivation and Its Measurement", *Journal of Biosocial Science*, Vol. 27, No. 4.

Miller W. B., 1994, "Childbearing motivations, desires, and intentions: a theoretical framework", *Genetic Social and General Psychology Monographs*, Vol. 120, No. 2.

Miller W. B., 2011, "Differences between fertility desires and intentions: implications for theory, research and policy", *Vienna Yearbook of Population Research*, Vol. 9, No. 1.

Miller W. B. and Pasta D. J., 1995, "Behavioral Intentions: Which Ones Predict Fertility Behavior in Married Couples?", *Journal of Applied Social Psychology*, Vol. 25, No. 6.

Mitchell, R. E., 1971, "Changes in Fertility Rates and Family Size in Response to Changes in Age at Marriage, the Trend Away from Arranged Marriages, and Increasing Urbanization", *Population Studies*, Vol. 25, No. 3.

Morgan S. P. and Rackin H., 2010, "The Correspondence between Fertility Intentions and Behavior in the United States", *Population and Development Review*, Vol. 36, No. 1.

Mutharayappa R., 1994, "Factors affecting fertility among tribals", *Man and Development*, Vol. 16, No. 4.

Nauck B., 2014, "Value of children and fertility: results from a cross-cultural comparative survey in eighteen areas in Asia, Africa, Europe and America", *Advances in life Course Research*, Vol. 21.

Nauck B., 2007, "Value of children and the framing of fertility: results from a cross-cultural comparative survey in 10 societies", *European Sociological Review*, Vol. 23, No. 5.

Nauck B., 2014, "Value of Children and the social production of welfare", *Demographic Research*, Vol. 30, No. 1.

Nitsche N. and Hayford S. R., 2020, "Preferences, Partners, and Parenthood: Linking Early Fertility Desires, Marriage Timing, and Achieved Fertility", *Demography*, Vol. 57, No. 6.

Park S. M. and Cho S. I., 2011, "Factors associated with second childbirth intention: focusing on value of children in Korean married women", *Journal of Reproductive and Infant Psychology*, Vol. 29, No. 3.

Rackin H. M. and Bachrach C. A., 2016, "Assessing the Predictive Value of

Fertility Expectations Through a Cognitive – Social Model", *Population Research and Policy Review*, Vol. 35, No. 4.

Rijken A. J. and Thomson E., 2011, "Partners' relationship quality and childbearing", *Social Science Research*, Vol. 40, No. 2.

Romero L., Pazol K., Warner L., Cox S., Kroelinger C., Besera G., Brittain A., Fuller T. R., Koumans E. and Barfield W., 2016, "Reduced Disparities in Birth Rates Among Teens Aged 15 – 19 Years – United States, 2006 – 2007 and 2013 – 2014", *Morbidity and Mortality Weekly Report*, Vol. 65, No. 16.

Sinyavskaya O., Billingsley S., Choe M., Kim H. S., Folbre N., Araeva N., Nevalyonnaya A., Buchanan D., Maznah M. and Judd E. R., 2015, "The importance of job characteristics to women's fertility intentions and behavior in Russia", *Genus*, Vol. 71, No. 1.

Smith M. H. L., 2002, "Has the Chinese Family Planning Policy Been Successful in Changing Fertility Preferences?", *Demography*, Vol. 39, No. 3.

Spéder Z. and Kapitány B., 2014, "Failure to Realize Fertility Intentions: A Key Aspect of the Post-communist Fertility Transition", *Population Research and Policy Review*, Vol. 33, No. 3.

Udry J. R., 1983, "Do Couples make Fertility Plans One Birth at a Time?", *Demography*, Vol. 20, No. 2.

Yoon S. Y., 2017, "The influence of a supportive environment for families on women's fertility intentions and behavior in South Korea", *Demographic Research*, Vol. 36, No. 1.

三 学位论文

陈梁，2020，《当前我国学前教育公正问题研究》，硕士学位论文，江西师范大学。

侯世毅，2015，《单独二胎政策的宪法之维》，硕士学位论文，西南民族大学。

江丽娜，2011，《生育意愿与生育行为的差异分析》，硕士学位论文，华中科技大学。

李珉廷，2015，《韩国幼儿教育研究》，硕士学位论文，南京师范大学。

李伟华，2018，《住房对城镇居民生育意愿的影响——基于CGSS微观数据的分析》，硕士学位论文，华中师范大学。

梁如彦，2015，《农民工生育意愿与生育行为研究——以合肥市为例》，硕士学位论文，安徽大学。

梁雅方，2020，《夫妻生育意愿与生育行为的关联分析》，硕士学位论文，华东师范大学。

刘筱，2017，《生育价值观问卷的编制及其应用研究》，硕士学位论文，中国地质大学。

吕碧君，2018，《公共服务、房价上涨与妇女的二孩生育意愿》，博士学位论文，华中科技大学。

饶健，2019，《中国生育政策对居民生育意愿与生育行为背离的影响研究》，硕士学位论文，首都经济贸易大学。

任杨洁，2019，《"80后"职业人群生育意愿与生育行为的差异及其影响因素分析》，硕士学位论文，宁夏医科大学。

沈笛，2019，《生育意愿与生育行为的影响因素研究》，博士学位论文，吉林大学。

王浩名，2016，《中国人口总和生育率、人口红利与生育政策调整实证研究》，博士学位论文，辽宁大学。

徐笑，2018，《经济基础还是传统观念？——"二孩"政策背景下生育行为与生育意愿的影响因素探究》，硕士学位论文，东南大学。

张新洁，2017，《收入差距、子女需求及生育行为差异——对中国不同收入阶层居民生育行为差异的分析》，博士学位论文，山东大学。

赵虹，2019，《新时代女性生育价值观研究》，硕士学位论文，重庆师范大学。

赵雪琴，2020，《重庆市不同代际育龄妇女生育意愿及生育行为比较研究》，硕士学位论文，重庆工商大学。

庄国波，2017，《中国计划生育政策演变及影响研究》，博士学位论文，南京航空航天大学。

邹莎，2020，《"全面二孩"政策背景下海南省育龄妇女生育意愿、生育行为研究》，硕士学位论文，南京邮电大学。

四 报纸

陈颐，2017，《生育价值观变迁下流动人口的生育抉择——基于福建三大城市的数据》，《中国妇女报》7月11日第B1版。

戴路，2016，《国内人口均衡发展理论研究综述》，《中国人口报》4月11日第3版。

郭熙保、袁蓓，2015，《韩国计划生育政策演变及对我国的启示》，《光明日报》4月29日第16版。

和建花，2018，《欧亚四国托幼服务经验及启示》，《中国妇女报》6月5日第5版。

姚德超、龚金绒、王琼慧，2020，《欧美国家家庭政策改革及挑战》，《中国社会科学报》10月26日第7版。

张冰子，2021，《完善生育休假与生育保险制度》，《中国人口报》6月25日第3版。

张冲、王艳，2021，《加快构建积极生育支持体系》，《中国人口报》8月9日第3版。

张翼，2021，《第七次人口普查与中国人口变迁趋势》，《中国社会科学报》5月26日第5版。

张银锋，2016，《低生育率下的生育意愿和生育行为》，《中国社会科学报》4月27日第6版。

张玉美、金英爱，2018，《韩国婴幼儿保育的经验及启示》，《中国人口报》12月27日第3版。

赵忠，2021，《完善适宜生育的政策体系》，《人民日报》6月23日第5期。

五 论文集

Becker G. S., 1960, "An Economic Analysis of Fertility", in Roberts, George B., Chairman, Universities-National Bureau Committee for Economic Research, eds., *Demographic and Economic Change in Developed Countries*, New York: Columbia University Press.

Hoffman L. W., Hoffman M. L., 1973, "The Value of Children to Parents", in Fawcett, T. James, eds., *Psychological Perspectives on Population*, New York: Basic Books.

附录 1

调查问卷

问卷编号□□□□

生育意愿与生育行为的调查问卷

说明：
1. 填写问卷时，请不要与他人商量。
2. 在选择答案的序号前打"√"；或在"＿＿＿"中填写。
3. 无特殊说明，每一个问题只选择一个答案。
4. 请认真阅读填答，以免遗漏问题。
5. 所有信息都是匿名且保密的，调查结果仅限于科学研究。

调查对象：结过婚的男女
调查对象常住地：＿＿＿＿省＿＿＿＿市＿＿＿＿县
调查员签名＿＿＿＿＿＿＿　　调查时间＿＿＿＿＿＿

一、基本信息

1. 年龄＿＿＿＿周岁
2. 性别
    A. 男　　B. 女
3. 婚姻状况
    A. 有配偶（包括初婚和再婚）　B. 离婚　　C. 丧偶
4. 您初婚的年龄：＿＿＿＿周岁

5. 学历

    A. 没有上过学　　B. 小学　　C. 初中　　D. 高中（含中专）

    E. 大学及以上

6. 配偶学历

    A. 没有上过学　　B. 小学　　C. 初中　　D. 高中（含中专）

    E. 大学及以上　　F. 现在没有配偶

7. 现居住地

    A. 城镇　　　B. 农村

8. 户籍所在地是否与现居住所在地一致？

    A. 是　　　B. 否

9. 职业

    A. 没有工作　　　　B. 务农　　　　C. 务工

    D. 做生意（个体户）　E. 事业单位或公务员

    F. 退休　　　　　　G. 其他_____

10. 是否有养老保险

    A. 有　　B. 没有

11. 年收入

    A. 1 万元以下

    B. 1 万—5 万元（不含 5 万元）

    C. 5 万—10 万元（不含 10 万元）

    D. 10 万—30 万元（不含 30 万元）

    E. 30 万元及以上

12. 家庭年收入

    A. 1 万元以下

    B. 1 万—5 万元（不含 5 万元）

    C. 5 万—10 万元（不含 10 万元）

    D. 10 万—30 万元（不含 30 万元）

    E. 30 万元及以上

13. 是否独生子女

    A. 是　　　B. 否

14. 目前同住的家庭人口数
    A. 1 个   B. 2 个   C. 3 个   D. 4 个   E. 5 个及以上
15. 家里需要赡养的老年人个数
    A. 0 个   B. 1 个   C. 2 个   D. 3 个   E. 4 个及以上
16. 所居住的房子类型
    A. 全款付清的商品房   B. 未还清的商品房   C. 安置房
    D. 自己修建的房屋   E. 单位提供的房   F. 出租房
    G. 其他_____
17. 家庭责任分工
    A. 男主外，女主内   B. 女主外，男主内
    C. 双方共同承担责任   D. 现在没有配偶
18. 孩子的日常生活照料最主要由_____来承担。
    A. 目前还没有孩子   B. 我本人   C. 配偶
    D. 孩子的（外）祖父母   E. 保姆   F. 其他_____

二、生育行为、生育计划、理想孩子数、生育价值观及生育支持

19. 您目前有多少个孩子？_____
（1）男孩子多少个？_____
（2）女孩子多少个？_____
（3）如果实际孩子数量大于 0，生第一个孩子时您的年龄是_____岁。
（4）如果实际孩子数量大于 1，两孩子生育时间间隔了_____年（老大和老二间隔），_____年（老二和老三间隔），_____年（老三和老四间隔），_____年（老四和老五间隔）。大于 5 个孩子的可以自己添加_____
20. 您是否还计划生孩子？
    A. 是（继续回答 21）   B. 否（不用回答 21，跳到 22 继续回答）
21. 您还计划生多少个孩子？_____
（1）还计划生男孩子多少个？_____
（2）还计划生女孩子多少个？_____

22. 假如没有政策限制，也不考虑各种成本，您认为最理想的孩子数是多少个？_____

（1）最理想的男孩子多少个？_____

（2）最理想的女孩子多少个？_____

（3）最理想的生第一个孩子的年龄是_____岁。

（4）如果理想孩子数量大于1，最理想的两个孩子生育时间间隔是_____年。

23. 影响您生育或再生育的主要顾虑是什么？（可以多选）

  A. 经济压力大 　　B. 年龄太大 　　C. 没人带孩子
  D. 养育孩子太费心 E. 夫妻身体原因 F. 自己还没有想好
  G. 影响个人事业发展 H. 配偶不想生 I. 现有子女不愿意
  J. 其他_____

24. 在生育孩子方面您希望得到哪些支持？（可以多选）

  A. 更多生育津贴和补助 B. 更长产假 C. 社区托幼照料
  D. 均衡教育资源 E. 均衡医疗资源 F. 国家全面放开生育政策
  G. 不歧视女性 H. 推广无痛分娩 I. 更好的产后护理
  J. 降低房价及物价 K. 其他_____

25. 生育价值量表调查（影响您生育或再生育的具体因素）：

序号	生育成本	完全不担忧（心）	不担忧（心）	一般	比较担忧（心）	非常担忧（心）
1	您担忧孩子的生育费吗	1	2	3	4	5
2	您担忧孩子的抚养费吗	1	2	3	4	5
3	您担忧孩子的医疗费吗	1	2	3	4	5
4	您担忧孩子的教育费吗	1	2	3	4	5
5	您担忧孩子的结婚费吗	1	2	3	4	5
6	您担忧孩子的住房费吗	1	2	3	4	5
7	您担心生养孩子会影响工资吗	1	2	3	4	5
8	您担心生养孩子会影响自身工作效率吗	1	2	3	4	5
9	您担心生养孩子会影响自身学习培训机会吗	1	2	3	4	5

续表

序号	生育成本	完全不担忧（心）	不担忧（心）	一般	比较担忧（心）	非常担忧（心）
10	您担心生养孩子会影响自身晋升机会吗	1	2	3	4	5
11	您担心生养孩子会影响自身消费水平吗	1	2	3	4	5
12	您担心生养孩子会影响自身休闲吗	1	2	3	4	5
13	您担心照料孩子产生的疲劳感吗	1	2	3	4	5
14	您担心孩子成长中可能遇到的风险吗	1	2	3	4	5
15	您担心生育孩子会加剧家庭矛盾吗	1	2	3	4	5
	生育收益	完全不同意	比较不同意	一般	比较同意	完全同意
16	孩子能给我增加收入	1	2	3	4	5
17	孩子能帮着我做家务	1	2	3	4	5
18	孩子能给我养老照护	1	2	3	4	5
19	孩子能给我增加亲情感	1	2	3	4	5
20	孩子能给我增加乐趣	1	2	3	4	5
21	孩子能给我增加成就感	1	2	3	4	5
22	孩子是维系家庭关系的纽带	1	2	3	4	5
23	孩子能为我维持家庭地位	1	2	3	4	5
24	孩子能给我传宗接代	1	2	3	4	5

26. 当前的生育支持调查

（1）您觉得工作单位是否应该提供生育补贴服务？

  A. 是 B. 否

（2）您的工作单位是否提供了生育补贴？

  A. 是 B. 否 C. 不知道 D. 没有工作单位

（3）您觉得工作单位是否应该提供产假服务？

  A. 是 B. 否

（4）您的工作单位是否有产假？

    A. 是   B. 否   C. 不知道   D. 没有工作单位

（5）您觉得社区是否应该提供孕前优生健康检查服务？

    A. 是   B. 否

（6）您所在社区是否有孕前优生健康检查服务？

    A. 是   B. 否   C. 不知道

（7）您觉得社区是否应该提供生殖保健的咨询、指导和技术服务？

    A. 是   B. 否

（8）您所在社区是否有生殖保健的咨询、指导和技术服务？

    A. 是   B. 否   C. 不知道

（9）您觉得社区是否应该提供育婴指导服务？

    A. 是   B. 否

（10）您所在社区是否有育婴指导服务？

    A. 是   B. 否   C. 不知道

（11）您觉得社区是否应该提供婴幼儿早教指导服务？

    A. 是   B. 否

（12）您所在社区是否有婴幼儿早教指导服务？

    A. 是   B. 否   C. 不知道

（13）您觉得社区是否应该提供婴幼儿日间照料中心？

    A. 是   B. 否

（14）您所在社区是否有婴幼儿日间照料中心？

    A. 是   B. 否   C. 不知道

（15）您觉得社区是否应该提供幼儿园？

    A. 是   B. 否

（16）您所在社区是否有幼儿园？

    A. 是   B. 否   C. 不知道

（17）您觉得社区是否应该提供放学后管护（如16：30课堂）服务？

    A. 是   B. 否

（18）您所在社区是否提供放学后管护（如16：30课堂）服务？

    A. 是   B. 否   C. 不知道

（19）您觉得社区是否应该组织亲子活动/文娱活动等活动？

　　A. 是　　B. 否

（20）您所在社区是否组织过亲子/文娱等方面的活动？

　　A. 是　　B. 否　　C. 不知道

附 录 2

访谈提纲

访谈编号□□□□

生育意愿与生育行为偏离的访谈提纲

说明：

1. 填写问卷时，请不要与他人商量。

2. 在选择答案的序号前打"√"；或在"＿＿＿"中填写，10—14 题在问题下的空白处填写。

3. 无特殊说明，每一个问题只选择一个答案。

4. 请认真阅读填答，以免遗漏问题。

5. 所有信息都是匿名且保密的，调查结果仅限于科学研究。

访谈对象：结过婚的男女
调查对象常住地：＿＿＿＿＿省＿＿＿＿＿市＿＿＿＿＿县
访问员签名＿＿＿＿＿＿　　　访谈时间＿＿＿＿＿＿

1. 年龄＿＿＿＿周岁
2. 性别
　　A. 男　　B. 女
3. 婚姻状况
　　A. 有配偶　　B. 离婚　　C. 丧偶
4. 学历
　　A. 没有上过学　　B. 小学　　C. 初中

D. 高中（含中专）　　　E. 大学及以上

5. 现居住地

　　A. 城镇　　B. 农村

6. 职业

　　A. 没有工作　　　　　B. 务农　　　　C. 务工

　　D. 做生意（个体户）　E. 事业单位或公务员

　　F. 退休　　　　　　　G. 其他_____

7. 家庭上一年收入

　　A. 1 万元以下

　　B. 1 万—5 万元（不含 5 万元）

　　C. 5 万—10 万元（不含 10 万元）

　　D. 10 万—30 万元（不含 30 万元）

　　E. 30 万元及以上

8. 您目前有多少个孩子？_____

　　（1）男孩子多少个？_____

　　（2）女孩子多少个？_____

9. 假如没有政策限制，您最理想的孩子数是多少个？_____

　　（1）男孩子多少个？_____

　　（2）女孩子多少个？_____

10. 为什么实际生育孩子数量小于理想数量？受哪些因素制约？（第 10 题和第 11 题根据实际情况选答一个）

11. 为什么实际生育孩子数量大于理想数量？由哪些因素促成？

12. 您理想的孩子性别和实际孩子性别完全一致吗？如果不完全一致，为什么没有继续生育？

13. 您期望生育第一个孩子的时间比实际生育时间早还是晚，由什么原因导致？

14. 您期望生育孩子时间间隔和实际间隔一致吗？如果不一致，为什么？受哪些因素影响？（子女数量在两个及以上的父母填答）